"十二五"国家重点图书

出版规划项目

杜 维 明 著 作 系 列

灵根再植

八十年代儒学反思

杜维明 著

北京大学出版社
PEKING UNIVERSITY PRESS

图书在版编目（CIP）数据

灵根再植：八十年代儒学反思 / 杜维明著. – 北京：北京大学出版社，2016.4
（杜维明著作系列）
ISBN 978-7-301-26663-2

Ⅰ.①灵… Ⅱ.①杜… Ⅲ.①儒学–研究–中国–现代 Ⅳ.① B222.05

中国版本图书馆 CIP 数据核字 (2015) 第 309492 号

书　　　　名	灵根再植：八十年代儒学反思	
	Linggen Zaizhi	
著作责任者	杜维明 著	
责 任 编 辑	吴　敏	
标 准 书 号	ISBN 978-7-301-26663-2	
出 版 发 行	北京大学出版社	
地　　　　址	北京市海淀区成府路 205 号　　100871	
网　　　　址	http://www.pup.cn　　新浪微博：@北京大学出版社	
电 子 信 箱	pkuwsz@126.com	
电　　　　话	邮购部 62752015　发行部 62750672　编辑部 62757065	
印 刷 者	北京中科印刷有限公司	
经 销 者	新华书店	
	880mm×1230mm　A5　10.625 印张　217 千字	
	2016 年 4 月第 1 版　　2016 年 4 月第 1 次印刷	
定　　　　价	49.00 元	

献给我在建国中学的启蒙老师周文杰

——他让我第一次接触到《四书》

目 录

前　言

　　这三本文集和两本访谈反映了我三十年来的思路：植根儒家传统，在现代西化的大潮中，关注"文化中国"，面对人类的困境，通过文明对话，为儒学第三期发展走出一条较为宽阔的道路——汲取自家的泉源及其他文明的精华，丰富具有全球意义的儒家价值。

　　儒学的"灵根再植"是一条漫长的道路，需要几代人不懈的辛勤耕耘。记得我的中文论文首次在中国大陆发表，那时在学术界，不带批评的儒学研究极少，否定儒家的价值才是常态，《孔子仁学中的道、学、政》当时发表在《中国哲学》第 5 辑（1981），并非易事。我要在这里感谢庞朴、金春峰和楼宇烈三位先生克服阻力，坚持一字不改地发表。那是对我的信任，也是编者的勇气。

　　对比之下，我在国内出版的第一本中译论文集《人性与自我修养》的遭遇则大不相同。不仅此书的注解被全部删除，而且编者还勉为其难地写了"仅供参考"的导言，才顺利刊发。

80 年代，从临太平洋的伯克利加州大学迁居到面对大西洋的哈佛，但我常常远渡重洋来到北京、上海、武汉、深圳、广州和曲阜等地，参加学术会议的机遇随之大大地增加了。1978 年 10 月，我在成立不久的北京历史学会发表了以韦伯理论解析"郑和下西洋的历史意义"的演讲。至此以后，特别是 1980 年在北京师范大学访问的近一年中，我和"文革"后入学的七七、七八、七九三届文科大学生有了深入的接触，并结下了不解之缘。那时，常有机会和国内的老中青三代学者畅谈儒学是平生一大乐事。和他们面对面的交流使我体会到深层聆听的价值；长者的智慧、同辈的见识和年轻人的提问，都需要一再琢磨才能心知其意。我所"杜撰"的"体知"（embodied knowing），不少同道以为在理论上很有发展的空间，但对我而言，80 年代的"植根"工作，比如"陆象山的实学"和"刘宗周的主体性"乃至有关宗教的反思都来自"体之于身"的感知。因此，我所提出的观念，尤其是那些有形成论可能的观念，绝非即兴而发，也不是突然浮现的灵感，而是经过长期琢磨的结果。最后两篇短文，《身体与体知》和《继承"五四" 发展儒学》，虽然很不成熟，确实是我考虑多年的课题。

90 年代初，中国的思想界受到了巨大的冲击。我虽然出版了《十年机缘待儒学》的文集，但更多精力则在开展"文化中国"的论域。《文化中国：以边缘为中心》这篇论文在英语和汉语世界都引起了广泛的反响。美国人文社会科学院（The American Academy of Art and Sciences）的学报 *Daedalus* 在其 50 周年专号（2005）从数以千计的论文中评选了 14 篇最有影响的代表作。我想《文化中国：以边缘为中心》入选的理由是，它提供了超越经济、政治、种族、语言和意识形态来理解中国的崭新视角。写这篇文章是在 1989 年下半年，当时心情极糟，"家事，国事，天下事，事事关心"的抱负和悲伤、义愤、民族感情、天崩地裂的危机意识交织在一起，迫使我不得不放弃十多年设想如何"灵根再植"的美梦。暂时把目光投向更广阔的华人世界，也就是散布在世界各地的"中国人"。不过，这种无奈和失落感毕竟被一种良知理性的光辉所唤醒：我写《孟子：士的自觉》要传达的信息是陆象山所谓"十字打开"的宽宏大量。这是一种有源有本而又涵盖天地的"人学"。如何扎根包罗万象的"文化中国"精神资源中的儒家，聚焦多层面多维度的儒家传统中的思孟心学，便是我的"存在选择"。这本是多年来的定见，毋庸赘言。在此，必须说明，我的学术谱系单就儒学而言，便包括孔思孟荀董朱陆王李（退溪）刘（宗周）、戴震及当代的熊十力、梁漱溟、马一浮、牟宗三、唐君毅和徐复观。同时，我对文中子、张载、程颢、李栗谷、王夫之和中江藤树也颇有偏好。我特别提出了孟子，是为了强调孟子的抗议精神。

我的哲学思想深受熊十力和牟宗三的影响，不认同徐复观晚年归宗程颐坚决反对形而上学的思路。在政治层面，我则衷心敬重徐复观以"儒家的自由主义"自称的浩然之气。当然，他的思路和哈耶克反民主的自由主义大异其趣，也和以市场为枢纽的新自由主义截然不同。徐复观所揭橥的是五四运动以来中国知识人追求自由、人权、法治、民主、理性、科学的自由主义，也就是反对以任何藉口维护权威为推行个人或大小集体专制的理念、意识形态或制度。我认为这是儒家抗议精神的真血脉。徐复观的一段话："人格尊严的自觉，是解决中国政治问题的起点，也是解决中国文化问题的起点"充分显示他所关注的不只是政治而是价值理性和目的理性。

1994年，我又重返阔别五年的中国大陆，目睹市场经济如何把祖国转化为市场社会的浮面现象，我和清华大学的卢风教授进行了有关"物欲释放"的对话，讨论到经济主义、消费主义和利己主义如何解构道德共识、腐化亲情关系的危险。在凡俗人文主义大行其道的时代，商业狂潮席卷政治、媒体、学术乃至宗教各大领域。我提出了宏大叙事，是源于我的忧患意识，自觉地和越分越细、越走越专的学风背道而驰。

《宏愿、体知和儒家论说》和《儒学论说的生命力》是两篇和友人冯耀明教授论学的文章。我对他批评"儒学三期论"和"体知"的理念，做出了强烈的回应。没有把他的文本附上，对他是不公平的，我在此表示歉意。其实，他提出用"分析哲学"的方法发展儒学论域，我基本同意。我坚持"做哲学"必要时不妨用似乎不合逻辑的思维，比如"内在的超越"，他则未必认可。但是我们在致力于儒学进一步的发展上确是同道。

我在《文化中国》着墨最多的是儒家的人文精神，意愿是纠正那些将儒家入世的价值取向和凡俗人文主义混为一谈的印象。严格地说，和其他"轴心文明"相比，儒家的"超越突破"并不明显。儒家的天和犹太教的上帝、希腊哲学的逻各斯或印度的梵天都有超越性，但儒家的天更具有内在于人的属性，而且人性本身即有通天的实质。这种相互含蕴的天人关系导致相当普遍的误解：从正面肯定的视角看，天的人文化是理性的表现，去除了迷信的成分，因而精神性的强度不够；从负面批判的视角看，超越外在的"绝然它者（The Wholly Other）"没有获得充分发展，造成彻底转化世界能力的缺失，常易流于和现实妥协的庸俗。一些学者赞赏儒家在轴心时代即发挥了突出理性主义的特色，其他学者受到韦伯的影响，把中国无法培养资本主义精神的原因归罪儒家入世的价值取向。我考虑这个问题多年，80 年代就接触到儒家伦理和东亚现代化的问题。不过，我真正关心的课题不是从功能和效应的层面评断儒学在社会经济领域的作用，而是从儒学本身立论：面对生命世界究竟应该何以自处？儒家和西方现代启蒙应该是什么关系？一个值得全面而深入考虑的课题是西方启蒙思想家中的"儒家因素"。我尤其关注的是儒家如何能摆脱清教伦理被资本主义的现实关进"铁笼"的命运。应该说明，韦伯研究清教伦理和资本主义精神是回顾百年前的历史而我目前发展儒家的人文精神则是为了转化当下的凡俗世界。

突显儒家的人文精神和强调儒家的批判精神是一脉相承的。80年代的儒家在国内面临灭绝的危险，但在海外，即使是"游魂"，却有广阔的发展空间。90 年代儒家已从"一阳来复"走进了"否极泰来"的氛围。当下钱权和儒家结合，使其价值彻底异化，导致精神资源荡然无存的危机却大大地增加了。探究儒家的宗教性，是为了重新确认儒家的生命形态：全面发扬其理性传统，特别是沟通和目的理性；深入发掘其"与天地万物为一体"的仁道，把儒家思想融入全球化的问题意识之中。这应该是政治、学术、媒体、企业和宗教界知识人的共识和共业，也是"为中国'公民社会'催生"应作的准备。如何在公共领域中开辟各种有意义的人文话语，多元化的理性思考，形成负责任而且有启发作用的政策建言都必须以诚信为文化心理结构的前提。因此心态的转化是关键。一个没有任何敬畏感，缺乏终极关怀，刻意追求可以量化的利益，只注重钱权两种价值的"精英"，是不可能为社会开创"公共善"(the public good)的。在传统中国，"天地君亲师"都有凝聚向心力的社会功能，通过各式各样的小集体达成大社会的"有机整合"(organic solidarity)。当下，信息和传播科技的全球化已为人类建构了一个"共同体"。在"文化中国"，群体的"自我意识"逐渐形成，各方协力发展公共领域的机制也在进行。如何从只关注个人的私利推向也考虑"公共善"的心态是关键。思孟心学在培育这种心态方面可以发挥积极的作用。这是"文化中国"的知识精英不仅重视自己为人处世而且也重视教育下一代不可或缺的课题。

中国大陆 90 年代末，儒学复兴的迹象已很明显，但在全球化的格局中如何理解儒学在"文化中国"的处境还是困难重重。我曾在海基会介绍"大陆知识分子的儒学研究"，在岳麓书院谈"儒家的人文关怀和大学教育"，在杭州讨论儒学发展的阻力部分来自以现代的西方价值评断儒家传统的缺失，在印度讲"儒家传统的启蒙精神"，这些都是为儒学的进一步发展创造条件。我认为儒家的人文精神含有启蒙的理性，但是没有反宗教的倾向，因此可以和宗教对话。我认为儒家思想可以成为建构全球伦理的基础，我相信在处理全球化和本土化矛盾冲突的问题上，儒家传统有丰富的精神资源和实践经验。在信息科技一体化的趋势越来越强劲、文化多样性的呼声也越来越高涨的时代，全球生命共同体的认知和根源意识的觉醒同时涌现。我提出"全球伦理的儒家诠释"面对"文明冲突"，希望为文明对话提供一条和孔汉思"普世伦理宣言"不同的思路,摆脱"抽象普世主义"的陷阱。简而言之,不忽视族群、性别、年龄、语言、地域、宗教等特殊性所凝成的厚实的"根源意识",把它表面上对具体存在的限制转化为"自我实现"的能力。

21世纪的儒家必须面对全球。中国的经济崛起,为儒学的第三期发展创造了新契机,也布下了一个又一个陷阱。我相信儒家作为东亚文明的体现和中华民族心灵积习的重要组成部分,导引了"文化中国"和东亚现代化的价值取向。当然,我们还要追问儒家在中华民族走向富强的道路上起了什么积极和消极的作用。目前,我更关注的是在"新轴心时代",儒家能否充分发挥其批判精神,成为促进财富和权力转化为创造"公共善"的动力。我们不可能以空气、水源、土壤的极度污染为代价来实现小康社会。我们的精英必须从经济人转为文化人和生态人,在尊重生态和文化的前提下,厘定经济发展的速度和方向。转向一个健康的生态和文化环境,需要一个综合的、具有创造力的、开放的机制。从上到下指令式的治理是行不通的,单靠市场本身的调控也是不可能的。广义的精英——包括政府、学术、企业、媒体、慈善、宗教、非政府组织和民间团体等领域的公共知识分子都应该积极参加"公民社会"理念、制度和程序的重新建构。其实,精英只是助缘,必须全民族自觉,才能转世而不被世转。

如何使中国成为文化大国和生态大国?中国的崛起向世界传达的信息不应该只是中国的特殊道路,而应是人类存活和繁荣必经的共同道路。通过文明对话,才能超越大中华的文化沙文主义,从"他者"的角度才能审视中国道路是否有开放性。儒家的修身哲学是为己之学,首要任务是建立自我的主体性。同理，文化主体性是我们必须坚持的立场。如何处理"他者"的问题，儒家的恕道可以提供一条思路。"己所不欲，勿施于人"是一种自律，也是容忍、承认和尊重他人的原则。它不仅和"为己"没有冲突，而且是"为己之学"的必要条件。儒家所指的"己"不是孤立绝缘的个体，而是关系网络的中心点，非原子型的个体内部都蕴含着通向"他者"的因素，促使自我向世界开放。封闭的自我只是"一己之私"，并非"为己之学"要培养的廓然大公的真我。"他者"指的是一个异质的世界。在文化层面，急于同化"他者"是不健康的，也是不可能的。首先面对的"他者"，应该是自家文化内部的"他者"，我写《文明对话的发展及其世界意义》这篇文章，就是通过多次的"儒儒"对话的经验体会。我相信在21世纪，儒学的创新之路是离不开文明对话的。我期待儒家能从文明对话的具体经验中，摸索出一条世界各大精神传统互相学习、参照和欣赏的道路，现在已有迹象可寻，"对话文明"的出现即是显例。不必讳言，目前各种以"对话"为名的国际会议多半是抗衡、争议、辩难、谈判。但对话形式的频频出现，即表示出一种必须经由对话的共识已经被广泛接受，真正的"对话"已经不是不可企及的理想了。我相信"对话文明"应是新轴心时代的标志。只有在这种氛围中，科技全球化才能与文化多元化和平共存。只有在这个基础上，重建全球政治与经济的新秩序才有可能。儒家应该为此承担一个重要的角色，可谓"任重而道远"。

儒家不只是中国文化的自我表述，不只是中华民族的集体记忆，也不只是东亚文明的体现，它是人类共同的精神资源。儒家的特殊性和地方性可以使它长期局限在国家和区域的范围之内，无法像基督教、伊斯兰教或佛教一样，成为世界性的精神传统。但是，当代的儒家思想，已具有全球的普世意义。我在《儒家精神取向的当代价值：20世纪访谈》中，从各种角度探讨儒家的精神取向的当代价值，如抗议精神、群体的批判的自我意识、人文主义、内在的超越、体验之知、根源意识与全球化、本土经验与现代化等等，希望激活儒家的生命力，扩大儒学的发展空间。但是，隐含在我心灵深处的"忧患意识"却从未消解。现阶段的儒家，在国内的定位尚不明确，而遭到政治扭曲和经济腐蚀的危险却大大增加，被国外误会为执政者的宣传工具，乃至文化侵略的象征也已广为流传。1997年，上海复旦大学的陈引驰教授梳理了我从1965到1995年三十年散见各地的文字，以"中国传统心性治学的历史命运"为主轴，择出二百零五条，为上海文艺出版社编了一本随笔。我即决定以"一阳来复"命名。对儒学第三期发展的大趋势，我的信心建立在国内民间社会对其教化功能的认同。儒家在文化中国的生活世界中已是被默认的"心灵积习"，如果越来越多的知识人也意识到儒家是"学做人"的重要精神资源，它即有强大的生命力和宽阔的发展空间。

《文明对话中的儒家：21世纪访谈》涵盖了2002到2013年，是在文明对话的语境中进行的。我感觉到儒家即使面临着被利用，被异化，被腐蚀的危险，但它已走进了一个新阶段，也许被忽视和被边缘化的时代已经过去了。虽然，有些儒家被钱和权腐化，丧失了独立自主的风骨，被政治利用而成为软实力的形象工程，异化为"曲学阿世"的利己工具，但整体而言，儒家在学术、政治、企业、媒体各领域都相当活跃，从民间到精英各阶层逐渐被重视。我的访谈不是在象牙塔里为儒学痛切陈词，而是借此对现代性、全球化、启蒙心态做出的回应，并提出一种新的人文主义的思维方式。

面向未来，这种人文思维，导源于思孟心学，以儒家在生活世界如何学做人为起点，希望它能够促使中国人发挥自尊自重的觉悟，在国际树立谦和厚道的公共形象。为了重建中华民族的文化自信，出现一批能够"变化气质"的群体。如果有良知理性的官员、企业家和学人频频出现，如果上亿的中国游客不仅标榜钱财的实力和民族主义，也能体现关怀他人、关爱地球、关心文化和敬畏宗教的行为和素质，我相信中国人和中国文化将逐渐被世人尊重，中国的崛起不被认为是威胁，更不是一种对现有秩序的破坏。儒家的批判精神和自反能力应成为爱国主义的反馈机制，使其为重建世界文明秩序做出贡献。把中国的具体情况和人类的普遍环境紧密结合，命运共同体的提法才有实质的意义和落实的可能。

儒家的心学是从每一个人的自我出发，"先立乎其大者"，建立自我的主体性，通过"推己及人"和各种人际关系网络，形成多样的有机体。良知理性不只局限在伦理道德的范畴，和科学、民主、经济、政治、社会、文化乃至宗教都有密切的关系。人类为了解决核战危机、环境恶化、恐怖主义、世界秩序重组等诸多困难而不得不思考在 21 世纪如何学做人的问题。"文化中国"的认同，不可能摆脱人类的共同关切，而独树一帜。我希望中国走的道路是世界各国都能够接受的，甚至殷切期待的。"人同此心，心同此理"意味着在承认文化多样和宗教多元的前提之下，确有普世价值。新人文主义或精神人文主义就是追求人世间的一种基本的共同价值。

　　我要感谢孔祥来、史少秦、王小超、鲁鹏一、朱天助和艾蓓在编辑和校对方面的帮助。他们,尤其是史少秦,为我改定了文本中的一些谬误。吴敏是这套书的责任编辑,但她的贡献远远超出了责任编辑的范围。没有她的积极介入,包括选文和定题,这套书根本无法问世。当然,书中的缺失和错误全部由我个人负责。

杜维明

2016 年 1 月 6 日于美国加州

孔子仁学中的道、学、政

    儒家思想的原初形式是环绕着孔子的仁学而开展的。这套思想有成熟的道德理性、浓厚的人文关切和强烈的入世精神，既不同于古希腊的哲学思辨，又大异于希伯来的宗教信仰。如果借用今天欧美学坛的名词，我们可以说仁学是一种"哲学人类学"（philosophical anthropology），而其所标示的是"道德的理想主义"（moral idealism）。

    康德曾为哲学界提供了三大研究的课题，即何以知的认识论、如何行的伦理学以及能希望什么的神学。根据这个线索，仁学应属于伦理学的范畴。不过，孔子虽然极重视人与人间的伦常关系，因而有以孔学为礼教的提法，但其仁学的核心是探索如何做人的道理。站在仁学的立场，探索如何做人的道理，是比认识论、伦理学和神学更根本的哲学课题。"五四"以来，因受西化思想的影响，不少人认为孔子学说跳不出日常生活礼俗的限制，离纯理论思辨的层次甚远, 代表人类心智启蒙期的最初阶段。这个看法颇有问题——显示对孔子仁学的逻辑性和方向性缺乏全面的认识。

希伯来的神学表现在对上帝的虔敬之情; 古希腊的哲学表现在对自然秩序的惊异之感; 孔子的仁学则表现在对人文世界的忧患意识。虔敬的情怀可以引发和凡俗世界决然分离的理想天国; 惊异的敏感可以开拓解释客观事物的观念领域; 忧患意识则必须扣紧具体存在的环境作番"知其不可为而为之"的努力。希伯来的先知可能不顾血缘纽带的约束独契神旨; 古希腊的智者可以摆脱人际关系的纠缠而孤往哲理; 以仁为己任的弘毅之士, 则必须在人文世界中实现"己欲立而立人, 己欲达而达人"的抱负。

有人从比较哲学的观点宣称, 正因为孔子的仁学立基于"鸟兽不可与同群, 吾非斯人之徒与而谁与"的悲愿上, 儒家的道德理性、人文关切和入世精神既扼杀了超越神学的生机, 又钳制了自然科学的发展。置身于 20 世纪的今天, 回顾中国文化从鸦片战争以来左右不逢源的悲凉景象, 进而追溯传统思想的缺陷, 这个观点也许可以成立。假若因此断言孔子仁学是一种先天不足的思想, 那就犯了"时代倒置谬误"(anachronistic fallacy)。其实孔子的仁学本有超越的一面, 也就是子贡所谓不可得而闻的性与天道的一面。孟子的"尽心知性知天"、董仲舒的"天人感应", 乃至程颢的"仁者以天地万物为一体"的思想, 虽与孔子的天命观不同, 但都是儒家在超越层次的表现。必须指出的是, 儒家绝不脱离内在的"性"单提超越的"天", 而是以"极高明而道中庸"的形式标出, 和传统基督教坚持作为创造物的人只能信仰、无由认知上帝本质的立场大异其趣。同理，儒家的认识论是和经世济民的政治抱负紧密连接的，因此在修己知人的领域里有突出的发展，和古希腊"为知识而知识"的精神也相去甚远。

道：道德理性

概略而言，仁学的道德理性是立基于主体决断和存在考虑两个相辅相成的原则上。首先，孔子确认"为己"之学的内容必须通过学者本身自反自修的克己工夫来证验、展现和完成。"不愤不启，不悱不发"的教育方法和"不怨天，不尤人""内省不疚，夫何忧何惧"以及"岁寒，然后知松柏之后凋也"的人格修养，都是突显自发性的例子。孔子肯定"为仁由己，而由人乎哉"，又声称"仁远乎哉，我欲仁，斯仁至矣"，正是要说明为己之学的基本动力不假外求。但是，这种强调个体独立（"当仁不让于师"）和人格尊严（"三军可夺帅也，匹夫不可夺志也"）的思想并没有"个人主义"（individualism）的色彩。这是因为尽己之忠的主体决断，必须通过推己及人的恕道才可落实。

推己及人的恕道，即是仁学中道德理性的存在考虑。它的实际内容是根据"能近取譬"的模式，从修身扩展到齐家、治国、平天下。孔子说"孝悌也者，其为人之本欤"，即学习做人的根本途径应以"亲亲"为起点。儒家认为，如果连尊敬父母和友于兄弟的意愿都不存在而直接宣传兼爱天下的道理，是一种不切实际的空谈。因此，孟子指出"仁之实，事亲是也"。但是，如果为人只停留在"孝

3

悌"的阶段而不能发扬"己所不欲勿施于人"的"爱人"精神,向达到"老者安之、朋友信之、少者怀之"乃至"博施济众"的境界迈进,那么恕道的推行也就滞泥不前,结果也许连"孝悌"等基础德行也不能维持了。

严格地说,以忠恕为主轴的一贯之道,绝非静态的折中主义,而是动态的、发展的"过程哲学"(process philosophy)。人的成长是生生不息的,学习做人的道理也应是连续不断的。在永无休止的过程中,以弘毅的精神来完成自己堂堂正正、顶天立地的人格,才是任重而道远的真实意义:"仁以为己任,不亦重乎?死而后已,不亦远乎?"固然,才智的高低、环境的优劣和生命的夭寿都因人而异,因此在道德实践和人格发展的道路上,如何根据具体情况变化作努力,也有各种不同的形态。但是,克己待人的修养工夫既可适用于"戒之在色"的少年时代,也可适用于"戒之在斗"的壮年和"戒之在得"的老年时代。一贫如洗又短命早死的颜回,能在极困苦的条件下达到"不迁怒,不贰过"的修养水平,赢得孔门弟子中唯一堪称"好学"的美名,这正显示忠恕一贯之道不只从效验和结果上论成败,而是一种把品评人物的重点摆在动机和过程上的学说。

这种学说重视人伦日常的生活实践,和罗马斯多噶学派有相似之处。黑格尔把孔子哲学看成只是一堆和西塞罗的处世格言一样乏味的道德教条,那就大谬不然了。这种学说和康德的"实践理性"也有不谋而合之处。但康德因为强调客观标准的绝对性,未能正视道德的主体性,又因受神学的影响而提出"上帝存在"和"灵魂不灭"的必要性,忽略了宋明儒家所谓心性之学的问题,因此和孔子仁学所提出的道德理性毕竟异趣。近年来，好几位欧美和日本的学者认为这种学说有存在主义的特性。可是，存在先于本质的人生哲学常流于王畿所谓"气魄承当"的格套。仁学的主体决断虽然是一种"存在的决定"（existential decision），但儒家的立志必然引发"毋意、毋必、毋固、毋我"的道德修养，和以个人脾性为归趣的选择绝不相同。

所以，由孔子仁学所规定的道德性虽有蒂利希（Paul Tillich）指称的"终极关切"（ultimate concern），但其"宗教性"（religiousness）不走向灵魂的超升和理想的天国，而是依循"天命之谓性，率性之谓道，修道之谓教"的中庸路线，落实到广大社会的日常人生之中。同样地，这种道德理性虽然也有极丰富的知识内涵而且特别强调学思并进的求知态度："学而不思则罔，思而不学则殆"，但它的"智性"（intellectuality）不表现为纯理思辨的色彩，而以"正德、利用、厚生"为原则，集中在解决现实生活的具体问题上。从批判的眼光来衡量，孔子的仁学因不向超越的神学致思而有堕入庸俗的危险，因不究心于抽象的推理而可能阻碍了认识论的发展。这个问题牵涉到孔子仁学中与忧患意识紧密联系的文化关切。

学: 文化关切

孔子仁学中的文化关切，可以从历史使命与礼乐教化两个层面理解。孔子曾以"述而不作"自况，说明他的学术事业主要是以继承的形式表现出来的。这固然是不敢自居"参天地之化育"的圣王而以绍述制礼作乐的周公自勉的谦辞，但也刻画了孔子仁学中历史使命的特殊性格。

在文化没有受到考验的太平盛世，主导思想是社会人士公认的天经地义，既定的典章制度和礼仪规模也是群体大众共同遵守的行为准则。这时无所谓继承传统的问题。在动荡的时代，尤其是在连维系社会的理论基础也受到震撼的紧要关头才发生继承传统的问题，出现继承传统的意识。

暂且不追问这种意识的出现究竟有什么特殊的历史作用，继承传统，特别是重新建立业已断绝的传统，可以导致新文化和新思潮的发展，这点是可以肯定的。欧洲的文艺复兴即是一例。

孔子所处的时代是"礼崩乐坏"的前奏。他强烈而深刻地意识到周礼疲敝的大趋向，也就是说周公所创建的"郁郁乎文哉"的礼乐制度已经变成毫无生命动力的形式，甚至连形式都不能维持了。在那个"觚不觚"的时代，孔子主张维护周礼，好像是一种不能顺应历史潮流的抱残守缺的落伍心理在作祟。其实，从文化传承的立场上看，孔子的"吾从周"有极丰富的思想内涵，不能只从政治层面的复古复辟评判。"八佾舞于庭，是可忍也，孰不可忍也"和"尔爱其羊，我爱其礼"，单从字面上去解释，很容易得出孔子过分执著仪式的结论。如果从象征意义的角度来考虑，孔子的用心所在也许不仅是仪式本身，而是它背后所代表的文化意义——从礼让到攻伐、从"整合"（integration）到"分化"（disintegration）的大变动。

进一步来说，孔子的礼乐之教对当时社会上的既得利益者亦即剥削阶级是一种批判和贬斥，含着一定程度的抗议精神。借用政治学的术语，孔子是想通过重建礼乐教化的努力彻底转化现实政治的权力结构，让互信互赖的道德意识取代强制性的统治模式而成为社会稳定的基础。孔子把"民无信不立"的重要性提升到足食足兵之上的观念，如果翻译成现代语言，等于说：一个国家能否立足于世界的根据不只靠经济和军事，更重要的是靠人民对政府的信心。这也是为什么孔子主张"道之以政，齐之以刑，民免而无耻；道之以德，齐之以礼，有耻且格"的理由。

不可否认，历史事实说明，孔子"吾从周"的努力终于像"不复梦见周公"般地幻灭了。然而，他在政治上的挫败，不但没有削弱他的文化理想，而且更增强了他的使命感。在大难临头之际，他说出"文王既没，文不在兹乎""天生德于予，桓魋其如予何"之类的壮语即是例证。这难道只是一些纯属主观意愿的呓语狂言吗？设想当时的孔子，一个毫无政权势力支援的"知识分子"（intellectual），可以主动地、独立地慨然以承担华夏民族的文化传统自许，这是何等胸襟，何等气魄！孔子这种"天将降大任于斯人"的使命感，固然受到不少同期隐士们的讥讽，但是相信"天将以夫子为木铎"的知音也大有人在。孔子的奋斗，并不像在旷野里呼喊"修直主的路"的保罗，而是以"德不孤，必有邻"的社会意识同一批"斐然成章"的青年才俊共勉共进的。不过，必须指出，只从现实利害和实际效验来评价孔子，难免避重就轻、以偏概全。

文化是逐渐凝聚而成的"生命形态"（form of life）。一个民族的文化是在某种特殊的物质条件下，经由人与人之间不断的长期交流而形成的，既包括衣食住行等生活习惯和不知其所以然的"集体意识"（collective consciousness），也包括通过大家自觉奋斗所创造的知识、伦理和艺术价值。因此，文化发展至少是物质条件、生活习惯、集体意识和自觉奋斗在多层次的复杂关系中交互影响的结果。文化遗产则意指在特定的自然环境中的社会风气、日常的行为典范以及向真善美的理想境界勇往直前所获致的成绩。

从这个角度来看，孔子所宣扬的礼乐教化，一方面肯定了周公以来华夏民族的"生命型态"确有其合理性与持续性，同时又严厉地批判了当权者因远离"其身正，不令而行"的基本原则，使得华夏文化丧失了理想性，变成了僵硬的形式主义，走向纲纪荡然的大混乱；另一方面又从源头处反省人文世界的存在意义，提出仁的哲理来充实礼的内容。根据这个观点，孔子独立于现实政权之外，主动承担发扬周礼的使命是自觉性的高度表现，而他"克己复礼"的仁术，不仅是继往，也是开来。

站在同情了解的立场，与其说孔子未经分析地接受了许多前代的余绪，毋宁说他通过全面的、整合的深思熟虑自觉地继承了他认为周朝文化传统中最合理、最真实、最精美的人文价值。众所周知，传说孔子曾以"集大成"的手笔把古代的文献作了一番综合的整理，使得中华民族共有的文化遗产（卜筮、歌谣、政典、礼文、史籍）都变成了仁学的具体内容，为儒家的哲学、文学、政治学、社会学和历史学奠定了深厚的基础。而且在这个基础上，他又为中国知识分子树立了一个"极高明而道中庸"的楷模：有超越的本体感受但不神化天命；有内在的道德觉悟但不夸张自我；有广泛的淑世悲愿但不依附政权；有高远的历史使命但不自居仁圣。

然而，在"道术为天下裂"的时代，孔子的忧患意识始终以"行道"为对象。他的文化关切——由历史使命与礼乐教化交织而成的学统——从未脱离"行道"的意愿而独存。尽管这种意识和关切有时引发"知我者其天乎"的叹息，有时还激起"道不行，乘桴浮于海"的遐思，孔子从未放弃置身"斯人之徒"的权利和义务。这些复杂而不混淆、冲突而不矛盾的因素，在孔子仁学的入世精神中表现出特别鲜明的色彩。

政：入世精神

基督教的教堂象征神圣的理想天国，佛教的庙宇象征庄严的西方净土，孔子的仁学既无教堂又无庙宇，连"慎终追远"的祭祀祖先也和"民德归厚"的社会价值相提并论。耶稣在基督教里是上帝的独生子、人类的救世主、永恒生命、绝对真理和唯一道路的赐予者；释迦牟尼在佛教里是惟我独尊的人、体现一切生灵最高智慧的觉者和揭示苦、集、灭、道四大真谛的如来。相形之下，儒家的孔子不过只是个忠信的好学之士而已。

不仅如此，即使在儒家传统中，其能集礼乐之教的大成而且功业斐然的，是周公而非孔子。如果以"圣王"的最高理想来评断，即使我们刻意为孔子"争分量"，他哪里又能和尧、舜、禹、汤、文、武同日而语？再说，孔子一生平淡无奇，没有特殊政绩可考，更无神迹可言。因此，孔子既非独创儒家的教主，也未必是儒家传统中尽美尽善的人格形态。他在儒家的地位和耶稣在基督教或释迦牟尼在佛教的地位有本质不同。耶稣可以说："让上帝的事归上帝，凯撒的事归凯撒！"把神圣与凡俗绝然割裂；释迦牟尼可以发大慈悲普度众生共济彼岸；孔子则必须"造次必如是，颠沛必如是"地把仁学的道德理想落实当世。美国哲学家赫尔伯特·芬格莱特（Herbert Fingarette）把孔子定义为"即凡而圣"的思想家，是有见地的。

正因为孔子不认为自己是"生而知之"（"若圣与仁，则吾岂敢"），仅以"好学"自许，他不愿意也不忍心和他所生存的具体环境划清界线，另外去开辟一套超凡脱俗的价值领域。也可以说他心甘情愿把自己当作既成事实的继承者和负责人。因此，他对自己的家国、社会、文化以及在他所生存的时空交会点上影响他的其他条件和因素，都抱着一种关切和担当的态度。这便是孔子"无终日之间违仁"的人生态度。深一层来看，孔子虽然自觉地和他所处的特殊历史阶段凝成血肉相连的有机体，和耶稣的超越或释迦牟尼的脱俗大不相同，但他绝非完全认同当世的时代产物。马克斯·韦伯（Max Weber）把孔子的"价值取向"看成调和主义或折中主义是一种偏见。假若把孔子的仁学当作是一种靠拢甚至谄媚现实权威的处世之道，那就好像误认"德之贼"的"乡愿"为抗议和革新意愿极强烈的"志士仁人"了。

比较宗教学家如休士顿·史密斯（Huston Smith）一再强调孔子具有宗教的性格。如果运用恰当，这个观点可以帮助我们进一步了解仁学的入世精神。固然，孔子仁学的兴起象征古代中国人文意识逐渐取代宗教神学而成为中华民族的主导思想，把认识对象从虚无缥缈的鬼神之乡转到日常的生命世界，正反映这一以"知人知生"为中心课题的哲学动向。不过，如能严格区分反理性的迷信无知与牺牲自我以拯救世人的大慈大悲实代表两种互不相容的宗教形象，那么孔子的仁学确有和以身殉道的奉献精神相通之处。"朝闻道，夕死可矣"即是体现这种精神的证道语，而且也只有从此基础出发，才可能提出"无求生以害仁，有杀身以成仁"的格言。

有了这一层认识，仁学的入世精神更不能和政权的现实势力混为一谈了。归根究底，孔子根本不从权力和控制的立场论政。也许，在他眼里，只从耕战或祭祀的角度来认识政治不仅是片面的而且是错误的，因为政治的目的除了在维持社会安定和提高经济水平外，还在教化。有人把孔子重视教化的政治思想评断为一种不能认清政权实质的道德主义。这个说法应当加以分析。孔子在政治上不得志，为了道之不行、学之不讲而忧心忡忡，有时连获一栖身之处尚且艰苦，更说不上什么恢复周公盛世了。这是历史真相，毋庸赘述。所以，批评孔子不能顺应时代潮流，无法和春秋后期新兴的社会势力结合以达到夺取思想政治领导权的目标，是有客观事实根据的。至于孔子是否真以夺权为目标，那就另当别论了。不过，从动机和结果两方面，也就是从孔子的用心所在以及仁学的历史作用来立论，孔子在政治上的失败实和他的道德理性以及文化关切有紧密的联系。

孔子既然不从权力控制的立场论政，他对政治的理解势必不同于当时实际参加权力斗争和控制人民的"肉食者"。有人认为，孔子在官场上一再失意，是因为不识时务的缘故。这个推想值得商榷之处至少有三点。

第一，孔子恓恓惶惶想要用世的心理来自他的历史使命。他所要争取的不是一时效验，而是百世楷模；不是一家一姓的兴盛，而是天下太平。他的政治构想和执政者以一己之私的利害为前提的现实考虑自然大相径庭。用"官场"的得失来评价孔子，是犯了分析范畴错置的谬误。

第二，说孔子"不识时务"，是从前面所提孔子不能顺应时代潮流的说法而来。应当分明，站在历史发展有必然性的立场批判孔子的保守性是一种学术观点，而揣测孔子在政治上的失败乃至沦落到"丧家之犬"的田地，是因为他对当时的具体情况认识不清，那就难逃主观臆度的偏差了。孔子何尝不知"今之从政者"的心理，不过他坚决反对专以富强为目标的政策：季氏富于周公，而求也为之聚敛而附益之。子曰："非吾徒也，小子鸣鼓而攻之可也。"同时，他认为政治和以身作则的道德修养不可分割："其身正，不令而行；其身不正，虽令不从"，而且只有从最基础的人伦教育着手，才可一窥政治的实意。孔子对"子奚不为政"的回答是"书云：孝乎惟孝，友于兄弟，施于有政，是亦为政，奚其为为政？"所以，孔子并非不识时务，而是从长远的历史视野和深厚的道德感受，体认到政治的当务之急在取信于民而不在控制，其目的在教化而不在权力。

第三，即使断定孔子念念不忘行道的意愿是顽固的，而他以道德理想从政的行为是迂腐的，我们仍应承认：孔子不能和新兴的社会势力结合，主要是因为他的文化关切不允许他摒弃实现政治理想的希望和努力，而把从政的焦点集中在控制人民的权力结构上。因此，说他的政见在本质上包含了落伍的因素是不正确的；说它不自觉地为统治阶级服务，走向开倒车的歧路，也欠公允。孔子不顾政治上的失败，甘愿忍受不识时务的讥讽，以"知其不可为而为之"的悲愿行道，是忧患意识的体现而非"假仁""伪善"。这点倒是可以肯定的。

道、学、政的交互关系

孔子以道德理想和文化意识来转化现实政权的入世精神，在表现形式和思想内容两方面，都具有错综复杂的多样性。前面的讨论对这个现象已大体接触到。若要作较深入的探索，应从实例着手。孔子对管仲的评价，历来辩难甚多，很可以反映问题的症结所在。

孔子一方面对管仲个人的行为极表不满，斥责他"器小""不知礼"，另一方面又对他帮助桓公"九合诸侯""一匡天下"而完成霸业的功劳大加赞赏，许以最崇高的"如其仁，如其仁！"表面上，一贬一褒有明显的冲突，似乎不应并存。但是，从仁学的观点看，前者意指：在道德理性的层面，管仲常坐奢华傲慢之病，不能因他曾为华夏民族立了大功就可一笔勾销；后者则表示：在文化关切的层面，他确有"民到于今受其赐"的丰功伟业，也不能因他的违礼而完全抹杀。管仲为人的胸襟远不如古代贤相（如伊尹）那么恢宏，但是他的历史价值也绝非谨守"匹夫匹妇之为谅"的小信小义者所能识别。这两种品评的方式所涉及的范围不同，只有合观才能突破黑白二分的简单模式，对多才多艺的管仲获得较近情理的整体印象。

再说，孔子所提倡的是"为政以德，居其所而众星拱之"的王道，而其所向往的是灿然文备的周公。管仲"相桓公，霸诸侯"的功业，和孔子的政治理想背道而驰。据孟子说，孔子的门徒耻于谈论齐桓、晋文之事。他们既然羞于与高谈霸术的权谋之士为伍，决不应称羡协助桓公完成霸业的管仲。那么，孔子"微管仲，吾其披发左衽矣"的说法，不是违背了道德理性的一般原则？孔子的及门弟子似乎就是如此提出质问的："子路曰，桓公杀公子纠，召忽死之，管仲不死，曰未仁乎？""子贡曰，管仲非仁者与？桓公杀公子纠，不能死，又相之。"的确，一个事友无信、事君不忠的谋士怎么可能有仁德呢？足见在评价历史功过上，孔子并非惟道德主义者。道德理性品评人物，尤其是对民族文化影响特别大的人物之准则时，就必须和高远的文化关切紧密联系，才不致局限于狭隘的道德至上论。这和仁学中的"经权"的问题有关。

"经"不是基督教所谓的"教条"（dogma），"权"也不是佛家所谓的"方便法门"。从原则着眼，经是正道，是不可一日或缺的常法；权则是经在变幻无穷的实际情况中的灵活运用。从实践的观点看，权是变道，是落实具体环境的必经之路；经则是权在深思熟虑各种特殊条件时的指导标准。不知通变的经常，或不能择善而固执的权变，都违背了仁学的基本精神。

在《论语》中表现"经权"之道实例极多。最难掌握的也许要算"言志"章中特别称许曾点的故事了。孔子对其他几位高足的鸿鹄大志不置可否，对曾点浴沂风雩的洒脱反而深加赞许，颇令人费解，难怪后儒对这章的说明分歧很大。"吾与点也"大概是孔子的即兴之辞。不过，从因材施教的角度着眼，它也很能反映孔子对"进取"的狂者和"有所不为"的狷者寄以厚望的苦心。一般而论，既然孔子的及门弟子在德行、政事、文学等方面都卓然有成，以"立德、立功、立言"的不朽大业为志向本是理所当然。曾点却纯从自己当时兴之所至来渲泄情怀，未免有些狂态毕露了。可是在"不得中行而与之"的限制之下，曾点的洒脱对自视过高甚至躐等跃进的门生当有启发的作用。孔子以学不厌而教不倦的精神激励门生奋发向上，这是经常；但他从不空谈抽象原则，而是针对复杂的环境按照具体情况而施教，这即是权变了。

其实，孔子不仅不空谈抽象原则，也不执著特殊的个别事件。他的方法是从具体分析来彰显普遍的共性。这种思想方法既非演绎，亦非归纳，而是"能近取譬"和"推己及人"的忠恕一贯之道。应该指出，忠恕一贯之道运用了举一反三和多闻多识，即类似演绎和归纳的推理形式。但它既然以"知人知生"为认识对象，也就是以"人学"为研究的课题，主客决然对立的一般科学方法就不敷应用了。的确，一个究心于仁学的人，不仅是旁观者，而且也是参与者。于是把探求的对象如同自然景物般完全客观化、外在化的可能性相对减少了。试问，如果他不从自己当前的修养问题下手，他又如何真能一窥同胞爱和人类爱的本质意义呢？从个人到家国天下，从具体到普遍，是仁学开展的正途。

前面已经提到，忠恕一贯之道是在动态的发展过程中体会人生真谛的哲学。从日常生活的洒扫应对到杀身成仁的紧要关头，无时无刻不是体现仁学的良机："君子无终食之间违仁。"这样的主体与客体、个人与社会、具体与普遍等等关系的交互影响中，慎思笃行的学说不仅没有把多元因素与多层次的现象归纳为简单的黑白二分，而且还把结构之外的"逝者如斯夫，不舍昼夜"时间观念的变数也列入考虑。它确认：人生的成长所涉及的课题千头万绪，如果不投入实际情况中作番身历其境的体认，绝无洞悉其中精微的可能。然而，把仁学解释为一种"情境伦理"（situational ethics）仍不能说明问题。欧美近年来流行的"情境伦理"，是针对神学教条而发，强调依据个别情形和特殊状况随缘设教，不受既定成规的约束。在抨击基督教的绝对伦理如毫无伸缩余地的宗教戒律方面，"情境伦理"确有创见。但这套思想因过分重视实用性与社会性，有舍本逐末的倾向，终究和忠恕一贯之道不因权变而背弃经常的努力迥然异趣。

在仁学中最能反映由经权的交互作用而开展的忠恕一贯之道的复杂性的，也许要算"时"这一观念了。孔子对"时"的体认至少可以从道德、文化和政治三方面来了解。

第一，突破高悬"言"来局限行事的格套，以"无可无不可"的人生态度表现符合时宜的道德行为，即是孔子礼教的本意。所谓"礼时为大"，正是指此。"礼与其奢也宁俭，丧与其易也宁戚"，据此，亦是为把个体从"玉帛云乎哉"的形式主义中解脱出来，让内心的感情能合宜（也就是合时）地表达尽致。只有在表里合一的实践中，道德理性才真有"深切著明"的说服力。

第二，"兴灭国，继绝世，举逸民"的文化关切，表面上好像是一种开倒车的复辟思想，但是针对春秋战国转型期出现以霸权横决天下、完全不顾文化传承的功利潮流而言，这个主张是有批判意义的，而其理论基础就是"天地之大德曰生"的人文精神。把业已沦亡的国家复兴起来，把业已割断的宗法继承下来和把独善其身的隐士荐举出来，表示一个民族的历史文化应像一条兼容并包而且永无止息的时间长流，不但要掌握现在，策励将来，而且要以忧患意识承担过去。

第三，在政治上，孔子要求在位者采取"修文德以来之"的宽大政策，按照人民作息的规律先富之而后教之。这种"宽则得众，惠则足以使民"的措施，是根据"百姓足，君孰不足？百姓不足，君孰与足"的信念而来。因此有"不教而杀谓之虐，不戒视成谓之暴"的警语。意谓以当政者本身的利益为前提强行耕战的富强之策，即使不变成猛于虎的苛政，也离"使民以时"的仁政尚相去甚远。仁政是关联着社会群体的礼乐之教，是以人伦世界的天然节奏——亲疏长幼之别和本末先后之序——为基调的理想政治。对这种以人文化成为内容的理想政治，用静态的空间图画来标示，不若用动态的时间音乐来譬喻更其恰当。

孟子以"金声玉振"象征孔子为"集大成"的"圣之时者"，确有深长的意味。在这里，集大成不指外在客观的功业，而指在一特定时空内根据具体情况所作的最和谐、最融通、最完善的安排。这个观念可以从孟子以三种人格形态为背景来衬托"时圣"的"笔法"来掌握。伯夷一尘不染的清廉是道德情操的典范，但因极端洁身自好，反而导致不能成事即以身殉道的悲剧；柳下惠"和其光、同其尘"的作风，是社会良心的至情流露，但因过分随缘随分，有时简

17

直和玩世不恭的人生态度如出一辙；伊尹忠于职守，念念不忘经世济民是政治责任的高度表现，但因只能进而不能退，难免有同流合污的倾向。所以，孟子认为伯夷的"清"、柳下惠的"和"以及伊尹的"任"虽然都是圣人气象，离孔子的"时"尚有一段距离。以音乐为喻：伯夷、柳下惠和伊尹是各自突显了一种乐器——丝弦、箫笛或钟鼓的特色，而孔子才是整个乐团有始有终、有条有理的大合奏。

大合奏的交响与单项乐器的独奏最显著的分别，即是后者可以随着个人的脾性宣泄情怀，前者则必须协调节拍，和谐音色，让每件乐器都能尽其所长，以达到各种音符之间纵横交错、此起彼落的共鸣。交响曲的演出要靠全团每一位音乐家的精心合作，既发挥个别的才华，又表现全体的智慧。只有如此，才是真正的"集大成"。因此，在孟子眼里，孔子所体现的既非离散的独奏亦非统一的齐奏，而是从"金声"到"玉振"全部历程的合奏。

从孔子对管仲的评价、对曾点的称许和对"时"这一观念的体认，可以看出仁学所涉及的范围真是包罗万象。从道、学、政三条线索之间的交互关系来探索仁学的逻辑性和方向性，不过是具体分析的途径之一而已。但是，我们至少可以作下列的推论：孔子以道德理性和文化关切转化现实政权的入世精神，和秦汉以来依附王朝的御用儒者以三纲五常等伦理观念帮助统治集团控制人民思想的利禄之途是不相容的。然而，历代大儒，从董仲舒到王阳明，都有置身高远的人文理想，站在道德自觉和文化意识的层面抨击时政。他们的思想难免被利用、被曲解，但他们的政治抗议和孔子的入世精神则有一脉相传的痕迹。政权化的儒家和以人文理想转化政权的儒家，便成为传统中国政治文化中两条泾渭分明的路线。

1980 年 6 月，北京

（《中国哲学》第五辑，三联书店，1981 年）

试谈中国哲学中的三个基调

中国哲学这条源远流长的思想大江，波澜壮阔、气象万千：有潮流荡漾的春天，有巨浪滔滔的夏季，有月印万川的秋夜，也有冰封两岸的冬日。

早在新石器的河姆渡及仰韶文化时代，也就是目前考古实物可以溯源到的中国地区最早的原始社会，中华民族的祖先好像已具有反映特殊意识形态的艺术风格。商周以降，不仅礼乐制度灿然文备，而且继续向人文精神发展的趋势大体完成。春秋战国之际，出现万壑竞流、百家争鸣的盛况，为古代哲学史写下了光辉的一页。历经秦、汉帝国，大一统的专制政体略具规模，由儒、道、法、阴阳等流派交互影响所汇集而成的政治文化也渐臻稳定。

继而合久必分，魏晋玄风一扫东汉的经学名教，开辟出一条幽深秀丽的清淡思潮。接着，因受南亚宗教长期的滋润，把隋唐盛世灌溉成宏扬佛法的沃土。宋元时代，在北方少数民族的激荡之下，承接孔孟"极高明而道中庸"的身心性命之教，为东亚儒术创造了史无前例的局面，使得洙泗源逐渐成为中国的明清、朝鲜的李朝和日本的德川三大文明的主流。近百余年来，饱经欧风美雨的冲击，这条气魄雄伟的思想长江，更展现了大开大合的新形势。

固然，历史如此悠久、内容如此丰富的思想传统，像由无数水珠所凝成的巨流，不是用简单的构图即可表示的。不过站在哲学史的立场，一个汇集了千百支流、穿过高山峻岭和草原平野浩浩荡荡地继续了几十个世纪的思想长江，即使迂回曲折，变幻多端，但其一泻千里，挟泥沙而下，从西到东注入大海的方向则大体可寻。本文的目的即是以三个"基调"为线索，对中国哲学的方向性作初步的、因此也是尝试性的探寻。

存有的连续

瓦石、草木、鸟兽、生民和鬼神这一序列的存有型态的关系如何，这是本体论上的重大课题。中国哲学的基调之一，是把无生物、植物、人类和灵魂统统视为在宇宙巨流中息息相关乃至相互交融的实体。这种可以用奔流不息的长江大河来譬喻的"存有连续"的本体观，和以"上帝创造万物"的信仰把"存有界"割裂为神界、凡界的形而上学截然不同。美国学者牟复礼（F. W. Mote）指出，在先秦诸子的显学中，没有出现"创世神话"，这是中国哲学最突出的特征。这个提法虽在西方汉学界引起一些争议，但它在真切地反映中国文化的基本方向上，有一定的价值。

21

　　中国古代思想家不追求第一原因或最终本质等抽象答案，不向超越的、外在的上帝观念致思，而把用心的交点集中在生命哲学的本身，这是一个很值得深入研究的课题。古希腊哲人因探索宇宙根本元素而在朴素的唯物思想和逻辑方法的发展方面大放异彩；基督教神学家因苦参上帝存在的意义，在开辟唯心主义和形而上学的领域方面，也有独到的贡献。相形之下，古代中国杰出的思想家既缺少了认识自然的科学，又忽视了礼赞上帝的神学，颇有见绌的意味。但是，与其说中国哲学因为强调现实人生的道德、艺术、政治和社会，而忽视纯物质和纯精神两大价值领域，毋宁说中国哲学因为立基于生命世界之中，所以不曾出现西方哲学摇摆于唯物与唯心、主观与客观、凡俗与神圣之间的现象。的确，中国哲学的思路，常以既属物又属心、既属主又属客、既属人又属天的"存有连续"的形式标出。这种涵盖天地、兼容并包的思想方法，在历史上确曾阻碍了科学的认识论的发展，但同时也防止了神学的泛滥。

　　不过，站在20世纪后期的物理学和生物学的观点，中国哲学这个基调并不落伍，而且在宏观和微观两方面都还有极明显的优越性。我们不必因为某些先进的物理学家用"道"的观念来分析基本粒子的运作方式，或因为某些杰出的生物学家用"阴阳"的模式来解释细胞分子的结构和功能而沾沾自喜。但既然有好几位尖端科学理论家为了突破机械的二分推理方式而提出类似"存有连续"的观点，这对我们重新检讨中国哲学的特质应有所启发。举一例当可说明问题。

　　中医以阴阳、五行、气、骨、精、血等观念来解释一个人的健康状况。这套诊断的方式和西医根据所谓九大系统的生理结构来剖析人体的步骤颇不相类。表面上，后者是针对客观情况把经过长期实验而获得的科学理论应用到特殊病例的科学方法；前者则好像是靠"望、闻、问、切"也就是望气切脉等特殊的主观经验积累而成。因此，一般的印象是：如果中医的结论不能在西医所显示的科学基础上找到根据，它们最多只是尚待证实的假设而已。但是不可否认，从解剖尸体、检验病菌等研究途径，把人体区分成骨骼、肌肉、消化、呼吸、泌尿、生殖、循环、神经和内分泌九大系统，在理论和实践上，对某些生理或病理现象的解释和处理，并不一定比"经脉气血"之说要高明。

　　针灸治疗在止痛学上取得一定的成就，已是国际公认的事实。我们应当追问：在中医现代化的过程中，这是否仅属偶发的特殊现象？如果不是，这种治疗法和中医其他门类的关系如何？以"穴道"的观点来了解人乃至牛、羊、狗、马的健康状况，是否言之成理，持之有故？到底根据的是何种理论？它和西方神经学研究的最新发展的联系与区别何在？一个看起来无关宏旨的"疼痛经验"，部分因受针疗的刺激，目前在欧美医学界已掀起了巨大的科研浪潮。以疼痛及其控制的专研为中心课题的"边缘科学"，竟如雨后春笋般遍布美国。在短短的 10 年之间，"痛学"已成为西方医学界要综合生理、心理、生化、神经（包括脑、脊髓和神经网）等专业方能共同探索的新课题。在当代医学对何为生命（第几期的胎儿才算"人"）、何为死亡（脑波停止能否即判定为"尸"）之类基本问题都还争论不已的时候，"疼痛"这个至少牵涉到生理、感觉和认知三大层次的既普遍而又复杂的人生经验，当然更棘手了。

我们知道，针灸学中所谓"得气"的"气"，本是中国哲学的基本概念，因此指涉的范围极广。从草木瓦石到生灵鬼神，根据传统的说法，都由一气贯穿。身体固然是气，心知、灵觉、神明亦无不与气有关。因此，中国哲学的名词中，有构成任何事物都不可或缺的阴阳之气，有只能由特殊生命才能表现的精气、灵气和神气，也有存乎天地之间的"浩然之气"。这种以"存有连续"为基础的提法，究竟在现代哲学和科学上有没有解释力和说服力，要经过严谨的全面分析。假若只因为和流行的西医观点不尽相同而加以抛弃，那就和王阳明所谓"抛却自家无尽藏，沿门托钵效贫儿"的格调相去不远了。

有机的整体

李约瑟（J. Needham）在其《中国科学技术史》的巨著中，指出了"有机"观念在中国思想里的重要性，并且一再表示，这个和道家关系特别密切的基调，在促进中国生化学和医学的成长方面发挥了积极的作用。李氏的论点，站在科学史和科学哲学的立场，虽然只代表了一大流派的意见，而且他对中国科学和技术发展的解释也还有不少值得商榷的地方，但他强调"有机整体"是中国宇宙观的特色，确有深长的意义。

有人把中国的"有机整体"观和原始民族的泛神论或自然崇拜混为一谈，导致把先秦的"民受天地之中而生"、西汉的"天人合一"乃至宋明的"万物一体"等中土哲人的智慧结晶，认为是主观迷信的结论。然而，以"有机整体"为基调的宇宙观，在哲学上既有深厚的理论基础，在科学上又有深刻的含义，绝非靠肤浅的客观主义即可窥破的一偏之见。其实，"有机整体"观和康孟勒（Barry Commoner）所谓生态学中的四大原则，颇有不谋而合之处。兹简单分述如下：

（一）**物物相连**　从全球的生态系统着眼，大至宏观的阳光、空气和水分，小至微观的草木沙尘，都互有或疏或密、或简或繁的连锁关系；其中的线索，至少在理论上，皆可依循科学分析一一予以厘清。据此，程颢所谓"仁者以天地万物为一体"的人生观，不仅不是空谈，而且是真有所见的实理，可以成为从全面观点考虑生态关系的基本命题。

（二）**物质不灭**　存有形态之间虽然变幻无穷，因而在我们的意识中常出现生灭的客观现象和存亡的主观感受，但从浩浩大化的宇宙本身设想，则绝无得失可言。自从天地交泰万物化生以来，无中生有是否可能不得而知，但存有世界之内的物物之间，虽不乏错综复杂的转化痕迹，但基本物质永恒不灭，则是可以肯定的。

（三）**自然趋向**　最可靠根据美国天文学家绥根（Carl Sagan）综合各种资料所作的推测，地球至少经过 45 亿年的演化才逐渐形成一个适于人类生存的生态系统。根据哈佛大学巴洪（Elso Barghoorn）教授的鉴定，目前已发现的最早的生物化石亦有 31 亿年的历史。也就是说，最原始的生命形态大约在 30 多亿年前就已出现了。然而，考古人类学家最大胆的推测，仍不能把人类的起源追溯到四五百万年前，亦即地球年龄的千分之一。如以我们祖先创造的物质文明为准，人类广义的历史至多不过是地质年代的百万分之一而已。在宇宙演化历程中，人类所创造的人文世界，如果没有大自然恒常贞定的支援，绝无生存之理。有了这一层认识，"天人合一"的宗教体验，乃至以艺术心灵礼赞名山大川的宇宙观，不能说完全没有哲学意义。

（四）**取此失彼**　以移山填海的冲劲征服自然或以人定胜天的抱负改变环境，固然都是以动力横决天下的现代精神的具体表现，但是如果不注意平衡发展的客观规律，不正视"适度技术"（appropriate technology）的正确应用，不考虑影响深远甚至无法挽救的后果，顽固地大干蛮干，以致破坏了生态的稳定，不仅得不偿失，也许连最珍贵的资源和如此多娇的大好河山都因而永远变色了。

中国哲学传统中"仰不愧于天，俯不怍于人"的处世之道，也就是以虔敬和诚笃的戒慎恐惧之心作成己成物的修养工夫。站在生态学的立场，仍有一定的价值。"有机整体"这个基调可以赋予崭新的时代意义是毋庸置疑的。

譬如传统中国有"化生"的说法，表面上，这个不仅在民间广为流行而且连大思想家朱熹也确信不移的观点，是一种没有科学基础的传闻。但是，认为生物本由无生物演变而来的说法，真的毫无道理吗？固然，朱熹推想蛆虱之属的出现是自然化生的结果确是臆度之辞，不过，这个误用化生的例子，并不能推翻无生物和生物两大存有系统的有机联系。同理，明朝泰州学派创始人王艮所谓"化生则天地为父母，形生则父母为天地"两句话，也不必斥为主观迷信，而可以当作是对"有机整体"这个哲学主题有所了悟的证道语：归根究底，我们都是化生而来，因此宇宙万物都是赐予我们生命的父母，我们应当以敬畏的心情对待大自然；同时，正因为我们也都是形生而来，赐予我们生命的父母就像大自然一般对我们有天长地久的恩泽。

上述两句富有诗意的对句，很能体现中国哲学的一大特色：把人视为"存有连续"中的一个环节和天地万物发生有机的关联，而不是看做独立于自然之外、由上帝根据自己的形象所创造的特殊灵魂。不过应当说明，在一气贯穿的存有世界中，人这个环节虽然和其他存有形态紧密联系，因此不发生脱节的现象，但人既"得天地之秀而最灵"，总有不能和一般动物相提并论的精微处。"人禽之辨"成为中国哲学的重大课题绝非偶然。不可否认，在三教中只有儒学堪称"哲学的人学"（philosophical anthropology）；然而，即使在释、道两家，人的问题——如何体无、如何成佛之类仍居于主导的地位。有了这段说明，我们可以回到前面的思路。

由于中国哲学强调以复杂的有机观点来认识宇宙和人生，以地球为中心的宇宙论或以人为万物主宰的人生观，在中国文化中从来没有变成神圣不可侵犯的教条。哥白尼的地动说和达尔文的进化论这两个震撼欧洲神学界的思想革命，如果发生在同时代的中国，即使未成为被大多数学人所欣然接受的定理，至少也会有一些"想当然耳"的知音。

最后，附带一提，从"化生"这个例证可以推知，"有机整体"

27

并非静态的固定结构，而是动态的发展过程。同样地，"存有连续"的观念也具有浩浩大化、连绵不断的涵义。因此，我们所要讨论的第三个基调即是"辩证的发展"。

辩证的发展

不向静态的、抽象的理念世界致思，而究心于动态的、具体的生命历程，是中国哲学的特质之一。不过，这一在认识论上意味深长的特质，既不能从"动而无静"的单线递增来理解，亦非滞泥于特殊个体的并列平铺所能领会。的确，三段论法和一般性的归纳和演绎也都未必适用。只有采取全面的观点，从对立统一的辩证的关系着手，才能真切掌握其实义。

所谓全面的观点，在这里意指自觉地、认真地、灵活地运用对立统一的分析方法，来认识宇宙中万事万物相互转化的复杂关系以及各自发展的内在理由。先秦思想中所出现的既对立又统一的变易理念，最能在这方面显示中国哲学思考的特殊性格。《易经》传统在中国文化史中有"不废江河万古流"的价值，正是这种特性的体现。其实，从仰韶马家窑型回涡纹彩陶、商代青铜上的连珠及云涡纹饰以及西周彝器上的环带、云雷、夔龙等图案已不难察觉，对立统一的有机联系，确是从公元前四五千年以来，华夏民族的形象思维中层出不穷的泉源活水。

不脱离异而谈同、不脱离动而谈静、不脱离多而谈一都和不脱离对立而谈统一的认识论有密切的关系。传统中国学人把"易"

同时理解成"变易"和"不易"两个在表面上显然自相矛盾的原则，也属于同样的思想方式。如果不加以分梳，这种提法很容易引起误解。

首先应当指出，"对立"是发展的必要条件。没有对立就不可能有根本的变化，因此也无所谓真正的发展。阴阳观念形成的对立，及由其派生的刚柔、翕辟、动静、开合等观念所形成的对立，都是了解"易"之为"变易"的重要线索。然而，阴阳虽属对立，却并非矛盾。阴阳可以相胜相克，亦可相辅相成；矛盾则以冲突和斗争为主要关系：若非以矛穿盾，即以盾折矛，两者必须提升到完全异质的层面才有统一的可能。阴阳的对立是构建在决然不同而又相互依存的两个观点上：阴阳的属性迥然异趣，因而它们之间经常存在着消长、盛衰或盈亏的关系；但独阳不长，独阴不成，它们又必须在抗衡乃至冲突和斗争的关系中，各自从对方取得成长的滋养。阴阳之间于是亦有统一性，否则它们无从共同构成天地万物，也不能成为任何一个特定事物中不可或缺的组成因素。易道所提示的发展观念，不是由甲变乙，而是由一个事物本身变化而来。阴阳之间如果只有对立没有统一，它们连并列同一事物之中的可能性都不存在，更谈不到什么发展了。因此，阴阳之间的统一性，便成为以"不易"解释"易"的理解基础。

假若我们承认这种一般所谓"朴素"的辩证法不仅是中国早期启蒙思想的特征，而且也是中国哲学的基调，那么由"易"所体现的对立统一，既含有深长的历史意义，同时也可能继续引发与日俱新的时代意义。从发生学的角度设想，对立统一的阴阳观念，很可能是古代哲人通过"仰则观象于天，俯则观法于地"和"近取诸身，远取诸物"的认识方法，深究"天地絪缊，万物化醇，男女构精，万物化生"的现象而悟出的道理。不过，在中国古代哲学中，这种强调"生生不息"的思路，已把交配、交接和交合的生物现象，扩展到解释一切事物都由刚柔、翕辟、动静、开合之类对立面的交感、相荡和更替所形成和转化的本体论及宇宙观了。

暂且不追究在本体论及宇宙观的层面，中国这种以生物现象为认识基础的观点和古希腊以物理现象为认识基础的观点相比何者较能反映客观事实。如上所述，既然中国哲学立基于生命世界之中，以掌握"有机整体"为特色，那么从生物学或生理学的角度来理解古代中国的"辩证发展"观，应当比运用物理学或数学的模式来评断阴阳思想的利弊更切合实际。也许只有站在比较哲学的立场具体分析了这两套思想的涵养之后，才能开始进行检讨其优劣的工作。如果过早地用一套"相异的"范畴强行批判"中国人的思维方法"，对于全面而深入的了解是毫无裨益的。

三个基调的涵义

中国哲学的基调当然不止"存有连续""有机整体"和"辩证发展"三个，但是根据其提供的线索，应可触类旁通，以识别其他与此和谐或共鸣的关键论题。必须重申，既然中华民族的哲学传统是波澜壮阔、气象万千的大江，那么，和一个时代的主导思想不尽协调，甚至针对主流而高唱反调的例子，在历史上也不胜枚举。因此，以全面的观点来掌握某朝某代的意识形态，不仅不应摈除"异端"在诱导和迫使当时的本体论、宇宙论和认识论向某一特殊方向发展的积极作用，而且还要以批判的尺度来分析主流本身的局限性。有了这一层理解，我们可以对上述三基调的涵义，从另外一个角度再作一些概略性的分析：

（一）**反对归约主义** "归约主义"（reductionism）又称"简化论"，是一种把具体而复杂的现象用抽象而单纯的观念来表示的方法。把宇宙万物的根源定义为土、水、风或火等某种元素，就具有"归约"的倾向。我们在中国哲学史中当然可以找到探索宇宙基本元素的实例，但是，因为中国哲人特别着重生化的过程以及具体事物之间的关系，他们在"归约"天地万物为"一元发生说"方面的努力并不多见。阴阳五行和天人感应的思想毋庸赘述，就是后来受佛教影响的"理事论"和宋明儒学中以理、气、心、性等观念立言的哲学流派，也都不忽视具体而复杂的人事与天道。譬如，华严以"事事无碍"为圆融；朱熹虽继承张载的思想而主张"理一分殊"，但他的工夫所在不是"理一"而是"分殊"；就是揭橥"心外无物"的王阳明，也不忘以"事上磨炼"为设教宗旨。

（二）**重视相互依存** "有机整体"是构建在多层次和多元素的相互作用上。这些作用必须在交互影响的关系中才能发挥特定的功效；任何应有的功效如果失灵或减退，终必损害整体的健康。其次，有机系统之间大小、上下、左右、本末、先后、内外和精粗的连接，皆属互为因果关系。即使为了研究和实验的方便，必须割裂地、片面地分析某一特殊器官的结构和作用，从点、线、面和体各种角度正确地透视它们各自的"认同"和彼此的"适应",仍是综览全局的不二法门。再次,"有机整体"含有生动活泼的意思,因为其组成条件多少皆属变数。固然,任何正常的有机系统都能维持稳定而和谐的规律性,但是,如果不从动态的观点来洞察它们发育、生长、成熟和衰退的变化轨迹,也就不能从动态的观点来认识它们层层限定又层层突破限定的发展方式,那么,"有机整体"中各大系统之间相互依存的微妙关系仍是无法了解的。

（三）**超越线性推理**　寻求"第一推动力"或证明上帝为万物的创始主,是西方哲学和神学的重大课题,厘定因果关系便成为西方哲学家或神学家思考问题的基本方法。由此而引发的"演绎推理""存有连锁"和"直线进展"等观念,好像是理所当然的。但是,中国以"辩证发展"为主的思维方法,即使要以线条和图案来表示,也不能只采取直线形或几何形的办法。前面已经提到,螺旋或波浪之类的曲线以及云雷或夔龙之类的饰纹,似乎较能反映中国对立而统一的思维方法。有人说《易经》中"物极必反"和"周而复始"的理念最好用圆圈来表示,因为它的"发展"不过是周期循环的"变化"而已。这个提法失之粗浅。假若果然如此,不仅"天地之大德曰生"的哲理不易说明,连《易传》以"既济"和"未济"两卦终篇的含义也无法理解了。

其实,用"形象艺术"来描绘"辩证发展",本是不得已的权宜之计。如果必须采用类比,作为"时间艺术"的音乐似乎略胜一筹。音乐的节奏、音调及和声,好像比绘画的线条、布局和颜色更能体现"穷则变,变则通,通则久"的易道:既有兼容并包的气魄,又有无穷无尽的韵味。古代中国在绘画和造型方面确有很高的成就，但从文献记载和考古发掘的实物，如 1978 年在湖北随县出土的战国乐器，可以推知在音乐理论和演奏技巧方面也许有更突出的表现。孟轲以"金声玉振"来称赞孔子为集大成的圣者，正是反映这种精神的比喻。

我们从本体论、宇宙论和认识论三方面的各取基调一则，对中国哲学的"方向性"作了初步的探索，获得了部分结论，同时也触发了许多新的问题。在引言里我曾用滚滚长江倾入苍茫浩淼的东海为喻，暗示本文的基本假设是中国哲学真有"方向性"可寻。由此出发，我们不妨追问，中国哲学究竟是否真有方向性？若有，是否确实由西到东？"方向性"的提法本身。缺陷何在？这些难题，见仁见智，都不易答复，尚需一番推敲的功夫。不过，我在撰写这篇"试谈"的时候，东坡"不识庐山真面目，只缘身在此山中"的诗句常常萦绕脑际，以"基调"探寻"方向"就算聊备一议罢。

（北京：《中国哲学史研究》，1981 年第 1 期）

为往圣继绝学

徐复观先生是我的恩师。我从大学二年级因受他的感召，转入中文系专攻中国哲学以来，复观师无时无刻不带领着我步入中国历史、文学和思想的田地。他教育我如何开垦耕种，指导我耐心灌溉培植，警告我不要揠苗助长，鼓励我即使略有所得也绝不放弃勇猛精进的志趣。

我的运思途径经启蒙恩师牟宗三先生点化后，30 年来没有大幅度的改变。以儒家身心性命之学为终极关切，本是我少年时代就已厘定的方向，然而站在学术工夫的立场，究竟应从何处下手，那就必须落实在具体的科系训练之中才有真确的意义。否则，海阔天空，靠自己的脾性随缘抓梳，最多不过落得个名士或文人格套而已。复观师让我体会到中国学术的真味，让我品尝到知识分子的骨髓，使得我虽患铺陈太泛和好高骛远的大病而不致流失。我对他的教诲铭记终生。

今天适逢吾师辞世周年，我怀着悼念的心情和大家一起前来向复观先生致敬。虽然自己想要表达的哀思和可以追述的往事极多，放眼21世纪，我认为徐先生"为往圣继绝学"的悲愿对新儒运动意义最为深长。

徐先生曾说过："当初我们少数人，看到中国文化遭受诬蔑，于是共同发心，要为中国文化打抱不平。"这种愤愤不平的心理，是中国土生土长的农民面对着欧风美雨所带来的大泛滥，筑堤开渠奋不顾身的大禹抗洪精神的体现。但是，愤愤不平的心理本身并不能转化为学术文化的道德大勇。如果只是火并，最多不过王龙溪所谓的"气魄承当"而已。为儒学效命的文化斗士，曾被讥讽为"义和团"，正是这个道理。徐先生对此知之甚稔，因而强调"文化上的反省自觉"。

把愤愤不平之气升华为学术文化上的道德大勇，是徐先生为中华民族的慧命从根处反省自觉的存在决定。徐先生是位热情洋溢、多才多艺而且泥土气息特别浓郁的读书人。他曾是政坛的决策者、舆论的促成者和知识大众感情生活的寄托者。他可以运筹帷幄之中，可以创造政治气候；也可以让顽石点头，让麻木不仁的趋时者落泪。但他终于选择了一条"闭门独著十年书"的学人生涯。

不过，徐先生的学人生涯和一般在象牙塔里自鸣得意的专家学者大不相同。他不是科班出身的学究，而是经过心志之苦、筋骨之劳、体肤之饿，乃至生命上大受波折之后才动心忍性立志作个中国思想史的"现代疏释者"。徐先生所谓的"现代疏释"，是义理和考据双管齐下的学问方法。他每一篇学术论文，都是从原始材料着手，也就是以顾炎武所提倡的"亲自上山采矿"的基本工夫为起点。接着，他详阅乾嘉朴学和日本汉学的既有成绩，参考时贤的解析，并涉猎欧美有关的理论，最后才根据自己长期苦思的结果，运用"发展"的观念拟成初稿。付印前，还要经过好几番修改、润色和誊抄的作业程序。徐先生的文字波澜壮阔而又有细致的理趣，决非偶然。

其实，徐先生在学术上成为中国思想史的高人、中国文学理论的先驱、中国史学传统的大家和汉代学术的权威，文字的功力只是助缘，文字背后所荡漾的心：那颗孕育着多少不容已的恻隐之情，多少"虽千万人吾往矣"之勇，多少沉潜内敛之思的方寸灵府，才是真正的理由。

徐先生的心灵是开放的，也是深奥的；是创造的，也是凝定的。他"并不曾想要建立一套自己的思想体系"。他的意愿是以平实的态度广结善缘，以重建儒家的学统。在宋明大儒中，他最向往的是程颐（伊川），这是不难理解的。可是，他认为"思想的价值，要在历史考验中决定，要在忧危艰困的反省中决定"，因此他思维的途径便不能尽合伊川"涵养须用敬，进学在致知"的教言。的确，"在中国发生了亘古无伦地剧烈而巨大的改变"的时代，一个感性特别敏锐的知识分子，又如何真能尽合伊川的平实。徐先生以"忧患意识"为中华民族作见证，他的终身之忧又哪里是前贤往哲可以想象的?!

"年轻人要有志气，就不能没有社会责任感。"这是徐先生不倦诲人的教言。这句看起来只是老生常谈的警语，在徐先生心目中有深刻的意义。他老人家曾经沉痛地表示"50 年来的中国政治，先总括的说一句，是民主政治的挫折"。年轻人的社会责任感，即是为中国的民主效命。徐先生自称为"人文主义的自由主义者"。正因为他坚信当代中国知识分子的伟大使命，是把"中国文化精神中可以与民主政治相通的价值疏导出来"。

必须指出，徐先生所说的自由，是"有血有肉的自由"，是植根于孔孟德教以"己欲立而立人，己欲达而达人"的形式所展现的自由，而不是从个人出发漠视共识的自由，更不是捡西方自由主义之牙慧而甘愿靠拢现实权威的自由。徐先生痛斥中国传统的"专制封建"。在儒家"为己之学"的配置之中，才有道德的庄严性，才真能引发社会的责任感。

30 多年来，徐先生所体现的是孟子"富贵不能淫，贫贱不能移，威武不能屈"的大丈夫精神；在"无气、无力、无理"（牟宗三先生语）的世界里，徐先生以一支带感情的健笔发挥了气势如虹的民族意识，展示了中国文化老而弥坚的动力，并且以温柔敦厚的讨教分析了儒学的良心理性。有人说徐先生有"霸气"，让他读读《学术与政治之间》出自至性的族类感情吧；有人说徐先生"好骂人"，让他读读《中国人性论史·先秦篇》所兴发的忧患意识吧；有人说徐先生"为情识所惑"，让他读读《中国艺术精神》所孕育的美感经验吧！徐先生的确有霸气，的确好骂人，确有为情所惑的地方，但这正显示他是一位生龙活虎的斗士：像滚滚东流挟泥沙而下的江河，而绝非清澈见底的一池碧水而已。

在中国人受尽了屈辱，中国文化受尽了诬蔑，儒家传统受尽了摧残的"剧变的时代",徐先生身体力行,"向孔子的思想性格的回归"所作的努力,是百年长夜中的一盏明灯。确实,"孔子的思想是顺着具体的人的生活、行为的要求而展开的,所以必然是多面性的,包罗许多具体问题的"。我虽不敢说"若孔孟生于今日,亦必奋笔写时论政论的文章",但我深信,孔子对道的迫切感,乃来自他对人生、社会、政治中理性与反理性的深切体认,必须以理性克服反理性,人类才能生存、发展。这是生路与死路的抉择。因此,孔子思想的合理性,不是形成逻辑的合理性,而是具体生命中的理性所展现的合理性。孔子思想的统一,是由具体生命理性的展开到升华的统一;展开、升华中的层级性,即是孔子思想的系统性。这不是逻辑推理的线状系统,而是活跃着生命的立体系统。

徐先生在简短的遗嘱里,以未能亲赴曲阜参拜孔陵为憾。3 年前我曾到孔庙和孟庙行礼,并有徒步登泰山的经验。和我同去的一位老教授因为身体关系,只能在"中天门"歇脚。临别他慨叹地说:"如果孔老夫子地下有知,他对炎黄子孙这场自相残杀的悲剧将作何感想?!"我没有回答,可是明儒罗近溪"真正仲尼临终未免要叹口气"的话不觉萦绕耳际。行文至此,徐先生仿陆放翁《示儿》叙怀的诗句突然浮现眼前:

> 死去原知万事空,
> 所悲不见国家隆。
> 人权民主中天日,
> 家祭勿忘告乃翁!

徐先生的叹息当然不是个人一己之私的叹息。

20 多年前，徐先生在一篇文字极美的短文中提到李义山"春蚕到死丝方尽"的句子。他说："春蚕的丝，是从它自己的生命力中化出来的。它的生命力何以不消停在自己的生命之中，而一定要化成一缕一缕的丝，把它吐出在自己躯壳的外面？而且一直要把自己的生命力化完吐完为止？这真是一个生命的谜，也是一个生命的悲剧性的谜。"他又说："蚕的尸体是用它自己生命力所化出的丝来包裹，这比用其他任何东西来包裹更为庄严。人的尸体也应当用它自己生命力所化出的爱情来包裹，这才证明人性的崇高伟大。"徐先生用自己生命力所化出的爱情包裹了孔孟之道的伤痕，让被残杀、被支解的圣体重新获得生机。他的悲愿："人权民主中天日"由于他"为往圣继绝学"的努力而在无数知识青年的心田里播下了善种。徐先生的叹息是一个儒学知识分子不容已的感慨，也是时代的声音。

1983 年 4 月 1 日

（《徐复观先生纪念文集》，台湾时报公司，1984 年）

魏晋玄学中的体验思想

——试论王弼"圣人体无"观念的哲学意义

　　魏晋玄学是中国哲学思想发展史中的重要阶段。中国文化波澜壮阔，早在春秋战国，也就是目前欧美学者根据德国哲学家雅斯贝尔斯（Karl Jaspers）的提法而所谓的"轴心时代"（The Axial Age）[1]，就已是百川汇海，多彩多姿了。魏晋玄学，上承秦汉儒、道、墨、法、阴阳各家融会贯通的综合传统，下启佛教在中国开花结果的内省精神，对中国文化的多样性和复杂性作出了不可抹杀的贡献。可是五四运动以来，中国知识分子因受西方现代科学方法的影响，常不自觉地采取实证和功利的立场，把古代哲思一笔勾销，魏晋玄学便因为经不起"科学"分析（其实往往只是肤浅的唯物主义和

1　根据雅斯贝尔斯的提法，在公元前 500 年前后，希腊哲学、中国儒道两家、印度兴都教与佛教以及希伯来先知的时代，是人类精神文明大发展的"轴心时代"。

庸俗的经验主义[1]合流的研究方法），而被排拒，被斥责，被束之高阁。

不过，应该指出，在大多数中国学者随着西潮而进行支离破碎的考据学风中，有少数动心忍性的学坛高人，不顾欧风美雨的袭击而究心于中国学术内在生命力与内在逻辑性的探索[2]。他们因对文化问题思考得沉痛迫切，所提出的学术见解便有血有肉，和时代精神紧密联系；同时，又因为他们能站在独立思考的超然立场，不顾现实权势的干扰，所以能坚守学术的客观立场而不落"影射历史"的俗套。在这少数令海内外学术从业员景仰的前辈学坛高人中，汤用彤先生对魏晋玄学的思想模式提出了全面而深入的观点。[3]本文的目的即是根据汤先生所标示的线索对魏晋玄学所象征的生命形态与认识方法作一初步的检视，而以王弼的"圣人体无"一观念为思考焦点。

魏晋是大一统政局业已崩溃的衰乱时代，汉代名物训诂的学风与忠义气节的士风都荡然无存，取而代之的是对"宇宙之终始，人生之究竟，死生之意义，人我之关系，心物之离合，哀乐之情感"[4]

1　肤浅的唯物主义不能和辩证的唯物主义（dialectical materialism）相提并论，庸俗的经验主义也应和哲学意义上的经验主义决然分开。

2　20世纪的思想家如熊十力、梁漱溟、张君劢、唐君毅和徐复观；史学家如陈寅恪、汤用彤、贺昌群和钱穆都是探索中国学术内在生命力与内在逻辑性的学坛高人。

3　见《魏晋玄学论稿》所收《读人物志》《言意之辨》《魏晋玄学流别略论》及《王弼之周易论语新义》四篇大文。在中国大陆之外流行较广的《魏晋玄学论稿》本是台北育民出版社把它和汤先生《往日杂稿》合编的。汤锡予（为汤用彤之字）：《玄学、文化、佛教》（台北，1980）。本文引语多依此本。

4　引自贺昌群著《清谈思想初论》，收其《魏晋清谈思想初论》（上海：商务印书馆，1947），54—55页。

等存在课题的深思熟虑。固然，我们可以把对这类课题的深思熟虑解释成乱世中社会荣辱价值的客观标准不能维系，士人生死祸福的主观感受特别强烈的反映；也可以把它解释成旧士族的没落和新门阀的兴起所引发的意识形态。不过，即使想从发生学或外因学的立场来解释魏晋玄学，我们仍不能忽视这个特殊的文化现象到底体现了哪种形态的生命与哪种方法的认知。换句话说，反省宇宙终始、人生究竟、死生意义、人我关系、事物离合之类终极问题，在中国哲学思想中代代都有丰富的素材，魏晋玄学所显示的独特性到底在什么地方。

一、宇宙论到本体论

汤用彤先生在其《魏晋玄学论稿》中一再提到理解魏晋学风的基本线索是掌握"脱离汉代宇宙之论（cosmology or Cosmogony）而留连于存在本本之真（ontology or theory of being）"[1]这一证据凿凿的新现象。因此，从宇宙论到本体论，可以说是两汉之于魏晋谈"玄"的根本差异。这个提法对分析魏晋玄学的独特性极富启发意义。

汉代学术的趋向，多半受大一统政治局势的影响，以贯通天人之际，杂糅阴阳五行和融会各家之长为主。刘安及其宾客所编著的《淮南子》，即是以道家为核心的综合思想[2]；董仲舒的《春秋繁露》

1　汤用彤《魏晋玄学流别略论》，《玄学·文化·佛教》，第 46 页。
2　参考徐复观《淮南子与刘安的时代》，收其《两汉思想史》，第二卷（香港中文大学，1975），73—175 页。

是以儒学，特别是公羊春秋为主干的综合思想[1]；1974 年在长沙马王堆发现的《经法》，比照这个观点，或者也可说是以黄老之术为枢纽的综合思想[2]。汉代综合思想的特点，是建立一套包罗万象的理论体系以解释天道与人事的交互影响。这种思辨意趣极为深刻的综合思想，虽然和迷信成分非常浓厚的神仙谶纬之说大相径庭，但对天人感应以及星象卦气的理论则坚守不移。它们所代表的认知方法，正如汤先生所称，是"由物象之盛衰，明人事之隆污。探察自然之理，符之于政事法度。其所游心，未超于象数。其所研求，常在乎吉凶"[3]。

表面上，撰写《太玄》的扬雄好像突破了汉代综合思想的格套而进入本体论的探究，但是，新亚研究所的徐复观教授曾指出，扬雄草玄的动机，消极的一方面是"惕于人生祸福之无常，借用心于玄，以免向外驰骛而得祸"[4]；积极的一方面则是独创一套符号数式，以作为"玄"的展现，而将儒学、道家、律法、历数、易象等传承，根据卦气理论组成一大系统。换言之，扬雄"默然独守吾太玄"，在消极方面，是因为不能像萧何等公建立伟业，只得退而求其次的权法；在积极方面，是因为抱着"作玄以准易"的胸怀为天下撰经而不得不付诸实行的担负[5]。不过，扬雄的"太玄"是一种不脱象数研

1　参考徐复观《先秦儒家思想的转折及天的哲学的完成》，同上，177—302 页。

2　参考 Du Wei-ming, The 'Thought of Huang-Lao': A Reflection on the Lao Tzu and HuangTi Texts in Silk Manuscrips of Ma-wang-dui, *The Journal of Asian Studies*, vol.39, No.1（November, 1979），pp.95-110。

3　汤用彤：《魏晋玄学流别略论》，45 页。

4　徐复观：《扬雄论究》。收其《两汉思想史》第二卷，334 页。

5　徐复观：《扬雄论究》。收其《两汉思想史》第二卷，335—336 页。

求吉凶的宇宙观应该是可以肯定的。

魏晋玄学和两汉思路相比，最突出的特色即是不谈宇宙的结构或自然的孕成，而直接证会天地万物的最后真实，也就是对本体自身的体会。暂且不问这条思想的进路是唯心还是唯物，值得注意的是，从宏观的构建转向微观的探究，实代表两种不同的心灵境界。微观的探究是一向深度发掘的认知方法：不问阴阳五行如何排列组合以形成宇宙生化大流之类的问题，而思索阴阳五行背后的道究属何种实体。站在思想层次的立场，毫无疑问，魏晋玄学的问题较为深刻，较为根本，因此也较富哲学意义。不可讳言，汉代的宇宙论还带着朴素唯物论的色彩，魏晋的本体论则好像纯是唯心主义的玄思。其实，如果我们不从唯物和唯心绝然割裂的二分法设想，魏晋本体论所现示的思想模式确有其错综复杂的内容，值得深扣。

首先应当指出，"舍物象，超时空，而研究天地万物之真际"，绝非毫无经验基础的空想而已。形而上学的思考方法不论从学或思哪一端下手，都需要严格的训练，否则连门墙也难窥得，更不必谈什么升堂入室了。一般以为，舍物象而超时空的思想只是一种纯属主观揣度的观念游戏，没有客观标准可寻。其实，本体论的探究虽然不能像实证科学一样能够设置一套精确的检验规则来厘定作业的程序，其中层次高下，在行家眼里，仍能判然明辨。

王弼"以无为体"的形上学具有划时代的哲学意义，正因其一针见血地把魏晋玄学从宇宙论的构建转向本体论的发掘所触及的症结问题点出来了。在宇宙构建的理论范围内，万物从何而始，其形成经过如何，由何种素质凝聚而成之类发生学上的问题，占有极重要的地位。解答这类问题，必须对天地运行的物理提出一套系统的说明。本体论的发掘，则是把注意力从对天道的描述转向对万物最后根源的领会。问题的方向集中在探究现象内层的真际。因此，"此无为体"的"无"是内容极为丰富的哲学观念，和一般所谓否定一切的虚无主义了无关涉。

要想对王弼的"无"作一初步的认识，让我们先采取"遮诠"的方式，也就是说从反面或否定的角度来说明正面或肯定的意旨。"无"不是"物"，不是一种可以实指的东西；即使连没有形踪可寻的太初元气也不是。"无"既然不是物，因此也没有什么彼此、先后、上下的时空分别。阴阳五行以及易象历数等观念，对没有方所和时刻的"无"而言便完全用不上了。不过，应当强调，王弼的"无"虽然不是"物"，但并不表示"虚空"，更不能和佛家的"空寂"混为一谈。"无"既然非混沌未开的太初元气，又非"本来无一物"的"空寂"；那么它究竟是什么呢？简单地说，它是万物万有的本体。如何去认识、理解、证会这本体，便成为王弼玄学的中心课题。

二、本体的体会

"本体"这概念，在王弼玄学中是从舍弃物象和超越时空等步骤建立的。"本"是对"末"而言，形形色色的万有群生不论多么孔武有力或庞然大物，都属于"末"，只有纯静的至道或贞一的宗极才算是"本"。"体"是对"用"而言，天地变化无穷都是"用"的表现，但是只有"体"才是绝无对待而不假外求的。这个本体的概念好像和超越而外在的西方"上帝"概念有不谋而合的地方。其实，王弼所提示的"本体"，和西方受基督教神学影响的唯心思想中的"精神实体"有根本的差异。王弼的本体不是超越而外在的精神实体，也不是第一因之类的实体，因为本体不是"有"而是"无"。可是这个作为万物本体的"无"，又不是虚无飘渺的抽象概念，而是可以为我们所知的，也就是说能够为我们所证验的最后真实。既是无又是最后真实，好像自相矛盾。不过，这并不是思考能力有问题，也不是运用逻辑欠周全，而是自觉地主动地采取一种像是自相矛盾而归根究底并无认知混淆的辨析方式[1]。也就是说，采用提示启发的语言来突破一般有无二分的思想枷锁，以达到探究本体的目的。

王弼这样做，并不是要建立一套玄学系统或是要揭橥什么意识形态，而是想指出："凡动息则静，静非对动者也。语息则默，默非对语者也。然则天地虽大，富有万物，雷动风行，运化万变，寂然至无，是其本矣。"[2] 这个"以无为本"的哲学，简单明了，并没有什么难于理解的地方，但是我们如果想借助文字的说服力，为它剀切陈辞，又很容易坠入愈说愈糊涂的格套之中。因此，王弼特别提出"体无"这个认知方式。"体"作为动词含有直接经验的意思；"体无"便表示以直接经验的方式来领会无的滋味。可是，"体无"谈何容易，我们一般人只能设法知解，不能品尝其中三味，只有圣人才真能"体无"。

1　这种方式，英美哲学上称为"吊诡"（paradox）。普通把 paradox 译为"谬论"是不正确的。"吊诡"并非自相矛盾，而只是看起来像是怪诞不经而其实确有至意。庄子即是使用"吊诡"的能手。国内一般译为"悖论"。
2　见王弼注《周易》复卦易曰："复其见天地之心"一句。

这个提法表面上好像是一种诉诸神秘经验而毫无客观标准的遐思，一种纯属主观论断而缺乏具体事实根据的揣测。其实，玄学成为中国魏晋思想主流，王弼成为本体探究的大思想家，绝非一般常识层次所谓的遐思和揣测凑合而得的结果。其中确有不足为外人道的深意，值得我们作进一步的分疏。

我们不妨举个浅而易见的例子来说明问题。中国禅门语录里常有"如人饮水冷暖自知"的警句。如果我们没有亲自去饮水，只根据别人的口头报告虽然也大体可以知冷暖，"自知"就说不上了。把这个简单的道理扩展一步，设想我们如果要向一位没尝过红油抄手的北方朋友描写那种辣的滋味，或向一位不知杭州龙井为何物的外国朋友解释那种清新的感觉，语言运用立即会变得笨拙不堪。反过来说，一群法国品酒专家聚在一起交换经验的时候，"微甜""稍重""清香""体实""劲足""精妙"等等对外行人而言不知所指为何的词汇，在他们的言谈中却都成为津津有味的术语。这类例证，在音乐和艺术界真是不胜枚举。所谓实感经验，在没有亲尝之前，别人再说得天花乱坠，仍和自家体验隔着几重公案。获得之后，有些本来以为不知所云的论调就突然变得确有所指了。

英国哲学家赖尔（G. Ryle）在其《心的概念》（*The Concept of Mind*）一书中指出"认知"（to know that）和"体知"（to know how）的分别。认知和体知虽然都是属于知的行为，但含意却大不相同。知道太阳系的行星绕太阳旋转是认知。知道如何骑自行车就必须是体知，两者不可混淆。道德之知与科学之知不能完全等同，是目前西方伦理学的基本信念；科学之知是认知，而道德之知却与体知有紧密的联系。王弼所谓的"体无",当然是体知,但他的用心所在不是道德实践,而是本体证会。不过,正因为本体证会是体知,和道德实践确有相契合之处。"知"在这个层次必然含着"技能"(skill)的意思,也就是包含"会"的意思。如果顺着前面例证的思路,自知冷暖的知,与其说是认知,毋宁说是体知。

中国哲学中特有的"体"字,在这里确是意味无穷。一般的经历不称体验,只有真正进入自家生命之中的经历才配称体验。体会、体察、体究、体证、体味等等,都表示深入骨髓内在经验。必须和自己的身心打成一片,才可能有这种"反本"的睿智。因此,王弼的"体无"一辞既非遐思又非揣测,而是体会本体的证道语。如果采用比较武断的表达方式,我们甚至可以说"体无"一观念体现了魏晋思想家对本体一义体知的高峰,是中国中世纪哲学工作者的智慧结晶。这个看起来"玄之又玄"的提法,正是汤用彤教授标示王弼"其形上之学在以无为体,其人生之学以反本为鹄"的意旨所在:

> 万有群变以无为本。是则万有归于一本。群变原即寂无。未有非于本无之外,另有实在,与之对立。故虽万物之富,变化之烈,未有不以无为本也。此无对之本体(Substance),号曰无,而非谓有无之无。因其为道之全,故超乎言象,无名无形。圆方由之得形,而此无形。白黑由此得名,而此无名(参看《列子》天瑞篇注引何晏道论)。万有群生由之以成,而非器形之所谓生。形器之生,如此如彼,昭然二物。而宇宙之本,虽开物成务,然万物未尝对本而各有实体。[1]

---

1 汤用彤:《魏晋玄学流别略论》,47—48 页。

这段话可以作为王弼注《老子》第一章的疏解：

凡有皆始于无；故未形无名之时，则为万物之始；及其有形有名之时，则长之育之，亭之毒之，为其母也。玄道以无形无名，始成万物；以始以成，而不知其所以，玄之又玄也。[1]

根据有限的历史材料，"圣人体无"一义出自西晋初年何劭所作的《王弼传》中：

裴徽为吏部郎，弼未弱冠，往造焉。徽一见而异之，问弼曰：夫无者诚万物之所资也，然圣人莫肯致言，而老子申之无己者何？弼曰：圣人体无，无又不可以训，故不说也。老氏是有者也，故恒言其所不足。[2]

王弼提出这个观点显然是破天荒的，也许在当时清谈的圈子里还引起很大的震荡。不过，应该指出，作为吏部郎的裴徽能够为一个不到 20 岁的青年的慧解所倾倒，在魏晋玄学的传统中并非孤立事件。虽然《三国志》没有为王弼立传只在钟会传后略附数语：会"与山阳王弼并知名。弼好论儒道，辞才逸辩，注《易》及《老子》，为尚书郎，年二十余卒"[3]。但是王弼这位享年仅仅 24 的才俊[4]被当时品题人物的高士认作"天纵之智"[5]则是毋庸置疑的史实。譬如，

1　此处句读是根据劳思光《中国哲学史》第二卷（香港中文大学崇基学院，1971），171 页。

2　何劭的《王弼传》见陈寿《魏志·钟会传》的裴注引语。贺昌群在《魏晋清谈思想初论》中指出，这段话的后二句："老氏是有者也，故恒言其所不足"在《世说新语·文学篇》作"老庄未免于有，恒训其所不足"。见贺文，第 64 页。

3　见陈寿《钟会传》，《魏志》，卷 28。

4　据何劭的《王弼传》。

5　语见贺昌群《魏晋之政与清谈之始》，收其《魏晋清谈思想初论》，第 44 页。

"少以才秀知名"[1] 的何晏在担任吏部尚书时，就对十多岁的王弼作过杰出品题："后生可畏，若斯人者，可与言天人之际矣。"[2] 撰写《三国志·钟会传》的史家说会"与山阳王弼并知名"，显然也把王弼当作知名的标准。试想，一个初出茅庐的知识分子完全靠自己的才辩和慧解即能在思想界崭露头角，当时玄理的自由学风和玄学家的开放心灵可见一斑[3]。

另外，也应指出，王弼提示的"圣人体无"义在当时虽是一新耳目的观点，但绝非毫无理论基础的灵光一闪而已。其实，思想史家，如贺昌群，早已说明，"体无"的概念固然要到王弼注《易》解《老》始成一哲学体系，但在王弼的时代，"思想界已多能证之"[4]。也就是说，王弼"破天荒"的论题能够为同时代的学术高人所接受，必有一定的哲学背景和一定的客观标准，非靠遐思更非由揣测即可以偶得的。举目前英美哲学家常喜援用的棋艺法则为例，或可说明问题。凡是对下围棋有切身经验的朋友都可以体会"棋高一着"的实义。棋艺高超当然不表示以犯规为获胜的手段，更不表示不谙法则乱走而偶然得逞。相反地，只要了解棋艺法则的，事先未必能够料到，但一着落定后，如果确属高明，则都能首肯；至于艺坛棋圣下了几着混淆对方策略甚至弄得旁观者也莫名其妙的布局子，最后仍会真相大白，令人拍案叫绝。《世说新语·文学篇》所载王弼

1　见《魏志》《诸夏侯曹传》中曹爽传文后所附何晏小传。
2　何劭《王弼传》。
3　孔融幼年即能和当时知名之士交锋，也是魏晋清谈风气在特权和资历之外重视悟解的表现。见《魏志·崔琰传》卷12。
4　贺昌群：《清谈思想初论》，64页。

初会何晏的对语正是如此：

> 王弼未弱冠，往见之，晏闻弼名。因条向者胜理语弼曰："此理，仆以为极，可得复难不？"弼便作难，一坐人便以为屈。[1]

这类交锋显示王弼、何晏，乃至旁观的高人雅士，都对谈论课题所根据的理论基础（棋艺法则）知之甚稔，因此才可以形成公论，认为王弼"棋高一着"。当然，玄理的法则不可能像棋艺法则厘定得那么严格，但层次的高下程度确有脉络可寻。

然而，"圣人体无"是根据怎样的理论基础才能确定为棋高一着的提法？毫无疑问，魏晋玄学是在老庄思想大行其道的时代而兴起的。王弼虽然有深厚的家学渊源，因此他的易学也有一定的师承，但他所以能够独树一帜，多半是由于不拘守章句，而专以玄理证会老子的本体论思想。评论学家、师承、章句乃至象数、吉凶、训诂的汉儒法则，在王弼身上完全失去了客观的效验，取而代之的是牟宗三先生所谓"迹本的体用观"[2]，也就是老庄"万物将自化"的"无为"思想（《老子》第三十七章）。王弼注老子"生之，畜之，生而不有，为而不恃，长而不宰，是为玄德"一段时，指出：

> ［生之］，不塞其原也；［畜之］，不禁其性也；不塞其原，则物自生，何功之有？不禁其性，则物自济，何为之特？物自长足，不吾宰成，有德无生，非玄而何？凡言玄德，皆有德而不知其生，出乎幽冥。[3]

1　见刘义庆《世说新语·文学篇》。
2　牟宗三：《才性与玄理》（香港，人生出版社，1963），119—125 页。
3　王弼注《老子》第十章。

　　这便为玄学界开拓了新境界，指出了新方向，拟定了新法则。这套将老子"道常无为而无不为。侯王若能守之，万物将自化。化而欲作，吾将镇之以无名之朴。无名之朴，夫亦将无欲。不欲以静，天下将自定"（《老子》第三十七章）的思想会通玄理的新法则，反过来对老子作了终极的品题："老氏是有者也，故恒言其所不足。"这不是融贯儒道，不是尊儒抑道，也不是阳儒阴道，而是从其内在逻辑的自反自证不能不得出的结果。孔子为圣人是汉以来学术界的定论，魏晋思想家多半承接了这个传统，以希慕老庄而推尊圣人自期[1]。但是，他们对孔子的理解基本上是美学境界层次的体会，和先秦两汉从德业来掌握圣贤之道大异其趣。因此，王弼评断"老"不及"圣"并非创新，而他一针见血地指出"老"为什么不及"圣"，并从"体无"来确定圣人和道体之间的内在关系，才是划时代的惊人之语。

　　根据老子"道可道非常道"（《老子》第一章）的基本准则和庄子"得鱼忘筌"（《庄子·外物篇》）的运作法规，"言"的功能和"意"的实体不能混为一谈。"言"确是获取"意"不可或缺的工具，因而是一种求的技能，但如果"得鱼"（取意）而不能"忘筌"（去言），心思便执著于语言，犯了"一失其原，巧愈弥甚，纵复或值，而义无所取"[2]的大病。这个哲学的问题，在汤教授的《言意之辨》[3]中交代得很清楚，毋庸赘述。可是，"圣人体无"还不仅是言和意的关系问题，

1　牟宗三：《才性与玄理》，119—120 页。

2　王弼解易系辞语，引自何启民《魏晋思想与谈风》（台北，1967），93 页。

3　汤用彤《言意之辨》在其《玄学·文化·佛教》，第 23—44 页。应当指出，其除了"言""意"之外，也牵涉到"象"的问题。

而是如何证会"第一理"、如何体究"最终义"的问题。"无又不可训"在玄学系统中当然是不言而喻的(self-evident)。由此得出"老氏是有者也,故恒言其所不足"的结论,难怪熟悉道术准则和法规的,如裴徽,只有欣然首肯了。

三、知识论上的含义

汤用彤先生在其《王弼之周易论语新义》一大文中,对王弼讨论"圣人神明知几"一课题作了如下的案语:

……详研王氏所讲明寻幽微者,固不限于知人。而圣智之所以异常者,不只在其有似蒙昧,夫圣人则天之德,神与道会。天道变化,圣人神而明之,与之契合。所谓易之知几是也。几者谓变化之至也,至者指恰当至之时,不在事复,亦不在事先也。

这种类型的"知",也就是圣人体无与道冥合的自知自证,我们(包括王弼)既然没有"体无"的亲身经验,应如何去理解"圣人神而明之"的实义?这个问题牵涉的范围极大,限于才学,只能在此点出,作为本文的结语。

前面已提到,如果根据赖尔的二分,"体无"应属体知,也就是必然含着"技能"的经验之知。但体知不仅包括从外面学来的技能,如会骑自行车的技能,也涉及自知(self-knowledge)。这里所谓的自知,当然不是主观的神秘经验,但却和个人的修养有密切的联系。庄子所谓的"心斋"和"坐忘"[1]都与此相关，使我们想起了《人间世》一篇里所描述的听的技术和艺术：

> 无听之以耳，而听之以心，无听之以心，而听之以气。耳止于听，心止于符。气也者虚而待物者也。唯道集虚，虚者心斋也。（《庄子·人间世》）

不以耳，不以心，而以气来听，表示真正能内外冥合地听，不仅要超越生理（感官）的限制，还要突破心理（认知）的限制，也就是要彻底转化以个人为中心的主客对待的困境（predicament）。这种体知不能成就一般所谓的科学知识，但却和人文学（Humanities）有不可分割的关系。的确，道德实践、宗教体验和艺术鉴赏之知，都和自知之明的体知结上了血缘。

站在魏晋玄学的立场，成就科学知识的认知是"为学日益"（《老子》第四十八章）的知，是"吾生也有涯，而知也无涯，以有涯随无涯，殆已"（《庄子·养生主》）之知；这种知正好和"为道日损"（《老子》第四十八章）的真知（也就是我们所谓的体知），形成强烈的对比。严格地说，以自知自证为典范的体知，和赖尔所说的"技能"不尽相同。固然"听之以气"可以理解为一种通过修养（如心斋、坐忘等工夫）而获得的"技能"，但圣人"穷极研几"之知，实是人生境界的体现，不仅是一种特殊才具而已。

也许我们可以从"知人"的艺术方面来理解以自知自证为典范的体知。知人好像牵涉到认识，但又和认识外物大不相同。知人可

---

1 "心斋"见《庄子·人间世》；"坐忘"见《庄子·大宗师》。

以说是一种体知，但却比学习特定的技能要复杂得多。

首先，要想知道一个人的面貌，就必须采取整合的"图案识别"（pattern recognition）的方式。[1] 在一群陌生人中突然挑出熟悉的面孔这是童幼皆知的技能，但从认识或认知心理发展的角度来看，这个技能究竟是通过什么管道才取得的就很难解释周全了。再说，识别只是知人的第一步，如何从识别进展到了解，那就不知要经过多少"面对面"直接交通的经验，比起品味法国葡萄酒来又要困难得多了。了解一个人固然不容易，成为知音更是难上加难，其中微妙只能诉诸言外之意、象外之旨的内在体会。

圣人体无，我们不能从认知获得其实义，但通过知人与自知的辩证发展，也许可以略窥其精神面貌。王弼坚持"圣人有情"的命题透露了其中一些真消息：

> 圣人茂于人者神明也，同于人者五情也。神明茂，故能体冲和以通无。五情同，故不能无哀乐以应物，然则圣人之情应物而无累于物者也。今以其无累，便谓不复应物，失之多矣。

如果从圣人之迹（五情）可以体知其本（神明），通过日常生活的各种具体经验（用）也许可以品尝到人生真谛（体）。汤用彤先生在《魏晋思想的发展》中说：

> 我不打算从历史上实际政治的影响等去分析这个时代的背景，当

---

1 一般而言，"图案识别"是相对"线形推理"而言；后者多属数其演算，即所谓"数字的"（digital）思考，如逻辑学的三段论式及电脑计算之类。

作思潮发生的原因，却想专就这个"思潮"的本身来试行解剖。[1]

他因而得到以下的结论："魏晋时代'一般思想'的中心问题为：'理想的圣人之人格究竟应该怎样？'"[2] 在中国哲学里这确是一个耐人寻味的大课题。

（《燕园论学集》，北京大学出版社，1984 年）

1　汤用彤：《魏晋思想的发展》，《玄学·文化·佛教》，123 页。
2　同上。

宋儒教育观念的前景 [1]

　　《论语》的三个核心观念:"道""学""政",标示出儒家教育
所关怀的三个重要领域。儒家的人文主义,是东亚地区现今仍存的
传统中最错综复杂和最具影响力的传统,要对它作一分析了解,最
主要的困难在于这三项关怀领域已高度整合在孔子对人类情境的
原则性洞察中。

　　"道"所针对的是人存在的终极意义的问题。在象征思想
(Symbolic Thinking)中,这个问题也以同样细密的方式被
提出,像正统神学(Fundemental Theology)或理论宇宙论
(Theoretical Cosmology)所引发的诸种问题。虽然如此,在

1　本文是作者在"新儒家的教育"(Neo-Confucian Educaticn)会议上所
宣读的论文。这项会议于 1984 年 8 月 30 日至 9 月 4 日在普林斯顿的 Henry
Chauncey 会议中心举行。又,本文第一部分原本是为了1983 年 1 月 4 日至
8 日在 Bad Homburg 所召开"轴心时代及其多元性"(The Axial Age and Its
Diversity)的会议所准备的论文,是篇背景报告。

性质上所涉及的重点却是人类学，或更适切而言是人类宇宙论（anthropo-cosmic）的问题。近代学者，尤其是受五四运动的实证主义及实用主义影响的学者们，对儒家思想有相当多的误解，其原因在于对儒家所关怀的这个层面，缺乏感受或无知。孔子可能坚持与其将注意力集中在"死"与"鬼神"，倒不如在"生"与"人"上更显重要。但是，据此认为孔子抱持俗世人文主义，仅只关心现世的人，却是项重大错误。孔子并非全然注意俗世，也非单纯地以俗世为神圣。

孔子对"道"的理解，一如他所处朝代的文化英雄（可以周公为代表）所显示的伟大传统。体道之士的鲜活典范，在于他不仅是个"创造物"（creature），并且事实上是我们所生存世界的"共同创造者"（cocreator）、自然过程的守护人，更是参赞天地之化育者。在"人能弘道，非道弘人"的永恒信念之下，"人存在的终极意义"的问题，也因此是人类宇宙论问题。

为达到比较的目的，我们大胆使用"超越突破"（transcendental breakthrough）这一严肃而沉重的表达方式，以假定儒家人文主义有一特殊义蕴。新时代的特色既不在神圣和俗世之间产生严重分裂，亦不在脱离古代宗教的神奇花园。确切而言，孔子自承"好古""述而不作"，象征他有意识地试图为人类文明提供一处"超越停泊地"（transcendental anchorage）。

对孔子而言，既存事物，尤其是人类整体的礼和乐，并非仅具人间性，因为它亦受天命的认可和支持。因此，孔子所谓"天之将丧斯文也"，绝非回归过去的一种守旧渴望，而必须视其使命感是受

"知我者其天乎"的批判性自觉所鼓舞。因此，"斯文"的观念充满了宇宙论意义。对重振周文——经由集体努力所创造人类礼乐社会的结晶——深邃意义的关怀，促使孔子以现世中人追寻"道"作为出发点。

由于孔子的质疑方式（mode of questioning）受到他所珍爱的文化遗产和所认可的历史时刻所限制，使他无法在启示宗教或思辨哲学中找到答案。相反地，在人类宇宙论的意义之下，经由与最崇高道德——被视做"斯文"在其最光辉历史中具体的特质——接触的经验，孔子在人的内在富源（inner resources）里找到了"道"。

在古代中国思想的象征宇宙中，《论语》以向心性和丰赡性的"仁"的观念为中心，是一桩划时代的创举，并清晰地标示出这项突破是"超越的"。就这个意义而言，"仁"在中国史上首次意指超越生死的终极价值：

子曰：志士仁人无求生以害仁，有杀身以成仁。（《论语·卫灵公》）

实现"仁"是人存在的终极价值，最终成为儒者在精神上的自我要求，即使是在孔子所处的时代，这个观念也广泛为他的学生所接受。孔子的一位可被视为是"仁士"良好代表的学生——曾子，作了如下宣称：

士不可以不弘毅，任重道远。仁以为己任，不亦重乎？死而后已，不亦远乎？（《论语·泰伯》）

孔子对经由自我努力人性可臻至善的信念，是他对所属时代人性的日益淡薄的回答，而此信念也引导孔子从事由内在来转化世界。这个焦点是以如下信念为根据：人存在的终极价值是随时可实现的（near at hand），而决意行仁的欲望使其实现所不可或缺的力量有效。孟子（公元前 371—前 289）有关人类道德习性的学说，是孔子"人之生也直"的进一步说明，它为修身（学习做人的根本之道）提供了一项超越的合理化依据。甚至对孟子的人性论加以抨击的荀子（公元前298—前238），也承认心灵的认知作用不仅能辨认，而且可以控制人的欲望。这表示修身不仅是必需的、可欲的，并且以圣人为人性最高体现是可企及的。因此，孟子完全赞同孔子经由自我努力人性可臻至善的信念。就神学而言，孔子"学习做人"的观念，替人经由个人努力得以成圣，提出了足资认证的可能。而这必然即是孟子叙述人性完美的 6 个阶段时的前景假设：

可欲之谓善，有诸己之谓信，充实之谓美，充实而有光辉之谓大，大而化之之谓圣，圣而不可知之之谓神。（《孟子·尽心下》）

当然，孟子之所以认为经由个人的自我修养，人不仅可臻善、信、美、大的境界，甚至可达圣和神的境界，是基于他道德形上学中一项基本人类宇宙论的假设：

尽其心者，知其性也；知其性，则知天矣。存其心，养其性，所以事天也。夭寿不贰，修身以俟之，所以立命也。莫非命也，顺受其正。（《孟子·尽心上》）

然而，启示神学或理论宇宙论均无法贴切了解儒家超越突破的连续性、相互性，甚至天人有机整体的吊诡特色。确切而言，它毋宁是代表了轴心时代另一形态的象征思考。

假如将孔子对"道"的省思类比正统神学,他的"学"——前述儒家所关怀的第二个领域——所针对的论点类比系统神学。晚至公元前 2 世纪西汉时期(公元前 206—公元 6)才定型的儒家经典(今日所称的"五经"),在秦朝(公元前 221—前 206)焚书之后,有些典籍确实经过重新编纂,而在汉代编纂者手里,这些经典必历经相当程度的改变。然而,假如我们不纯以文献来看待这些经典,也将之视为构思广阔的人文理想,则透过这些经典可以知道儒家的"学"在古典时期所涵盖的领域。古典时期,"学"包含了诗歌、政治、社会、历史和形上学等五个相互关连的境域。综合言之,儒家的"学"代表了一广大悉备计划的发展,以挽救危机时刻人类文明的深邃意义。

强调人类社群内在共鸣的诗歌境域,涵括了人内心的语言。它诉诸人类情感的共通性,以及人类利害的休戚相关性,而毋需借助论证技巧。诗歌和谐的社会,具有一种和谐的韵律。在这种社会里,人民之间的相互关系,就像回应熟悉的乐调和舞式的自然脉动。这种充满诗歌景象的"太古社会"(Primitive Commune),必已成为古典时期的模糊记忆,可是却依旧是内心的强烈要求,甚至仍存留在《孟子》一书中极细密的政府哲学中:

> 人皆有不忍人之心。先王有不忍人之心,斯有不忍人之政矣。以不忍人之心行不忍人之政,治天下可运之掌上。(《孟子·公孙丑上》)

仁治政府的观念是儒家政治理想的基础。道德与政治一体的坚定信念,以及相信统治者的修身和"可治理的"人民之间相互关系的不可分割性，使得接纳政治是一种独立于个人伦理之外的控驭机能的看法有着困难。就语源学而言，"政"的确是指以独特的道德寓意来"矫正"。然而，假设精英分子的道德信念能轻易地较人民优越，是基于缜密考虑：政府的重要角色与功能是伦理教化，而不是如下天真的假设：群众是头脑简单的，因此是柔顺的。由于"天视自我民视，天听自我民听"，统治阶级的福祉的真正保证，与其说是其先天的命令，毋宁说是在其令人可接受的成就，而使得在儒家政治思想中居重要地位"德"的概念深具意义。人民反抗暴政王朝、贵族驱逐不义王室、贵戚之卿，取代无能君主，以及臣僚对怠职君主的谏诤等权利，均为如下根深蒂固的信念认可：本质上，政治领导权是从道德信念来彰显自身，而改朝换代的权利，主要取决于统治阶层的伦理品质。

这样的社会绝非敌对的体制，而是互信互赖的群体。受参与感所鼓舞和责任感所驱使的志趣相同之人，就成为内外上下莫不通透的"有机团结"(organic solidarity)中不可分割的一部分；于其中，他们均自视为全然成熟的人。为社会中自我表达和人际沟通提供适当背景的礼节，并非经由外在权威强制于人的法规。确切而言，礼节是我们学习立、坐、行、食和问候的凭借，而就某方面而言，它是我们本身意欲，同时又取悦他人的。广泛而言，儒家的六艺（礼、乐、射、御、书、数）均是礼节，用以训练人的身心，使在一切情境下均能行止合宜。就此层面而言，学习做人可以极适切地认为是"礼节化"的过程，其中包括使自己遵行定常礼节、服从具经验的长者、尽力仿效既存典范，以及发掘与他人相处的最合宜方式。孔子具有使行为举止和所遭遇的各种事物完美协调的能力,《论语》第十篇(乡党)中的生动描述, 即为显例。有关孔子的衣着、面部表情、姿势和习气的独特叙述, 正是夫子人间性情的清晰说明及表达。孔子的行走、言语、进食和教学, 甚少有"神秘"的色彩。孔子就像他自己所描述的, 是位学不厌教不倦的人, 即使是个性也无神秘之处。然而, 对他的学生及此后数世纪追随其教诲的人而言, 孔子平凡无奇的人生风格却能激起人们的敬畏。对他们而言, 孔子作为师表的伟大力量, 即潜藏在其平常性里。由于孔子意识的抉择不曾借助异常、权力、超人或超现世的能力以打动人们, 而被尊崇为真正内在力的表征。

儒家社会理想强调人相互关系的礼节, 表达了在一休戚相关的关系中人们彼此相处的自然和不可或缺之道。对于作为社会资产的语言, 社群的成员是熟悉的。孔子对我们的启迪, 并不因为他用了不同的语言, 而是他精通我们所认为的完美语言, 以致他愉悦的言谈, 常令我们惊异不已。我们之所以敬畏他, 是因为他开拓并加深了我们日常所使用语言的意义。

儒家的历史境域赋予我们当前世界新的意义。它通常是巨细靡遗地告诉我们, 遥远的过去是如何地与当前经验相关联。集体的记忆(Collective Memory)的观念, 并不是对实体认知截然不同的一项负担, 而是对我们视为独特之事提供另一广博的认知途径。如此, 历史是对事情何以没有像它们所能有的一样发生的一种明智判断, 并且历史也不是对过去所发生之事的编年纪载。然而, 所谓"道德化历史", 并不仅是任意使用先入为主的褒贬标准。确切而言, 历史的功用是以展望未来及目前的观点作为智慧的咨询，而这个观点是由博学无私的观察者所写，以作为公共判断，而非私人意见。

如此，史家是我们所共同拥有的集体记忆的良心。他的责任不仅是呈现已完成之事，也在适当时刻建议可能已存在的其他可能，以及无法认清它所导致的悲惨结果。因此，撰写历史是以人类整体为名所从事的一项政治行为。一如《孟子》书中记载孔子撰写《春秋》时戒慎恐惧的心情，指出撰史是以自视为先知威严的态度以替后代建立标准的非常之业。在"公共参与"（Communal Participation）居极高价值的传统中，撰史的价值判断并非一项轻易的工作，而且总被视为是悲剧性的行为。诚如孟子所言，只有在诗歌的时代消逝后，历史的时代才产生。

若完全忽略儒家的形上世界，则无法系统性地探究儒家对人类情境的理解。一般学者均认为孔子既非有神论者亦非无神论者，但是却认为他对神的态度就像诺斯替教徒（gnostic）般令人费解。有关精神方面的事物，孔子从未主张实证知识，甚至暗示自己与上天有着默契。关于这点有两重关系：孔子宣告他五十而知天命，并且在处极逆境中时感道："知我者其天乎！"虽然《论语》并未清晰表达"天"的观念，但是天人合一的意义，大致上是以孔子所承继的传统为根基。孔子的形上世界在《孟子》《中庸》《易传》中得到充分的发挥。天地人一体的观念，以及经由个人的知识和修身以参赞天地之化育的观念，后来成为儒家道德形上学的明确特色。就此特殊关系而言，"学习做人"不仅伴随了超越人类学领域的真实可能性，也要求持续的努力以超越"以人类为中心的观念"（anthropocentrism)。在这层意义之下，则必须是以天人为整体的人类宇宙观，才可能实践真正的人性。

概略叙述了儒家的规划之后，我们已了解构成儒家理解人类情境的五个境域。而在这意义之下，人是诗、政治、社会、历史和形上的存有。这种将人视为是"多向性存有"（multi-dimensional being）的精炼而错综的观念，使得要了解儒家的意义形态——像"惯例"（Praxis）——至为困难。与实践神学（Practical Theology）极相似的儒家，常被误解是"向现世妥协"。学者马克斯·韦伯（Max Weber）有关中国宗教的解释，已确实"纠正"了将典型的儒者视为是"适应现实人"（well–justed man）的过时论点：

一位能对现实适应良好的人，只有在非调整不可时才合理化他的行为，但是并不构成系统的整体。确切而言，它是"有用"和独特风貌的混合。（《中国的宗教》，第235页）

然而，单是指出儒家传统中有一与内在导引的个性相等的功能，仍嫌不足。面对韦伯式的"质疑方式"，我们必须同时以历史和哲学的迂回路线来分析儒家的规划。到目前为止，就我们初阶的意图而言，我们已描绘儒家理解人类情境而形成的道和关怀领域的根本动力，而这提供了解儒家思想实践的必要背景。

孔子重振人类文明深邃意义的存在决定，借之重新思考人类前途，使得儒者无法与现世完全分离。由于对人性经由自我努力可臻至善的信念，使他们必须对人世采取入世的态度。假如要求在"凯撒的事归凯撒，上帝的事归上帝"之间，做一比较性抉择；于其中, 君王致力于政治事务, 而儒者被允许全然投入文化事业。儒者必然会拒绝这项选择, 因为对他们而言, 政治和文化未专断地诉诸一超越的保证, 以作为象征行为的根源, 也并无发展出完全独立于所属政治文化之外的一种价值领域。虽然如此, 儒家却拥有象征资源的丰盛贮水槽以供汲取; 于其中, 超越的保证深具意义。

儒者与提倡象征资源的启示宗教或思辨哲学的同道, 有两点根本差异。由于儒者自视为人类文明的保证人, 因此在原则上不能与政治、社会和历史脱离关系。其结果, 他们自行承担引发人 (尤其是握有权力的人) 的常识、理性和真实情感的任务, 以重建世界次序。如此, 第一点不同是儒家对人类群体的绵延常存的本质的善的信念。其次, 由于无法实质地改变历史过程和带给世界普遍的和平, 儒者在社会和政治结构交错的"体系"中, 创造了一价值领域, 而这些结构基本上和儒家对道德秩序的理解迥不相同。如此, 他们虽然"入于世间的"(in the world) 却绝非"属于世间的"(of the world)。然而, 与选择隐退的道家不同, 被抛离权力中心的儒者, 经由对象征宇宙 (其中政治权力被限定、合法化与运用) 的巧妙处理, 获得相当大的影响力, 尤其是他成为教师、顾问、监察官、谏诤者、宰相和臣僚时。

儒者从未建立起成型的教士阶级 (Priesthood)。对他们而言, 这种成就最多也不过是有限的成功。不管是由于选择或疏忽, 在儒家文化中从无政教分离的观念。由于思想及精神上的自我要求, 儒者所发展的政治形态, 逐渐成为一种"混合福祉"(mixed blessing)。就某方面而言, 从动人的历史记载, 可证明儒者将政治道德化，以及将法治或军事社会转化成道德社群的能力。然而，我们也不得不承认，儒家的道德价值也常被政治化，以"服务"压迫性的权威王朝。虽然在中国政治文化上，儒家的道德化政治已成为显著特色，而在控制的权威意识形态之下，儒家"象征"（Symbols）的政治文化，已成为中国政治史上的主要传统。

以孔子参与春秋时代（公元前 722—前 481）政治的精神为表率，儒者全心投入国家政治生活，使其无法成为教士或哲学家。然而，他可以既不向现状妥协，也不允许自己接受狭隘权力关系所界定的竞赛规则，因为他们协力改变世界的努力是受人类计划的博大理想所驱使。儒者对礼节、行为准则、共同信念的存续，以及将人的意义建立在一超越基础上的关怀等，使他们在社会上所具有的功能与教士相同。对于知识、智慧、人的尊严、社会规范和完善生活的要求，迫使儒者承载了哲学家所担任的角色。

儒者在公众形象以及自我要求方面所扮演的教士功能和哲学家角色，使我们不得不认为他不仅是位"文人"（Literatus），而且也是位知识分子。儒家知识分子是行动主义者。实际的议论促使他面对"权力政治"的世界，并从内在来转化它。对于经由自我努力人性可臻至善、人类群体本质的善以及天人合一的真实可能性等信念，使儒者对大权在握及深具影响力的人能保持批判态度。孟子"大人"的观念，即为显例。鄙弃当代最具权势的大臣，并将之形容为温顺的姜妇。孟子对儒家的生命形态作了如下说明：

居天下之广居，立天下之正位，行天下之大道，得志与民由之，不

67

得志独行其道。富贵不能淫, 贫贱不能移, 威武不能屈, 此之谓大丈夫。(《孟子·滕文公下》)

必须指出, 由于孟子明确地界定仁为"人之安宅", 义为"人之正路"(《孟子·离娄上》); 前述"天下之广居""天下之正位""天下之大道", 遂与儒家知识分子提倡以塑造其独特生命形态的象征资源相关连。

《孟子》一书的绝大部分, 的确可视为是替儒家知识分子(虽然无功于生产劳力, 却是道德团体不可或缺的一部分)的价值, 作一"刻意辩护":

夫君子所过者化, 所存者神。上下与天地同流, 岂曰小补之哉。(《孟子·尽心上》)

儒家知识分子这种对伦理宗教角色和功能的批判自觉, 特别显示在孟子反对农家主张价值是来自土地的耕耘。首先, 孟子分析在任何混杂的社会中, 劳力区分在功用上的不可或缺性。其次, 详述劳力者和劳心者之间相互的依赖性。透过观察, 孟子认为管理人民是如此重要, 需要相当细心的照料, 以致垦耕田野的"闲暇"对统治者而言并不合用:"尧舜之治天下, 岂无所用其心哉, 亦不用于耕耳。"(《孟子·滕文公上》)含蓄而言, 隶属可称之为社会"服务部门"(Service Sector)成员的知识分子, 也同样必需从事更迫切的事, 像修身、感化他人、"尚友古人"(《孟子·万章下》)、效法先贤、缔造文化规范、阐释天命, 以及转化世界为道德群体等。

古典儒家对"道""学""政"的理解, 提供了评价宋儒教育观念的必要背景。社会意识通常被视为是 11 世纪兴起的新儒家（回应佛教的挑战）的特色。儒者参与社会改革、一般教育、公众事务，尤其是国家建设。范仲淹有关儒士使命感的典范性名言，与其说是他个人野心的特殊表露，不如说是对此"参与"新精神所作的反省。李觏（1009—1059）在其着意强调礼制和土地的政论文章中，指明北宋中期儒家政治人物所关怀的焦点是治术（statecraft）。王安石的新学大大拓宽了治术的领域，并赋予政治崭新的见解，视其为实现由经籍（尤其是周礼）衍生而出的一种博大的社会境域。经籍和礼制的研究，是唐代官僚秩序赖以维系的基础；道德就某方面而言，李、王一系的儒家治术正是这一研究的持续。

然而，新学（在性格上仍是儒家）却激起带动儒家空前复兴之人的强烈反动，亦即北宋六子。抨击王安石的这些儒学大师，后被认为是"道学"的倡导人。这项称呼流露出他们之所以不满王安石的改革，主要是王安石拘泥于富与强的政策，遂将政治局限在行政的诸种问题上，而大大背离了儒家之道。信奉马克思主义的学者，以阶级冲突解释王安石和其反对者（尤以六子之一的司马光为著）当然有某种程度的正确性。假如扩大"阶级"的概念，包括党派、区域和意识形态等因素，则王安石和司马光之间冲突，绝不仅是争论"谁是儒家道统的真正代表"的问题。虽然如此，在儒家的议论中，被认为是扩大儒家门楣（引用当时流行的譬喻）的政治家，对真正重新构建儒家殿堂，有绝大的重要性。其结果，孔子、子思和孟子不再被视为是神圣不可侵犯的，而申不害和韩非则受到尊重。在理论和实际方面，王安石并非法家，但是他以"功""利"为要务，却给卫道之士谴责他为法家提供了充分证据。

由于视所学为一切的使命感，使得协力提倡道统的儒学大师遭到抨击。他们反对全面妥协，因为他们心中的计划在范围上虽然无所不包，但是却有明确的优先次序。简言之，他们想以所知的儒家之道作为学的基础，而由此道德理想所衍生的政治，即为儒家仁政的观念。就现实观点而言，他们对实现这一理想所必需面对的困难，相当清楚。他们并不认为能完成孔子和孟子已明显失败的事。反而是王安石自信其专致的努力，将在人类史上开启一个新纪元。必须注意，以王安石的古典理想主义对照司马光的历史现实主义，将引起争议。此外，包括司马光在内的儒学诸子，均是道德理想主义者。他们将政治道德化的意图，是受人类群体经由教育可臻至善（同时蕴含终极转化能力）的信念所驱使。身为官僚体系运作的娴熟参与者，他们对社会如何在基层统治运作有切身的知识。而其道德理想主义并不以预想的政治秩序为根据，也非只拟理想的完美的可行的训令。他们的理想主义是对其所认为是道德教育的真空的一种意识性回应。

在界定教育的独特路径中，早期宋儒特别关怀已失落的古代有关"学"的理想的真实传承。对于"人是否可以由学习而成圣"这一凝重（严肃）问题，周敦颐简捷地给予肯定答复，象征了教育重点上的巨大转变。这种由强调古典知识的获得，转换为修身的精神训练。简言之，从"知识"（information）到"转化"（transformation）的重点转变，实际上对教育过程的每一层面均含重大意义。于此应特别注意的是，将"自我"这一重要观念视为"创造性转化"（creative transformation)。狄百瑞（Wm. T. deBary）的《中国的自由传统》（*The Liberal Tradition in China*）一书中所探讨的重要概念，如："为己之学""自得""自任"等，即掌握了这个趋向的新精神。

以修身为基础专致于发展儒家教育的核心课程，早期宋儒以此为中心视域，重新界定儒家所关怀的所有主要范畴。文学是用以丰富心灵生活的。假如文学的追求被视为本身就是目的，或更不足取的消遣，则成为妨碍人决心学习成圣的外在事物。古代经籍是圣人智慧的宝库。假如经典的研究只涉及"文献考证"，而毫不顾虑个人体验，则对直接契近神圣心，将无所助益。就试图建立起评价过去和未来准则的孔子经典而言，历史是王朝兴亡的道德戏剧。假如历史被认为是根据权力逻辑而发生的事件，那么历史将充满声音与愤怒，但是这对献身儒门的人而言却无多大意义。政治（正也）是使背景、才能、身份特殊的人在一起工作的制度化架构，而并不仅是为了追求生存与财富，也为了自我实现。社会并不是一敌对的社会体系，而是环绕原初人类亲属关系（家庭）为中心的相互依赖群体。假如政治只是权力的分配或控制机构，其中利益只归属少数统治阶级，则儒者应设法根本变更土地私有制。同理，假如社会是被狭隘的利益团体所分裂，就像卑贱的商人主要是受财富的累积所刺激，则儒者应为大多数劳动人民（例如农民）的利益而发言。

事后之见告诉我们，新儒家的教育计划，可能对东亚经济和科学的发展有不利影响。此外，在其成型的年代里，宋儒着意强调以"为己之学"为基础，而这被认为是数世纪来教育所忽视的一项重要特性。宋儒选择这种学习态度，是对过度注重外在世界的流行趋

71

势的一种"矫正"。

对于古典儒家思想这个层面的发现,将置教育于新的境界。如此,教育对文化传承和服务社会的双重目的,必须与道德的自我转化的终极关怀整合。程氏兄弟之所以发现无法接受苏轼"文"的概念和王安石"政"的概念是可理解的,因为这两者均缺乏以"自我"的道德转化作为鹄的,而使得文化或政治均无法维持整合。

早期宋儒所提倡道德正统主义可能予人如下印象:他们以整体儒家"累积的传统"(Cumulative tradition)为代价,过度夸张了儒家"信念"的重要性。然而也必须指出:在宋儒努力从考试制度的实用思想和俗化的道家及佛教制度的避世思想交互的潮流(cross-current)中,为儒学开创一条道路来,而事实上他们已为下一世代的人创造了新的传统。

(台北:《史学评论》第 9 期,1985 年 1 月)

刘宗周哲学人类学的主体性 [1]

在接触新儒学思想中个人主义和集体主义之间的关系这一复杂问题之前，必须先确定一个适当的切入点，既不能导入完全外来的概念体系，又不能将讨论局限成内部对话。我想在本文中以中国17世纪最具原创性的思想家之一，刘宗周（1578—1645）的思想为切入点。刘氏的思想如同新儒学传统中的许多先驱，可以归为"修身"哲学，其主要关怀乃是为己之学。这种对为己之学的强调或许会给人如此印象，即单独的个人才是分析的基本对象。然而，实际上，我们需要双重路径。一方面是个人主义的，处理孤立状态下的自我，自我作为道德主体具有了解、感觉、意愿的能力，凡此皆是尊严、自主、独立的先决条件；另一方面是集体主义的，必须超越自我

1 这篇文章原名为 Subjectivity in Liu Tsung-chou's Philosophical Anthropology 收录于 Individualism and Holism: Studies in Confucian and Taoist Values, ed. Donald Munro, Center for Chinese Studies, University of Michigan, 1985, pp. 215-238。由钱文忠、盛勤翻译。

中心，投入到和他人有意义的交流之中，体验同一个人性的春天。这样看来，为己之学展现的并非仅是个人的欲望、感觉和思想，而是人类社会所有成员分享的作为人的独特性。

为己之学的整个观念在新儒学文献中是很突出的，既涉及个人主义，又涉及了集体主义的众多问题。不过，刘宗周的哲学人类学，其对学习做人的持续过程所作的系统且根本的考虑，显然以主体性观念为基础。为了避免我们将刘氏之强调主体性视作倾向于个人主义，需要指出，新儒学文本中的主体性从一开始起就既是个人主义又是集体主义的。为了方便起见，我们首先可以将主体性观念视作从个人主义向集体主义的一场运动。我在讨论中希望表明，得之于对西方个人主义概念[1]的批判性反思的心得见解，如何才能用于新儒学的主体性观念。当然，在这样做的时候，必须保持中国资料的完整性，这些资料就本项研究而言乃是刘氏思想的外在形态。同时，我还想指出，这种研究方法是符合刘氏逻辑固有推理模式的。因为我有另文探讨王阳明（1472—1529）哲学中主体性和本性论真实的密不可分[2]，所以在此，我的重点是新儒学倡言的，深厚的为己之学乃是自我完善的可靠途径。也就是说，得以加深的主体性推进

1　有关对西方个人主义观念的批判性分析，见斯蒂文·卢克斯《个人主义》（Steven Lukes, *Individualism*, Oxford: Blackwell, 1973）。有关自我观念的社会心理学研究，见戴维 L. 米勒《个人主义：个人成就与开放社会》（David L. Miller, *Individualism: Personal Achievement and the Open Society*, Austin: University of Texas Press, 1967）。亦见查尔斯·A. 莫尔编《东西方个人的地位》（Charles A. Moore, ed., *The Status of the Individual in East and West*, Honolulu: University of Hawaii Press, 1968）。

2　《主体性和本体论真实：王阳明思想模式论》（Subjectivity and Ontological Reality: On Interpretation of WangYang-ming's Mode of Thinking, *Philosophy East and West*, 23, nos.1–2 [January–April] 1973: 187–205）。

了集体主义。

　　唐君毅在一篇颇具启发性的文章里，分析了刘宗周的哲学思想，认为乃是对阳明心学，特别是晚期良知学说的发展所作的批评。[1] 方东美则以为刘氏是"以王阳明为基础经修正的理想主义的代表"。[2] 牟宗三同意唐君毅的大体分析，同时又坚持认为，刘氏的"内在批判精神"可以被理解成王阳明良知说的纯化。[3] 所有这些学者似乎都认为，刘氏通过批判性的阐释，彰明了王阳明思想中模糊之处，并且由此使"心学"臻于大成。

　　我在这篇尝试性的论文里，打算彻底考察刘氏思想的基础结构，不仅视之为对王阳明挑战的回应，而且本身即是一种哲学人类学的表述。重点将是针对道德修身有很多新见的原创性思想家刘宗周，并非作为晚明主要文化人物的刘宗周。从方法学的角度，我想在讨论刘氏的哲学见解时，将不限于时空的人类社会视作这些见解的听众，而假设 17 世纪的新儒学世界，连带其文化、社会特点，是刘氏在普世道德概念的精神里得以哲学化的特殊场合。

　　人既然不可能在真空中思考，那么，他有意识回应挑战的语境就是理解表达出来的思想的含义所必需的背景。如此，熟悉一种思想风格得以成型的一般"话语"，对于领悟赋予内容以独特形态的

1　唐君毅《刘宗周的道德心学说、实践及其对王阳明的批评》（"Liu Tsung-chou's Doctrine of Moral Mind and Practice and His Critique of Wang Yang-ming"），载狄百瑞编《新儒学的展开》（Wm. Theodore deBary et al.eds., *The Unfolding of Neo-Confucianism*, New York: Columbia University press, 1975），pp.305-331。
2　Thome H. Fang（方东美）《中国哲学：精神与发展》（Spirit and Its Development, Taipei: Linking Publishing Co., 1981），pp.471-476。
3　牟宗三《从陆象山到刘蕺山》，台北：学生书局，451—488 页。

那些精义大有助益。如果我们想知道思想家是如何创造出某种体认真实的新方法的，那么，就需要获取有关当时思想界的知识，在这个世界里，假定的"新方法"既是公认假设的延续，又是起点。但即使有某种当时的"精神地图"，也不可能比思想家遇到困难的迹象提供更多信息。若要真正理解思想家和自己的"问题"达成妥协的实际过程，就需要截然不同于影响研究或文本分析的解释。

本文的基本目的乃是指明，主体性如何成为刘氏自我概念的中心问题，亦即人格的内核，用微妙精细而且完全自觉的方式决定了人们的存在质量。学做圣人乃是儒家的为学目标、终极承诺和永恒关怀，而这样的研究或许有助于我们理解相关问题、背景及方法。再者，同情理解刘氏推崇"认识实践仁"可能会有利于揭示万物一体的新儒学理想。该理想与其说以"拥抱宇宙"的浪漫意念，不如说是以相信人类具有伟大的同情怜悯之心为前提的。

问 题

刘氏的哲学人类学是儒学探求自我知识不可或缺的组成部分，理解它的困难来自两个方面：他忠实于以《大学》为中心的古典传统；不同寻常地偏好以彻底探究人类弱点作为坚持个人尊严的方法。唐君毅对刘氏问题的描述甚具洞见：

在刘宗周对王阳明思想的批评中，存在着一种竞争，即，作为良心自觉的"意善"比同样作为良心自觉的"知善恶"更具"优先性和基本性"。在王阳明的思想里，这种自觉始于知善恶；然后，第二步，喜善恶恶；再后，第三，为善避恶。这看上去乃是依照普通经验的心理学次序。不过，根据刘宗周，这种秩序必然改变，即承认善意的优先性或根本性，向善的意愿是心的原初功能，与心的另一个原初功能感觉密切相关。认知功能本质上受原初意愿及相伴感觉决定，在本体论次序上后于意愿和感觉。[1]

这里简单引用了唐氏的看法，唐氏认定刘宗周主要不满于阳明的良知说及其四句教，亦即意在心的结构和功能里比知更具优先性和基本性的问题。

阳明的四句教代表了他有关儒家修身的最终意见，良知在其中的中心地位是显易见的：

无善无恶是心之体，有善有恶是意之动，知善知恶是良知，为善去恶是格物。

阳明认为，人意识到善恶之分时，道德努力也就开始了。在那一刻，人的良知对处境有所体认，开始了修身过程。阳明提倡知行合一，因此，知同时也就是行。然而，从刘氏的观点来看，这种修身过程预设认识而非意愿是道德的基础。结果，阳明的"最终见解"仍然未能把握儒家修身的根本。

这个问题的经典出处乃是《大学》："物格而后知至，知至而后意诚，意诚而后心正，心正而后身修。"在这短短的一句话里，儒家思想的五个基本概念按特别的次序排列：物、知、意、心、身。阳明

1　唐君毅《刘宗周的道德心学说》，313 页。

力图强调知作为道德活动本体论基础的根本性，建议将这句话读成修身的互为一体的四个方面，而非彼此分离的四个步骤。假若我们认为《大学》说的是修身彼此分离的四个步骤，那么就会将整个过程设想成一种系列连续的发展。我们首先探究物，为的是得到知；得到了知，我们学着使自己的意诚实；通过使意诚实的道德努力，我们就尝试修正自己的心；心既正，我们才能开始修身。如是，格物、致知、诚意、正心被视作我们赖以修身的四个必要步骤。但是，阳明指出，这些"步骤"在整体进程中乃是互为一体的，象征着在修身中纯净精妙的不同程度。

这种阐释立场以其"知行合一"说为基础，促使阳明意味深长地从注疏传统出发，将"格物"视作"致知"的前提条件。在阳明思想里，"格物"解作"正事"，而"致知"则解作"原初知识的完全实现"。阳明以为"知"的含义远不止于认知（因为"知"包括"行"），借此强调心的情动和意动方面。确实，重视意的力量乃是其"能动唯心主义"的显著特征。表面上看来，刘宗周反对的主要不是阳明立场的原初表述，而是其门下，特别是王畿（龙溪，1498—1583）、王艮（心斋，1483—1541）的著作中对四句教的误用。[1] 因此，刘宗周之坚持意先于知可以被解释成回归并肯定阳明的哲学意图。但是，我们一定不能忽视这个事实，即刘宗周在思想上的自我定位与王阳明有很大不同。在此仅举一事：他相信这些"误用"的根源就

1　牟宗三《从陆象山到刘蕺山》，451—452 页。

在于良知说本身。[1]

正如唐君毅所指出的那样，刘宗周的理论工作和为修身提供具体计划的实际关是分不开的。对他来讲，意优先于知，"对于成圣的道德实践而言最为关键"。[2]刘宗周和阳明以及几乎其他所有新儒学思想家，都相信通过自我努力可使人性臻于完善。但是，刘氏极其怀疑是否需要心的启示。他设想的进程要求对人类恶的倾向具有远为精细的体认。就此而言，刘氏的问题乃是：据阳明对《大学》的解释，知善恶不仅要喜善恶恶，而且还要行善除恶。如果是这样，就预设了恶的存在，而有关知识就紧跟在有关体验之后。那么，除恶绝无可能先于对恶的体验。努力于道德修身就成了"恶已完成了之后的一步"了，那么，追求人的完美就至多不过是"抓住恶的尾巴"罢了。[3]结果，作为展现仁的最正当方式，成圣，就是无法实现的理想了，每个人都是潜在圣人的假设也就无由证实了。

刘宗周改进阳明良知说的策略有两个基本假设。他坚持认为，在本体论的层面上，人性终究是善的；而在实存的层面上，每个人都绝对有必要投身于抗拒恶的持久艰苦的道德斗争之中。在他看来，这种途径结合了这两个基本假设，既可以开辟成圣之路，又可避免阳明学派的两个严重错误：相对主义（见于那些过度热情者，混淆了良知和情欲，声称必须承认所有欲望的要求都是善的）；绝对主

---

1 《良知说》，见《刘子全书》（1822 年版），8.24a—26a。亦见《阳明传信录》，见《刘子全书遗编》（1850 年版），13.23b—24a。我要感谢陈荣捷提醒我注意这份重要文献，并好意让我使用其私人藏本，这也许是北美孤本。有关"良知说"的详细讨论，见冈田武彦《刘念台文集》（东京：明德，1980），187—199 页。

2 唐君毅《刘宗周的道德心学说》，314 页。

3 同上书，313 页。

义（见于那些过度轻松者，将良知等同于某种漫无目的的"顿悟"，无视道德主体的实际成长）。[1] 但是，刘氏对这些已认识到的极端并非仅止于诊断。他走得更远，为了确立更加纯粹、更加平衡的修身方式，他批评了阳明学派的晚期发展。

理论上，刘氏的思想历程始于对《大学》"三条目"，尤其是第三条的探讨，即学做完人的方法内含有人"止于至善"的能力，这种说法也许无非是指，在追求完善的过程中，应该尽量发挥自己的能力，达到既定道德处境下最高的行为标准。但是，刘宗周却将"至善"释作"修身"的基础。它不仅是追求的理想，而且是道德行为可由当下开始的实际理由。道德行为之所以可能，乃是因为我们的本性天生具有止于至善的能力。作为道德主体，在日常事务中展现至善，是我们与生俱来的权利。由于我们的本性是天赋的，就其原初状态而言是天国的，因此就其最完整的意义，乃是神圣的。我们是上天的合作者："天非人不尽性。"[2] 这样，刘宗周就发展了孟子的论点，即"知其性，则知天矣"（《孟子·尽心章句上》）。

新儒学思想的所有传统几乎都强调超越意义上的性善说。然而，刘宗周"人性本自于天"[3] 的论断超越了程朱在引发人类创造力时"性即理"[4] 的信念。说"人性本自于天"意味着，既然人性是由天赋予的，那么也就是有生产能力的，因为它是天的组成部分。天有无限的生产力。尽管就《易经》和《中庸》哲学而言，人类参与天地

1　《刘子全书·正学杂解》，6.14a。
2　《易衍》卷七，《刘子全书》，2.14a。
3　同上。
4　程颐《遗书》，见《二程全书》（四部备要本）48.17b。

80

宇宙转化的观念居于中心地位，不过，刘氏设想天也靠人类活动达到自身圆足，则显得出奇夺目，所以，就刘宗周而言，止于至善的能力不仅在人性上有可能，而且在道德上也是必须的。

刘氏断言与其说人性是一种超越资源，还不如说是道德的基础，因此，他的哲学人类学在相当大程度上仍然属于相关新儒学思想的主流。他用以表述这个特殊见解的文风实在太过普通了，甚至连新儒学两大流派，程朱和陆王之间的区别基本上都没有展示出来。为了能够精确地描述刘氏对这场仍然延续着的讨论的独特贡献，似乎需要就新儒学的"主体性原则"略加讨论。

背　景

宋明儒者试图明确其思想问题的不同特征，故而分别名其道曰"性命"之学、"心性"之学、"身心"之学。这四个关键概念性、命、心、身，是理解新儒学思想主体性原则的过程中出现的基本问题。

新儒学探索真正自我的实现始于"身心"之学。身心并举或许给我们这样的印象，即新儒学意识到作为物理自我的身和作为精神自我的心之间的区别。不过，他们思想模式的特征更多地是想超越这种区别，而不是将它当作自明的真理予以接受。结果，身体语言充满了有助于弄清楚心的概念（更恰当一些，"脑—心"）如何得以表达的象征意义。同时，身的主宰，心，绝不会被看作体外的精灵。身心一致决定了新儒学的自我观念，尤其是新儒学的主体性原则。

身体是伦理—宗教价值在其中创生、保持以及体现的实存领域。身体不只被视作父母所赐的礼物（"孝"在儒家象征主义里的中心地位即由此而来），而且还是上天所赋知觉物的最高形式。修身意指对身加以齐整、培养和修炼，而非借苦行无视身体知觉。为了较高级的精神和思想价值的滋长，只能在某种程度上放弃和超越身体，这种想法与人的完善即"践形"（《孟子·告子上》《孟子·尽心上》）的完全实现的儒家设想根本冲突。具体说来，修身必然包括身体的修炼。礼、乐、射、御、书、数既是身体练习，也是精神锻炼。[1]用艾律克森的话来说，正是通过"经验的礼仪化"[2]，身体才成熟到自我理解和具有交际沟通能力的程度。

确实，周敦颐（1017—1073）认为人类在宇宙创生过程中接受了"太极"，其主要目的乃是意欲将仁置于形上学的关键地位：人是"大化"的创造者，远不止仅是创造物而已。[3]但是，在周氏形上学外观下，隐约主张人的特点就是感觉，一种精妙、普遍与所有存在形式共处的亲密感。这促使张载（1020—1077）提出了似乎很是浪漫的看法："乾称父，坤称母。予兹藐焉，乃混然中处。故天地之塞吾其体，天地之帅吾其性。民吾同胞，物吾与也。"[4]程颢（1032—1085）更进一步引申了身体的寓意，"仁者，以天地万物为一体，莫非己也。认得为己，何所不至？若不有诸己，自不与己相干。如手足

1　儒家教育简论，见杜维明《儒家对成年的看法》，见《仁与修身：儒家思想论集》（The Confucian Perception of Adulthood, in *Humanity and Self-Cultivation: Essays in Confucian Thought*, Berkeley: Asian Humanities Press, 1980），p.44。
2　Erik H.Erikson, *Toys and Reasons: Stages in the Ritualization of Experience*, New York: Norton Press, 1978.
3　周敦颐《太极图说》，《周子全书》（四部备要本），1.2。
4　张载《西铭》，《张子全书》（四部备要本），1.1a。

不仁,气已不贯,皆不属己"。据这些说法,也许可以将身体视作人的精神的居"屋"。因此,身体通过其感觉与万事万物交流,这种观念可以被理解成人类精神的具体体现。结果,身体变成了实现精神价值的工具。这种对身体内在固有善的乐观主义依据一种假设,即诸如喜怒哀乐等基本感情乃是我们对外来刺激予以回应的表征,表明着我们对周围世界的情感。那种流于老生常谈的说法,只有人才能体验痛苦和希望,或许来自于程颢采用的医学比喻,将四肢麻痹比作"不仁"。[1] 所以,人是情感最为丰富的动物,天赋有着最敏感的身体。正是在这个意义上,"万事万物皆体现于感情之中,对于人而言不仅可能,而且也必然是人才克臻于此"[2]。

那么,自我作为人的身体,乃是感觉、关心、爱恋的自我,不断与整个环境互动交流。自我为了生存、发展、满足、回应、接受或内化周围的象征以及物质资源,调动生动的以及非自然的力量。孟子关于只有圣人才能完全实现其潜能的说法,充溢着伦理宗教意义,但是,在实际行动中,却也表明身体的"完成"亦系终极关怀。年龄的增长被视为实现自我的自然过程,逐渐而不可避免地走向人生历史的终结。夭折是可憾的,年逾古稀则要乡邻共庆。

心与身不同,无形无限。根据荀子,心空虚、细微而又宁静(《荀子·解蔽》)。心可以被外来印象充注,但是绝不会丧失从外界接纳新信息的能力。心可以同时兼顾多物,但是,短暂的断裂不会伤及

1　程颢《语录》,《遗书》,2A: 2。
2　杜维明《新儒学"人"的概念》,见《仁与修身》(The Neo-Confucian Concept of Man, in *Humanity and Self-Cultivation*), p.74。

其内在的一贯性。而且心即使易于受到来自相应环境的刺激的烦扰，也总是保持着一种根本的宁静。荀子试图强调心的认识功能，只不过代表了儒家思想的一小朵浪花。孟子影响下处于支配地位的思想传统，认为心乃是道德的产生中心。心的基本功能是"思"。不过，在孟子看来，"思"是包含了整个人的转化行为。这也是孟子形容心为"大体"的部分原因（《孟子·告子上》）。心作为道德的产生中心，不仅思考，还有意愿。而且，心正是借意愿才能证实其所思的真实性。正如孟子指出的那样，意是心的指向，心指向何处，"体力"就跟向何处（《孟子·公孙丑上》）。实际上，心的意动和情动取向先于其认知功能。因为心感觉、意愿比起思想、考虑和反映来，更为经常，更为直接。

从语源学角度上，中文的"心"也可解成"心脏"之心（heart，先此英文则作mind，"心思"之心——译注），有时也径译作"心思"，以表达两重意思。[1] 心虽然不可言喻，却可以通过身体知觉直接接触到。孟子列举同情怜悯、不忍见他人受苦等感情，说明仁是心内在固有的本质。以此类推，心在本质上具有作出正确判断、明智选择以及恰当社会决定的能力。根据孟子，羞耻感、对错感和敬重感，都是心的自然表现形式，分别是实现义、知、礼等道德意愿的感情基础。不用说，孟子的"心—思"观和那种以为外在环境借由社会化决定了人类良知和意识的说法截然相反。

1　见狄百瑞《新儒学的"心思"学说》，载《理学正统和心思学说》（The Neo Confucian Learning on the Mind-and-Heart, *Neo-Confucian Orthodoxy and the Learning of the Mind-and-Heart*, New York: Columbia Press, 1981），pp.67-185。

但是，将孟子的立场形容成认为道德观念是心天赋具有的内在论，也会产生误导作用。孟子尽管坚决主张仁、义、知、礼并非外铄，却从未贬低环境的重要性和经验学习的必要性。事实上，孟子思想的一个明显特征就是承认"心学"是一个修身的综合项目。凝神专注以及类似于瑜伽的修行在这种特别的取向中并不突出。"立其大"的伦理宗教关怀，一般名曰"立志"，乃是出发点。[1] 此项任务的基本关怀，即全身心致力于自我实现，是使意愿纯洁，令其完全集中于个人修身。孟子明确建议，"养心莫善于寡欲"（《孟子·尽心下》）。这种说法看似老生常谈，其依据是，心只要一遇到情事，就有无意中被引入歧途的危险。欲望越多，则接触之情事就越多。由于情事互相作用，心就不能回复到原来的平衡状态了。心在外部世界变动不居的景象下"放失"了。因此，"立志"的最低要求乃是寻找"放心"（《孟子·告子上》）。

宋明儒学的主要争论之一，是心究竟能否独立而自动地"立志"。如果能够，立志就是道德修身的第一步；如果不能，则必须找到以坚定其志为明确目的的律心之法。在这两种情况下，通过自我努力可令人性臻于完美的预设都未受到挑战。用新儒学的术语来讲，区别在于心、性之间的关系。假若性和心都是自发产生道德价值的感觉、意欲、思考官能，则在终极意义上，心就决定了性，那么，心、性就无本质区别可言了；另一方面，假若心才是我们借以学习道德的官能，而又不必然是道德的本体论依据，那么就必须认识

1　《孟子·公孙丑上》《孟子·告子上》。有人认为陆象山的哲学人类学可以说以孟子的论点为中心，见牟宗三《从陆象山到刘蕺山》，3—25页。

到心、性之间的区别意义重大。

那些认为心、性同的儒者，强调心的内在呈现和自我觉悟乃是完善人性的直捷路径。他们以为，人类可臻道德的本体论依据并非某种静态结构，而是一种动态过程。作为一种过程，心、性能够自动产生出实现道德自我必须的力量。在他们看来，立志乃是开始实现自我整个过程的最有效方法。他们还进一步声称，心本身并无原初实质："志"的道德努力才使其所具有的实质得以呈现。换句话说，"志"作为心的指向决定了心的性质。我们在此遇到了某种吊诡：假如心在其自身之中就具有性善的决定性特征，那么，为什么还需要道德修身呢？另一方面，假如只有通过道德努力才可能完全认识性善，那么，心岂非并不能完全自觉了？

这个困难也许就促使另外一些儒者，即那些认为心、性相分者，坚持心必须修养，才能逐渐趋同于性。心并非自动地自我呈现，假如它能够如此，乃是因为它通过严苛训练学会了自我把握。"志"的力量不足恃。道德修身至少包括学习礼仪、阅读以及社会实践。没有经过谨慎内化的获取知识的方法作为调节手段，通过心的觉悟完善自身，其可能性是有限的。直接凭借心的内在本质，投身于将人性的道德倾向付诸实现这一极其艰巨的事业，既无必要，也不值得。因为心经常无规则可言，心原初状态的精妙在普通的人类实存中几乎不可能呈现出来。[1]

尽管在心是否能够独立地"立志"这个问题上，意见并不一致，

---

1 这种思路的例子可见于朱熹心学，见牟宗三《心体与性体》(台北：正中书局，1969)，第三卷。

但是，主要的新儒学思想家都同意，人性作为发号施令的原则乃是天赋的。人类存在的终极原因由此看来可以被理解成我们本性中与生俱来的"天理"之体现。表面上，这种思路似乎可与人类受到上帝约束限制的看法彼此兼容。确实，内在于我们本性之中的原则正可以比喻成天命所赐的礼物。然而，受到限制的神性只不过是具有真正神性的事物的苍白反映，这种原则却与此不同（无论是"太极"或是人性），原则就是天命或天理。

这个断言中隐含着这样的信念，即人的原则和终极原则一样，是天命的完全体现。由于神凡、圣俗、创造者和创造物等等相互分离，在儒家象征主义中，即使作为一种被摈弃的可能性，也不会予以考虑，因此，天命绝对不会变成"完全彻底的他者"。相反，天命内在于人的基本结构之中：彻底认识到心，就理解了人性；理解了人性，也就了解了天。

方　法

黄宗羲（1610—1695）影响深远的著作《明儒学案》为我们概述了刘宗周的"心—思之学"。众所周知，黄宗羲乃是刘氏最著名的（如果说不是最亲近的）弟子，大力突出其师的历史形象，将其树立成宋明儒学的最后一位大师。黄氏的意见是，刘氏的"慎独"学说是宋代大师和王阳明阐释的儒家之道的精粹结晶。刘宗周集中探讨"意根"的观念，发展出对新儒学"性体"概念，亦即人类独特性的终极证明的新解释，极大地推进了阳明的"良知"说。虽然黄宗羲在《明儒学案》里选录了相当多的刘氏著作和语录，但是，有关刘氏贡献的讨论却相当简单，我们对其评价背后的理据几乎茫无所知。因此，以牟宗三试图依照刘宗周本意详细考究"心—思学说"的成果为中介，来接近刘氏思想，会比较容易见效。

刘宗周意欲将上述两个儒学传统的看法加以组合。具体而言，他希望重新阐述阳明思想中的心性合一观念，以求在面临指责其一边倒依赖于心的自觉能力的批评时，有可能成功地自卫。根据牟宗三建议，我们也许将刘宗周的策略形容为，用"慎独"的"密教"精神来重述阳明心学的"显教"。[1]"独"的观念在刘氏有关学习做人的具体进程中所具有的中心地位，会在我们讨论过程中清晰起来。

刘宗周批评了阳明的良知说，却完全赞同阳明强调心内在呈现和自我觉悟的中心地位。他和阳明一样，也相信心可以独立、自动地确定其"意"。不过，刘宗周怀疑，心的"知"的官能，即使隐含着情动和意动的取向，也不能得到整个修身过程的信赖。在道德发展的特定关键时刻，要紧的倒不是知道什么，而是不知道什么。"知"的识别功能预设了善恶二分法。这种预设就决定了道德主体身处分隔开来的世界之中。道德主体与终究是善的本性疏离了，也就只能追求一种碎裂残破的、在量上有所增长的美好生活了。

道德主体凭借着"顿悟"，可以一劳永逸地安居终极之善的永恒极乐天国之中，这种信念并不能提供可行的选择。至少，想象出来的心的内在呈现，实际上只不过是某种空观。阳明四句教之首"无善无恶是心之体"，在刘宗周看来也就错了。如果心的实质乃

1　牟宗三《从陆象山到刘蕺山》，453—457 页。

是人性，那么，心就应该是终极之善的寓所。心不应被视作良知，好像意之为善在某种程度上乃是外在于其原初结构似的。阳明"四句教"的第二、三句，即"有善有恶是意之动""知善知恶是良知"，也成问题，尤其在秩序方面，更是如此。如果善恶二分出现在意的活动中，那么，初生之知绝不可能早于恶而存在。再者，没有什么保证知的行为本身必须会根除意所引生的东西，结果，"知为意奴也，良在何处？"[1]

刘氏提出对两种形式的知作出区分，以求纠正错误顺序。知善恶类似于知爱敬，但是，这种相似性是表面的。有关爱敬的知识内在于对爱敬的感觉，而有关善恶的知识却外在于对善恶的直观感觉。良知，就爱敬言，意味着我们初生的意识尚未掺杂憎恶与不敬的感觉。所以，良知总是好的。反之，由于善恶之知所依据的乃是由良知派生出来的某种价值判断，所以，它不可避免只能处于第二位。刘宗周还进一步提出，对意的观念详加区分。他相信，区分两种"意"是极其重要的。为了方便起见，我们可以称第一种为"念"，第二种为"意"。刘氏力辩，王阳明为两个问题所困：误解了作为第二种"意"的意，迫使他在"知"的官能中寻找善；对知的观念理解得不够精细，迫使他在心中寻找善最完美的体现。[2]

刘宗周使用上述策略，重述了阳明的四句教，意义重大：

有善有恶者，心之动。好善恶恶者，意之静。知善知恶者，是良知，

1　《良知说》，8.25a。
2　《良知说》，8.25b。

为善去恶者是物则。[1]

　　在这种重述中，心、意、知、物的次序虽然并未改变，第三句且与阳明所言一致，但是，意义改变甚大。他没有假定诸如"无善无恶是心之体"之类的超越原则，而是将心视作一般意义上的意识。另一方面，则假设意在道德修身中起积极作用，原生的知也不再作为对意之活动所引生的善恶的事后反映起作用，其知如意之转换。刘宗周形容意"乃知之居处而非出处"，知乃"存于意而非由意所起"。[2]正是在这种意义上，刘氏将意视作心的实质，坚称意愿行为，特别是在意愿行为最微妙的显现中，明确了心的真正功能。

　　上述对两种"意"加以区分，证明了意在刘氏哲学人类学中的中心地位。对他来说，由过去经验形成并受其限制的选择观念、个人品味、本能需求都不是"纯意"的体现。"纯意"就其原意而言，乃是纯粹意识的活动。唐君毅指出，"意识从外部或内部经验客体抽身而退，将自身从混杂中清净出来，自视为纯粹主体或纯粹精神之光，此时的意识就是纯粹的意识"[3]另一方面，倘若意识趋向客体、受外在印象冲击，或是与外部世界诸观念相互混杂，那么也就不再纯粹了。纯粹形式的意识并非指对事物有意识，而人类生来就都具有这种"智识直觉"的潜能，这样的假设是新儒学思想，而且确实是中国哲学全部三套学说无声的特征。[4]再次引用唐君毅

1　《学言》，《刘子全书》，10.26b；亦见黄宗羲《明儒学案》（四部丛刊本），62.7b。
2　《学言》，《刘子全书》，10.26b；亦见黄宗羲《明儒学案》（四部丛刊本），8.25a。
3　唐君毅《刘宗周的道德心学说》，315 页。
4　牟宗三《智的直觉与中国哲学》（台北：商务，1971）。

的意见，刘宗周的独到贡献，乃是认为纯粹的意识"不仅是像光一样的纯粹之知，而且还是纯粹的感觉和纯粹的意念，犹如光之热。如是，纯粹的意识是有生命的"。[1] 然而，在一种更深层的意义上，阳明及其绝大多数弟子也将纯粹意识视作终极自我转化的重要力量。他们认为，良知是一种形式的纯粹之知，需要纯粹的感觉与纯粹的意念。良知既是转化行为，也是反映之知。知在良知的结构和功能中，不仅包括"知其然"，以及"知其所以然"，还令人联想到觉悟、转化，更重要的还有认识实践等活动。因为良知的明确特点乃是知行合一，所以，纯粹的意识也是创造的一种形式。知的主体就是成熟的创造者。这种似乎是柏克莱式的断言，更是建立在一种信念的基础上，即每个人都天赋神一般的能力，能通过智的直觉进行创造。被认知的客体成为活生生的事物，而非仅外在事实，因为认知的主体通过意指活动使客体充满生命。阳明认为事务乃是意的居处，这个观念直指其思想的"唯心主义"特性，而刘宗周则主张意作为一种意念乃是生命力，二者似可兼容。[2]

那么，我们在什么意义上，可以将刘氏的哲学人类学理解为用"慎独"的"密教"精神来重述阳明心学的"显教"呢? 牟宗三提出，我们可将刘氏"意"的观念当作一种超越原则。[3] 特别是，意作为意志力是经验的，因此在运作上是后验的。这样看来，意志力问题是道德主体选择背后不言自明的禀性。作为意志力的"意"与过去的

1　唐君毅《刘宗周的道德心学说》，316 页。
2　《传习录》，《王阳明全书》(台北：正中书局，1955)，115 页。
3　牟宗三《从陆象山到刘蕺山》，465—466 页。

习惯和现在的偏好纠缠甚深，足以使其变成一种沉溺，而非解放。如果我们简单地循意志力行事，就会发现自己倾向于与应有道德相反的行为模式。另一方面，作为意念之"意"则被认为是纯粹之意的体现。用刘氏的术语来讲，纯粹之意永远都不会迷失"至善"，因为它是心的表达，如同海浪一般自然。纯粹之意以自己的直觉方式行事，完全独立于感官知识，而且永不犯智识上的错误。所以，绝对可以在正确的时间、正确的情势下，做正确的事情。不过，主要的关怀是保证具体地运用超越原则，以求产生最希望的效果。换句话说，可以保证超越原则变成可体验的真实，而不仅仅是一种理论上的假设。"慎独"的概念说的正是这点。

"独"也有独特和绝对的意思。"慎独"概念同见于《大学》《中庸》，表示一种伦理宗教义蕴深远的修身方法。尽管"慎独"经常被释作"独处时警惕自己"[1]，但是，这种老生常谈却并不能证明，刘氏在其哲学人类学中，深思熟虑地试图置"慎独"概念于关键地位是正当的。刘宗周认为，"独处时警惕自己"的自律只不过抓住了道德修养的皮毛。真正的挑战是学习与自身最深层的存在，即唯一、独特、绝对的道德创造力中心，保持一致。正如我们已经指出的那样，刘氏认为人性本善，而且人与天乃合作创造者。天人合一将仁视为创造性自我转化的神圣力量，提供了本体论的证明。

"独"在这个意义上代表着某种本体论实质和经验真实。作为本体论实质，它是天赋本性，原初之心，是"意根"；作为经验真实，

---

1 陈荣捷《中国哲学资料》，89 页。

它兼具心的未发之"中"和已发之"和"。[1]刘氏对这个问题的思考
虽然可与陆王传统"心即理"的学说兼容,但是,刘氏论点的要旨更
加深思熟虑,更加精微吊诡。我们本性里所固有的"独"(或者,若
是愿意,也可以说人进行严格的自我审验的独特能力),是我们道德
自我完善的充分和必要条件。不过,我们借以彻底认识自身本质的
具体进程却绝不可能简单直接。至少,我们现存状况并不符合我们
应该具备的道德,而后者即相当于我们本体论上的人性。

刘宗周不同意心可以凭靠其觉悟的知识,直接实现人的终极
道德转化,因此"慎独"也就并不简单只是一种内省认知的形式。
"慎独"更多乃是一项尝试,试图为敏锐、综合、持续地考察人们动
机结构的最深层面,创造出一种经验基础。就此特殊方面而言,这
种考察既是对人的行为的一切后设理由进行集中探究,也是对个人
道德增长的无限可能性加以全面肯定。所以,自审和自尊乃是同一
进程的两个一体化取向。若要彻底考察人所做的每一件事,无论大
小显隐,就要完全承认每一个人都是能动的道德主体。自审似乎是
难以逾越的工作,不能仅在行为和立场层面上着手进行。除非和为
道德修身提供无穷无尽能量的道德创造中心确立某种联系,更确
切地说,建立某种渠道,否则任何性质上的改善都毫无希望。零星
努力肯定不会起什么作用;如果停留在伦理领域,而忽略了道德的

1　《中庸首章证》,《刘子全书》(1824—1835 本),8.9a—12a。此文起首部分
(9a—10b)不见于台北"中华文史丛书"本。"中华"本当系《刘子全书》道光本
(1822 本)之复印本。道光本佚二页。"中华"本拟校补脱文,补入手写二页(9a—
10b 二页),可惜此二页乃 8.7b—9a,故而益增混乱。我核查了哈佛燕京所藏两部
《刘子全书》(1824—1835 本),其一同样脱此二页。

终极资源，那么，即使是系统的、循序渐进的努力也是不够的。

　　用刘氏的术语来讲，"慎独"包括两方面的过程"化念归心"[1]和"以心著性"。[2]前者以这样的信念为依据，即"念"非"心"之表达，而是"心"之居所。[3]换句话说，"意根"明确了"心体"。所以，"化念归心"即是将"念"予以重构，使之完全转化为"意"。无论"意志"或"意念"是否表达了"念"的本质意义，刘氏所作的区分细致精微，而且毫不含糊。刘氏采用训诂学方法，将"念"分析成"今"和"心"，将"念"定义为心之"余气"。[4]唐君毅就刘氏思想的这个方面论述如下：

　　实际上，"余气"指的乃是某项已完成活动的潜能。这就是习性的起源。每一种习性，都来自于过去的意识活动，所以就有些许残余的效力，促使当下的意识采取习惯形式，名曰"习"。"习"大概和本性差别甚大。倘若当下的意识采取了不同于本性，过去活动的习惯形式，那么，就将自身退回到习惯形式，并在其中僵化，变得偏执和无创造力。这就是错误和恶的起源了。因此，可以将"念"视作"受到偏执的习惯形式控制的意识僵化"。[5]

　　刘宗周意识到，"念"可善可恶，而且增善除恶乃是可以指望的。但是，他原则上对在这种相对主义层面上开始整个修身进程

1　见《学言》，《刘子全书》11.11b。有关的探讨，见《治念说》，《刘子全书》8.24ab。
2　此四字乃牟宗三的创造，见《从陆象山到刘蕺山》，458页，完全得到了刘氏对人性所作阐释的证明，见《原性》，《刘子全书》7.1b—3a。
3　《学言》，《刘子全书》，11.6b。
4　《学言》，《刘子全书》，11.11a。
5　唐君毅《刘宗周的道德心学说》，318。

并不满意。他追求道德的绝对标准，这就迫使他不止于探究可客体化、可具体化的行为模式，无论这些模式看上去有多好。他企图彻底细究无意的自主行为，那样，就能逐渐学会与完全纯粹之意念若合符节的行动。[1] 人们甚至能够达到如此高水平的有意识的自我激励，以至于意的弱点都消失了，而每一个行为都是心之自我呈现的结果，这在实践中未必可能。然而，不仅每一个人都可能为之奋斗，对那些认真践履"身心之学"的人而言，更是一种道德命令。

"慎独"双重进程的第二部分向我们展示了刘氏对新儒学思想的独特贡献，即其"密教"。真正的人性只有通过心的有意识的行为才能得以揭示，这是宋明儒学普遍认同的预设。刘氏的独到之处，作为对阳明良知说的回应，乃是去探究心最深层的结构和功能。这就要求，在心对人性的呈现还仅仅是其初期形式（"几"）的时候，即对心有一种来自经验的理解。初期的呈现误入歧途的可能性甚大，除非在一开始就能一再接触作为活生生真实的精妙心，否则，就不能保证其健全发展。心虽然具有完全认识人性的潜能，但是，受到挫折的呈现很少能表示真正的仁。所以，就"意根"加以道德上的努力至关重要。

不过，与至少在内省时可以注意到的心的觉悟功能不同，意根则过于精微，很难完全认识。我们如果不能与纯粹意识的创造性生命的基本节奏保持一致，意根就易于逸出我们的注意。

修养意根，可与孟子的养心相比较，必须"勿忘""勿助"（《孟子·公孙丑上》）。刘宗周完全赞同孟子的学说，即尽量减少欲望是

1　例见刘氏有关"习"之讨论，见《习说》，《刘子全书》，8.19b—20b。

养心的最好方法，同时进一步提倡，依照《中庸》的精神，在心"既生"和"未生"两种状态间持续互动。刘氏特别提出，为了综合了解我们处在道德增长的哪个阶段，可以像稳定的视感觉和情绪的消减流变以领略季节变化那样，依感觉与情绪的变动来体验道德发展情况。[1] 我们既已意识到自己的内在生命，道德努力就应以理解心之实质与心之功能密不可分为目标。我们的行为越是符合心的自主性和自发性，就越能体验到我们的本性是一种正当的积极性，而不仅仅是一种想象出来的可能性。

刘宗周告诫，一定不能受误导去相信，由于凭借心的自发、自主功能可以接触到我们的真正本性，因此就注定会有一条道路通向至善。意根太微妙了，一旦"诚意"的艰辛努力被中断，它就像体验过的真实那样消逝了。另一方面，甚至尽管"诚意"的努力从未稍歇，意根中总是还有我们无法识透的深奥取向（《孟子·公孙丑上》）。

所以，刘氏认为，"慎独"乃是修身的最佳方法。极具创见的《人谱》里所见详尽精致的改过方案，因此也就可以被解释成学习做人的策略：将"慎独"像日常礼仪一样付诸实践。

认识人性

表面上，刘宗周的《人谱》是某种图表、谱系、单子或手册，用来教人"迁善改过"[2]，以求健全地成长为有道德之人。然而，这篇

1　《读易图说》，《刘子全书》，2.8b—9a；亦见《学言》，同上书，11.9a—10b。《改过说》，《刘子全书》1.13a—b。
2　《人谱》，《刘子全书》，1.6b。

文章的后设结构，乃是通过"慎独"实践修身的整体观念。人类是宇宙间最富感觉的存在，承有天"命"，其本性体现了宇宙转化的"中心地位"。他们不是作为创造物而被"创造"出来的，而是承担在天地宇宙转化中提供必要协助的共同创造者（《中庸》第二十九—三十章）。仁是这种三位一体的一个成员，肯定是神圣的，而且又是可以成为神性的人性。但是，尽管人性本善，其自我呈现的路径却绝不是一目了然的。无须修身的艰辛努力，顿悟就可使人成圣，乃是天真幼稚的想法，其基础是对原来方案深奥之处的误解：人性只有通过心的意念、认识和感觉功能，才能得以显示。

"心的实质"虽然和人性一致，但是，心却仍然需要节制、修养、培育，这样，心内在固有的"中心地位"才能自我显现出来，不受封闭、局限的自私观念阻碍。所以，认识人性就是使心的实际功能与人性的组成部分，诸如"四端"（《孟子·公孙丑上》），协调一致。这样看来，人性本身就是一种活动，而不仅仅是道德完善的基础或理想而已。不过，人性自动产生的活动形式十分精微，未经指导的心几乎无法察觉。人性的初期活动，上述意根，实际上是心的实质。未经指导的心不能认识它，意味着心尚未学会聆听自己的声音。"慎独"的艺术，若像日常礼仪般频繁实践，就可以净化人的感觉，为心持续回应人性的精微信号提供经验基础。

学习做人的进程不可稍歇，其具体步骤如下：1.处于隔绝的宁静状态，以体验孤独中的自我；2.忖度思想活动，认识初期的倾向；3.谨警行事，以循天命；4.加强基本的人际关系，以使道具体化；5.进行大量实践，以全面探究人的行为；6.趋善迁恶，以求成圣。

这些步骤更被置于深刻、全面、持久的自我省察背景之下。通过自我省察将道德失败分成六大类：微过、隐过、显过、大过、丛过、成过。[1]

在刘宗周的哲学人类学中，认识人性必须对人的行为、态度、动机以及意根加以透彻分析。目的既非社会调适，也非普通心理学意义上的个人整合，而是作为终极关怀的道德创造力最理想的显现。这样定义的人类乃是自我完善的存在。作为人就意味着终究要自我转化。借由"慎独"深化人的主体性，就是向人性的共同春天自我开放。已经深化的和正在深化的主体性永远和天地的韵律协调一致；是从"意""必""固""我"的约束限制中解放出来。[2]作为人类，我们的尊严、自主、自足肯定系于心与身。然而，只有在学会认识人性的真面目之后，我们才能真正地拥有自己的心与身。

依刘宗周哲学人类学的观点，个体与整体之间的关系具有一种特殊意义。由于我们拥有深刻的自我了解，所以有能力超越自我中心的局限和惰性。结果是，人不用以与社会对立的个人的身份来申言自己的独立性。主要关系乃是确立，或者更恰当地说，认识、实现自身真正的主体性。真正的主体性超越了私欲的限制，并非只是简单的存在状态，而且还是一种转化活动，是朝向至善的充满活力的运动。认识、实现自我的真正主体性，也可以理解为将自己从自我主义、主观主义或明或暗的形式中解放出来的方法，也就必然涉及拓

1　《人谱》，1.3a—11b。
2　《论语·子罕》。应该注意，此处之"意"指"意见的随意武断性"，新儒学经常将其释作"私见"。在刘氏哲学人类学中的用法，可与《孟子·公孙丑上》里的"意"相互比较。

宽人类理解的视野。因此，成为完人的正当方法，不仅仅是寻求自己独有的东西，而且还要获取有关人类独有品质的品味，即作为公共行为的终极自我转化。唯有如此，才能通过自我本性了解天，并且形成与天地的三位一体。就此意义而言，整体主义正是主体性的自然结果。人证明了他的"慎独"，也就拓展和纯化了自己的主体性。宇宙之"体"全面完整地呈现在人的主体性之中，远非仅是自我的延伸，表明了经过修身的自我所具有的开放性、透明性、自发性。

（《道学政：论儒家知识分子》，上海人民出版社，2000 年）

从身、心、灵、神四层次看儒家的人学

我曾在《孔子仁学中的道、学、政》(《中国哲学》第五辑，1981 年) 一文中提到，"仁学"可以说是一种"哲学的人类学"（philosophical anthropology)。不过，今天欧美学坛所称"哲学的人类学"在思想界并没有占据主流的地位，也许说"哲学的人类学"是一套还没有发展成熟的"仁学"更确切些。其实，孔子的"仁学"不仅属于伦理学的范畴，也涉及知识论、美学、形而上学乃至神学等课题。如果对比西方哲学的分类，儒家"探索如何做人的道理"应说是一种以人格发展为思考核心的人学。这种人学有其独特的认知方式、美感经验、宇宙精神和终极关切，因此它所牵涉的范畴体系远较"哲学的人类学"来得复杂。

本文的目的是想从身（体）、心（知）、灵（觉）和神（明）四个不同层次的中国传统哲学中通用的基本名词来对儒家的人学作一番初步的认识。必须指出，从认识到了解、到批判、到评价，是一条漫长而辛苦的思想道路。站在"解释学"的立场，我们要经过好几次质的飞跃，也就是思考层次的提升，才能达到批判的水平，获得评价的资格。如果在认识的初步阶段就犯了错误和偏差，要想取得适当的了解已大有问题，更不必谈什么批判和评价了。但是要想避免认识初阶的差错谈何容易。我们总觉得只要自己以开放的心灵对原始材料作客观公正的处理，即可免除误认对象的危险。凡是自觉性较高的人，都不难理解"开放心灵"是要靠不断的反省和长期的训练才可达到的，而"客观公正的处理"又常是再三考虑也无法完成的任务。至于"原始材料"，那更是稍涉经典的人就知道不易裁决的大公案了。坦白地说，我并不能保证从身、心、灵、神四层次去认识儒家的人学是正确的道路。在这里我只想说明本文是一种尝试，一种初步认识的尝试，既非了解，更非批判或评价。

从《论语》里的问答，我们可以认识到孔子所关怀的问题是以活生生的有血有肉的人为基础的。他虽然也重视死后的祭祀和超离现实的鬼神（因孔子曾有"未知生，焉知死"的答语而坚持孔子只强调"生"不重视"死"、只强调"人"不重视"神"，是有片面性的），但他的出发点是人伦日常的生活，这点也许不会引起什么争议。活生生的有血有肉的人，只要不是麻木不仁的行尸走肉，都有一个能够感觉痛痒的身体。站在比较宗教学的立场上，身体在儒家思想里确有崇高的地位。儒家所掌握的人不能仅从理性的动物、上帝的使者、轮回的片刻或真我梵天的住宅来认识。"仁者人也"，人是在天地万物中感性最敏锐、感情最丰富的存有。人的不忍之情，人的忠恕之道，不是抽象说教，而是体之于身的一种自然涌现的感情。我们的身体不是仆役，不是手段，不是过渡，也不是外壳，而是自我的体现。

儒家的教育特别标示修身，岂是偶然。修身当然不只限制在修养身体而已，但锻炼身体确是"吾儒家法"。这点本来毋庸置疑，但是因为流行的看法以为孔孟之道是一种"四体不勤、五谷不分"的有闲阶级的意识形态，把儒家正视锻炼身体的真面目已弄得黯然不彰了。应该承认，孟子确有劳心、劳力的分工思想，这种思想和现代经济学中所说生产阶层和服务阶层的二分有相似的地方。孔子也曾坦率表示，针对农耕和园艺的专业，他的知识和经验都远不如老圃。除非我们坚持必须耕种才算是真正的劳动（如果那样坚持，那么连打铁、织布、互通有无等工商作业也只能算是部分劳动了）；否则，儒家为了培养有才能、有责任感的知识分子，因此绝不轻忽锻炼身体的劳动，是显而易见的事实。只要提出"六艺"即可说明问题。

礼乐、射御、书数都和锻炼身体有关。射御不待说，礼乐需要长期的学习，连举手投足都不能轻轻放过。试问让孩童学会站立、行走、坐卧的正确姿势要化多少身教的工夫？儒家用习礼和习乐的方式陶冶性情，正视所谓头容、足容、手容乃至视容和听容的培养，是想达到人生艺术化的目的，也就是把我们的身体从呱呱落地的自然物逐渐教育成人格美的表现。《论语·乡党》篇不厌其烦地把孔子在各种不同情况中的头容、足容、手容乃至面部的各种表情都刻画出来，还不是想让我们通过文字的描绘去体味老先生由于积年累月的修养而达到的礼乐化境地。至于书数，虽然是俗称"精神的训练"（mental discipline），但既然不能脱离手到、眼到和耳到的工夫，和身体仍有密切的关系。程明道说他作字甚敬，非要字好，即此是学。我们可以想见古人练它的神情，从研墨到挥毫都是艰苦工夫。

当然，由修身所主导的锻炼身体和我们现在所说的体育不尽相同。体育是一种"身体的运动"，常和德育、智育并称。这种严格区分德、智、体的西方式教育和儒家传统为培育完整人格而厘定的"六艺"大不相同。我们受西方式教育的影响已深，儒家"六艺"的精神面貌也许要靠解释学上的考古发掘才能重新浮现眼前。这个工程太大，让我只举一个例子作为点题。

身体这个名词相当于英文的 body。今天我们在行文中用"身体"，就好像用英文的 body，直指"躯壳"，了无深意。可是"身体"或"身""体"，在儒家传统中是极丰富而庄严的符号，非 body 可以代替；当然，更不是佛语所谓的"臭皮囊"。修身和修己是同义语，因此"身"和"己"有时可以互用，"身"等于是"自身"的简称。宋明儒学讲圣人之学不是空谈哲理，而是要有受用。换句话说，也就是要如同身受。身教，相对言教，代表儒门身体力行高于文字记诵的教育思想。"身体"在这里有"以身体之"的意味，因此作为动词的"体"字，在儒家，特别是宋明时代的儒家，便包涵许多哲理。

儒家的人学也可以说是体验之学。所谓"体验"，是活生生的有血有肉的人所感受的具体经验。这种经验不仅给我们带来如人饮水冷暖自知的内在知识，而且能够发挥长期彻底的转化功能。体验所以不同于一般的经验，正因为它是体之于身的经验，而不是一般浮光掠影的印象。依类旁推，体认、体察、体证、体会、体味、体玩、体

103

究及体知和一般的认识、考察、证实、品尝及理解也不大相同。凡能"体之"的都是"知行合一"的表现，既能"知得真切笃实"，又能"行得明觉精察"，因为所体之于身的正是自家受用的分内事。

应当说明的是：儒家的体验之学虽然正视自家受用的内在知识，强调变化气质的修养工夫，但却不轻视外在客观的人伦的世界、自然秩序乃至宇宙生化的浩浩大道。从孟子所揭橥的心学可以探得一些其中的真消息。前面提到，我们在这里只作初步的认识工作，至于如何批判和评价，那就要等到进入了解的阶段之后再加以考虑了。

孟子主张性善这是大家所熟知的，但孟子如何建立其心学，如何培养其浩然之气，如何为儒家知识之士的存在理由一一陈辞，乃至如何表现其道德形上学，都需要系统的分梳、解析和说明。在这些解释学上的大工程还没有开始之前，让我们先来认识孟子所谓的心究竟是针对什么问题而发。宋明大儒根据《孟子》定义儒家的人学为"身心之学"。如果这个提法不违背孟子的基本精神，那么孟子所谓的"心"，不可能是和"身"决然割裂的观念，更不能是和"身"相互敌对的观念。从孟子"大体"和"小体"的分别可以看出心身交养的痕迹。孟子虽然说过"学问之道无它，求其放心而已矣"，但求索业已亡失的"心"并进一步达到不动心的地步，要作"知言养气"的工夫，这和专门以心理对应生理的思路大相径庭。

心知和身体最大的不同是后者受到时空的限制，必须在一定的场所里活动，而前者出入无时，莫知其向。可是，孟子的"心"并不是毫无具体内容的纯粹意识，而是能恻隐、能羞恶、能恭敬、能是非,因而充满了知、情、意各种潜能的实感。心的实感正是通过身的觉情而体现。梁惠王以羊易牛的不忍之情是恻隐之心的反映,这是人之所以为人所不可或缺的条件。"圣人与我同类",只要是人,就有同情心;麻木不仁和不知痛痒是死亡的征候,也是非人的写照。

孟子是从心善来说明性善。所谓心善,实指心可以为善。也就是说每个人都有恻隐、羞恶、恭敬和是非的本能。仁、义、礼、智四端不假外求,是针对我们内心本具的泉源活水而言。假若我们否定仁、义、礼、智的自发性,认为恻隐、羞恶、恭敬和是非都是外来教化的结果,那么,站在孟子的立场,我们只是"躯壳""臭皮囊",又如何建立人格尊严,如何进行自动自主的道德实践呢?固然,一个活生生的有血有肉的人是一个具体的人,因而必然是一个有籍贯、性别、年龄、脾性、社会背景、历史因缘、经济条件和政治立场的人。但是,这个人如果确是个活生生的有血有肉的人,也必然是个知痛痒、有感受、能判断的人。至于他那知痛痒、有感受、能判断的"人性"是否都能归约到外来教化的原因,而他与生俱来的身体根本只是一张不具备任何四端之类本能的白纸,那就不是我们目前所探索的课题了。值得一提的是,孟子援用今人乍见孺子落井的例子,是为了说明即使在率兽食人那种暴戾之气高涨的战国时代,同情心仍是放诸四海皆为准的人性光辉。他并没有借助一个特殊情况来证实人性本善。

根据孟子心之四端是善源的提法。做人的道理即是汲取本能的泉源活水,以勿忘勿助的工夫,通过知言和养气的途径来灌溉由集义所生的人性幼苗。这个修身(或说养心)的方法不是以个人为中心的"小乘"道，而是"己立立人、己达达人"的"大乘"圆教。等到人性的幼苗逐渐壮大，濯濯的牛山也就可以回复其原初的景象了。换一个比喻的方式，本能的泉源活水如果只停留在"始达"的薄弱阶段，那么即使仁的感染力所向无敌，我们仍不免陷入杯水车薪的窘境里。也就是说，人心向善之机虽然还没有丧亡殆尽，但是它在现实世界发挥作用的可能性却已微乎其微了。相反地，如果我们把本能的泉源活水扩而充之，使它成为浩浩荡荡如江河一般的壮大，那么不仅自己左右逢源，还可以兼善天下。

这固然是理想主义，但孟子并不是无视外在环境的空想家。他的身心之教，也可以说是"先立乎其大者"的道德哲学，是为大丈夫精神奠基的学说。这种不为富贵所淫、不为贫贱所移、不为威武所屈、不为名利所动的大丈夫精神，即是知识之士的存在理由。用现代流行的语言来表示：不直接参加生产劳动的知识分子实是先进社会不可缺少的脑力资源。他们可以为经济的发展、政治的安定、社会的福利和文化水平的提高作出贡献，因此他们的劳心是代表服务阶层的职责。不过，这种现代知识分子的自我形象和公众形象只反映了孟子大丈夫精神的一个侧面。孟子所提倡的"上下与天地同流"的人格形态，在专制政体日臻周密的宋代已不易为人所知，司马光的"刺孟"即是例证。明清以来，孟子常给人一种自大和高傲的印象。在今天分工极细的工业社会里，孟子"舍我其谁"的文化承担，一种因动心忍性地私淑孔子而孕育出来的历史意识和使命感，更不容易引起大家的共鸣。

不过，我们虽然觉得孟子的使命感高不可攀，但他以不动心的大丈夫自立自勉，却有深厚的宇宙精神为其依据。对我们来说，"上下与天地同流"好像是诉诸神秘经验的玄谈。其实，在孟子心学里，"尽心知性知天"，不仅不是什么虚无缥缈的抽象观念，而且是可以由身体证知的人间真理。浩然之气，既是"体之充"，又可"塞乎天地之间"，也是能够验之于身的实感。就连"万物皆备于我"也不是主观意愿的投射，而是存有论的陈述。这话怎么说呢？孟子所理解的气是一种弥漫宇宙的实体，拥有身心两重性格，既属物质又属精神。如果我们能培养自己的"夜气"（一种没有受到摧残的元气），循序渐进以达到沛然莫之能御的浩然之势，那么塞乎天地之间便成为必然的结果。否则，何以三军能夺帅而匹夫不能夺志？何以一个书生，无权无势，却能鼓起如此大勇来藐视那些操生杀大权的王侯将相？我们不能把孟子这套思想评断为过分强调主观能动性的唯心主义，因为我们对"上下与天地同流""塞乎天地之间"和"万物皆备于我"这些提法后面所根据的气学和道德形而上学还没有精切的掌握。

要想认识孟子的心学，我们不能武断地把它博大精深的内涵割裂成简单的公式。我们也许不愿接受孟子"至于心独无所同然乎"那种普遍真理的陈述，但我们不能忽视他以"心之所同然者，谓之理也，义也，圣人先得我心之所同然"而出发的推论方式，和《中庸》"考诸三王而不谬，建诸天地而不悖，质诸鬼神而无疑，百世以俟圣人而不惑"，以及《易传》"先天而天弗违，后天而奉天时。天且弗违，而况于人乎，况于鬼神乎"的提法，是一脉相承的。因此，孟子的身心之学不是他个人的私见，而是古典儒家的公议。

宋明大儒有时也定义儒家的人学为"性命之学",乃至"身心性命之学"。性命之学如果借用司马迁的观点,即是一种穷究天人之际的学问。固然,道家、阴阳家、黄老之术和方士的象数、星象、宿命都究心于天人相遇的问题。儒家的人学和这些思想流派既有联系又有分歧,我们不准备在此细说原委。如果说儒家的性命之学,特别是牵涉到灵、神两层次的性命之学,曾受到道学、阴阳家和民间宗教的影响,大概不会引起很大的争论。不过,我们应当注意儒家灵、神之分和道家精、气、神三分的修炼方法,虽然没有必然的因果的关系,但却有不少相通的地方。另外,到底灵、神应属同一层次或应判然分为两个层次,众说纷纭,莫衷一是。我采取两个层次的观点,是想用这片面的看法来认识儒家人学的复杂性。能否成说现在还言之过早。

戴震《〈孟子〉字义疏证》上卷说"理"条引用了两段很有启发性的材料。子产言"人生始化曰魄,既生魄,阳曰魂"。曾子言"阳之精气曰神,阴之精气曰灵,神灵者,品物之本也。"根据戴震的分析,灵神和魂魄相似,是同一层次,而属性不同。这个看法好像言之成理,持之有故。站在文字训诂的立场,"灵,神也","神之精明者称灵","灵保,神巫也"(《经籍纂诂》卷24:14—15)都说明灵和神有密切的关系。但是,我们是否可以把"灵"视为"神"较具体的某种表现,而把"神"视为"灵"较普遍的展现呢?如果可以如此分梳,在认识儒家人学方面又有什么好处呢?

从比较宗教学的角度,"灵"和"神"相当于英文的 soul 和 spirit。英文这两字也有密切的关系,而且常常可以互用,不过 soul

作为"灵魂"讲比较具体，而spirit作为"精神"讲就比较普遍。人是万物之"灵"，但是要修养到"圣而不可知"才可说是"神"。《易经·说卦传》以"妙万物而为言"来理解"神"，和《系辞上传》所谓"阴阳不测之谓神"如出一辙。这种"神妙无方"的看法，是把"神"当作宇宙生化的大原大本。再说，"灵"多半用作名词，而"神"则一般以状语和动词的形式出现。也许"灵"和古代楚国巫觋的传统有密切的关系，而"神"则运用的范围较广。"灵"可以和"府""根""台"连文表示。灵是较凝定的观念，而"神"则无形迹可寻，因此才不测无方。如果这个分别可以成立，那么灵、神的关系可以和身、心的关系类比。身和灵较具体，有方所定向，是凝定的观念；心和神，无形无方，是创发的观念。

儒家所认识的活生生的有血有肉的人，是包括身体、心知、灵觉和神明四层次的人，因此人能够以"天地万物为一体"，和自然乃至宇宙的生化大道结合起来。不仅如此，人还能由尽己之性、尽人之性及尽物之性以达到参天地之化育的"三才"境界。以主体精神旁通客观精神，而且上契宇宙精神——这种陆象山所谓十字打开的大圆觉教，即是《中庸》所体现的"致广大而尽精微，极高明而道中庸"的儒家人学。

应当强调，身、心、灵、神四层次在儒家人学里并不是截然分离的四阶段，而是一个连续过程中互相融贯的四度超升。孟子所谓"可欲之谓善，有诸己之谓信，充实之谓美，充实而有光辉之谓大，大而化之之谓圣，圣而不可知之之谓神"（《尽心下》），正是说明这种自我超升的人格发展。如果不要过分执著于四层次的提法，"善信"可以说是"身心"的第二度超升;"美大"是"心灵"的第三度超升;而"圣神"则是"灵神"的第四度超升。可是我们必须牢记,儒家的自我超升绝不是离身心以成就灵神的模式,相反地,只有在身上真切下工夫才可知心,才可觉灵,才可明神。孟子说只有圣人才能"践形",确有深意。因此孟子特别强调自得:"君子深造之以道,欲其自得之也。自得之,则居之安;居之安,则资之深;资之深,则取之左右逢其源。故君子欲其自得之也。"这种掘井及泉的工夫,严格地说,不仅是自我超升,也是自我潜沉。

（《中国哲学范畴集》,北京:人民出版社,1985 年）

论陆象山的实学 [1]

陆象山因为坚持"心即理" [2] 的哲学命题，强调"先立乎其大者" [3] 的途径，并且宣称他自己的学问是"因读《孟子》而自得之于心也" [4]，很容易就给我们留下一个过分突出主观能动性而忽视客观世界的印象。[5] 这个印象，一旦与象山那几句惊人的警语，如"易简工夫终久大，支离事业竟浮沉" [6]，"尧舜之前何书可读？" [7] "六经皆我注脚" [8]，"若某则不识一个字，亦须还我堂堂地做个人" [9] 等联

1　本文原在台北"中央研究院"举办的国际汉学会议（1986 年）上提出，今稍有修改。——《中国哲学史研究》编者原注。
2　《与李宰》书二，卷十一，149 页。
3　《语录》上，卷三十四，400 页。
4　《语录》下，卷三十五，471 页。
5　见包遵信著《陆九渊哲学思想批判》，《陆九渊集》代"前言"，13—15 页。包的见解比较极端，但很可以反映过去四十年来大陆学者的观点。
6　《语录》上，卷三十四，427 页。
7　《年谱》，卷三十六，491 页。
8　《语录》上，卷三十四，395 页。
9　《语录》下，卷三十五，447 页。

系起来，便不难得出象山的心学因为跳不出以完成自我为"易简工夫"的泛道德主义，结果变成"束书不观，游谈无根"[1]的反理性主义的结论来[2]。讨论象山的实学，或许可以纠正这种浮面的印象，改变这种偏颇的结论，为全面而深入地理解象山创造有利的条件。

实学的多义性

首先，应当指出，我在这里使用"实学"的目的，并非想把一个后来才发展成熟的学术流派的概念，强加于象山陆学之上，以提醒我们正视象山思想中不为一般人所关注的课题（例如，象山的经世致用之学[3]）。固然，实学这一概念在东亚思想史中多半指17世纪以来受西方科技知识冲击后所出现的实测实用之学[4]。一提到实学，我们便联想到方以智的《物理小识》[5]、唐甄的《潜书》[6]或颜元的《存人编》[7]。好像实学是宋明儒学中的异军突起，是摆脱了宋明"身心

1　《语录》上，卷三十四，419页。

2　应当指出，象山这句话的原意可能是：假若"束书不观"的话，那么就会犯了"游谈无根"的毛病。即使这两句话不作因果关系解，象山反对这种不读书而空谈的狂态也是可以肯定的。说象山"完全是一种神秘的直觉主义认识方法"（包遵信：《陆九渊哲学思想批判》，《陆九渊集》前言，11页），因此，他所提倡的是彻底的反理性丰义，这是不公平的。

3　有关象山的经世思想，请参考徐复观《象山学术》一文中的第10节《象山的政治思想》该文收入徐著《中国思想史论集》台中：东海大学,1968年,59—71页。

4　有关"明末天主教输入什么'西学'""具有什么历史意义"的问题。请参考侯外庐主编：《中国思想通史》第4卷下，1189—1290页。

5　侯外庐主编：《中国思想通史》第四卷下，1121—1139页。

6　《唐甄的思想》，同上书，第五卷，301—323页。

7　《颜元的思想》，同上书，第五卷，324—390页。

性命"之学的樊篱而走向经验科学的新思潮。[1] 因此, 学术界有以实学为中国启蒙运动的提法。[2] 有的学者甚至把实学刻画成反抗理学的科学精神。韩国学者把实学与理学看成对立面就是这个缘故[3]。但是, 就史论史, 实学这一概念的出现和宋明儒学的兴起有不可分割的关系。我们不能因实测实用之学的现代意义而忽视了实学这一概念中其他丰富的内涵。[4]

唐末宋初儒学兴起的主要原因之一是, 中国知识分子(士大夫阶层)自觉地、主动地针对佛教与道家的挑战而做出的创建性的回应。韩愈的《原道》是从民族气节、社会功能与文化意识等角度来攻击佛教的先声。在宋儒中, 从存有论(本体论)与宇宙论的高度彻底批判佛、道而成绩斐然的是张载。程颢和程颐在这方面也做出了贡献。儒家的实学在这个氛围中是针对佛教的"空理"与道家的"虚无"提出的。[5]

1　这个观点梁启超在《中国近三百年学术史》中即已提出。侯外庐的《中国思想通史》第 5 卷, 原称《中国早期启蒙思想史》(上海, 生活书店, 1947 年), 就是根据这个观点撰述而成。

2　参见侯外庐:《中国思想通史》第五卷, 第 3—36 页。

3　这类例子极多, 不胜枚举。近年来韩国学者对实学家如丁若镛(茶山)、柳馨远及李滉的研究进展极大, 和这个思潮有密切的关系。但是也有不少学者在重新认识早期李朝大儒时发现, 李滉(退溪)和李珥(栗谷)等人也是杰出的实学家。请参考柳承国:《栗谷哲学的根本精神》,《儒学论丛》, 东乔, 闵泰植博士古稀纪念, 汉城, 东亚出版社, 1972 年, 第 55—74 页。

4　本文不对"实学"一词下严格的定义, 其用意即在于此。其实, 绍兴三十一年(1161 年)成书的《通志》即有一条发人深省的材料:"耽义理者则以辞章之士为不达渊源, 玩辞章者则以义理之士为无文采。要之辞章虽富, 如朝霞晚照, 徒焜耀耳目; 义理虽深, 如空谷寻声, 靡所底止。二者殊途而同归, 是皆从事于语言之末, 而非实学也。"见卷七十二,《图谱略·原学》。这段材料由台湾大学历史系王德毅教授提供, 特在此致谢。

5　儒者以身心性命为"实学"与道家"虚无"对比; 以人伦日用为"实理"和佛教破除红尘以证"空理"对比。

朱熹在《中庸章句序》里即引用程颐的观点，以实学刻画孔门心法：

> 子程子曰："不偏之谓中，不倚之谓庸。中者，天下之正道；庸者，天下之定理。此篇乃孔门传授心法。子思恐其久而差也，故笔之于书，以授孟子。其书始言一理，中散为万事，末复合为一理。放之则弥六合，卷之则退藏于密，其味无穷，皆实学也。善读者，玩索而有得焉，则终身用之，有不能尽者矣。"[1]

另外，在宋明理学中，实学也常与虚文对比。这个意义上的实学，从王阳明的教言中可以找到例证。阳明所理解的实学，是环绕着"古人之学切实为己，不徒事讲说"[2]这一观念而展开的，因此，他特别标示出"实体诸身"[3]"实地用功"[4]"切实用力"[5]的学术途径。他认为"狃于后世之训诂"，就不能"察夫圣门之实学"[6]，但如果能志于道，"则虽应接俗事，莫非实学"[7]，即使"钱谷兵甲，搬柴运水，何往而非实学"[8]。

因此，除了实测实用的意义之外，在宋明儒学的传统中，实学至少有真实无妄、实有所指、在现实人生中可以发挥实际功能、能够体之于身而且现诸行事等等内涵。

1　《中庸章句》，《四书集注》，台北：世界书局，1952年，1页。
2　《答方叔贤》[己卯]书，《阳明全书》，共四册，台北中华书局影印四部备要本，无刊行日期，卷四，20页下。
3　《答方叔贤》[辛巳]书，同上书，卷五，4页下。
4　《与王纯甫》书二，同上书，卷四，9页下。
5　《与杨仕鸣》[辛巳]书，同上书，卷五，5页下。
6　《与王纯甫》书二，同上书，卷四，8页下。
7　《寄闻人邦英邦正》[戊寅]书，同上书，卷四，17页上。
8　《与陆元静》[丙子]书，同上书，卷四，15页上。

象山论学的核心

象山坚持"心即理"的哲学命题，为的是体现孟子"万物皆备于我，反身而诚，乐莫大焉"（《尽心》上，《孟子》卷七）的主体精神。象山强调"先立乎其大者"的工夫进路，为的是凸显孟子"学问之道无他，求其放心而已矣"（《孟子·告子上》）的教言。因此，他宣称自己的学问是"因读《孟子》而自得于心也"，旗帜非常鲜明。对此，他有相当的自信："窃不自揆，区区之学，自谓《孟子》后至是而始一明也。"[1] 具体地说，他自称从孟子那里并没有学到什么特殊的"伎俩"[2]，只不过是一种"自得、自成、自道"的"自作主宰"[3] 罢了。然而，孟子所说的"自得"意味深长，绝非今人所谓"发挥主观能动精神"而已。孟子曰：

> 君子深造之以道，欲其自得之也。自得之，则居之安；居之安，则资之深；资之深，则取之左右逢其源。故君子欲其自得之也。（《孟子·离娄下》）

象山即是从"掘井及泉"[4]，让自己通过长期的积养，以丰富内在生命的源头活水这个层次来设教的。因此他特别重视初学者"自

1　《与路彦彬》书，卷十，134 页。

2　象山说："近有议吾者云：'除了先立乎其大者一句，全无伎俩。' 吾闻之曰：'诚然。'"《语录上》，卷三十四，400 页。

3　"收拾精神，自作主宰。万物皆备于我，有何欠缺？"见《语录》下，卷三十五，455 页；"自得，自成，自道，不倚师友载籍。"见《语录》下，卷三十五，452 页。

4　孟子所谓"推恩足以保四海，不推恩无以保妻子"（《梁惠王上》），"若火之始然，泉之始达，苟能充之足以保四海，苟不充之，不足以事父母。"《公孙丑上》乃至"资之深，则取之左右逢其源"，即是此处所谓"掘井及泉"。

就身己著实做工夫"[1]，先在"开端发足"处"养正"，然后才能"如木日茂，如泉日流"[2]地渐入佳境。他虽深信人性本善，但他也痛切地感到："学者之病，随其气质，千种万态，何可胜穷？"要想变化气质，必须做"临深履冰"[3]的工夫。

当然，象山"临深履冰"的工夫是生命的学问，和文字的注疏是大相径庭的。他认为"自为支离之说以自萦缠"[4]是学者大病：

> 周道之衰，文貌日胜，事实湮于意见，典训芜于辨说，揣量模写之工，依倣假借之似，其条画足以自信，其习熟足以自安。《孟子·告子上》

为了要扭转这种"随人脚跟，学人言语"[5]的学术风气，他提倡"激励奋迅，决破罗网，焚烧荆棘，荡夷污泽"[6]的独立思考精神。

"易简工夫终久大"的口号，就是为了强调这种独立思考的精神而提出的。所谓"易简"是扣紧"立志"和"尊德性"的教言而来。象山直承孟子的为学途径在这里表现得特别明朗。孟子标示"先立乎其大者"（《孟子·告子上》），根据象山的解释，即在说明："此理本天下所以与我，非由外铄。明得此理，即是主宰。"[7]因此，象山剀切陈辞：

> 人当先理会所以为人，深思痛省，枉自汩没虚过日月。朋友讲学，

1　《与包详道》书六，卷六，84 页。
2　《与吕子约》书，卷五，62 页。
3　同上。
4　《与曾宅之》书，卷一，4 页。
5　《语录》下，卷三十五，461 页。
6　同上，452 页。
7　《与曾宅之》书，卷一，4 页。

未说到这里。若不知人之所以为人，而与讲学，遗其大而言其细，便是放饭流歠而问无齿决。若能知其大，虽轻，自然返轻归厚。因举一人恣情纵欲，一知尊德乐道，便明洁白直。[1]

不过，应当指出，象山虽强调"立志"，但他也只以"立志"为做人的起点，并不忽视其他成德之教的条件。譬如亲师："学者须先立志，志既立，却要遇明师。"[2] 取友："自古圣人亦因往哲之言，师友之言，乃能有进，况非圣人，岂存任私智而能进学者？"[3] 读书："人谓某不教人读书，如敏求前日来问其下手处，某教他读《旅獒》《太甲》《告子》'牛山之木以下，何尝不读书来？只是比他人读得别些子。"[4] 其实，象山不仅教人亲师取友，教人读书，而且认为"智识"是确立志向不可或缺的基础：

吾十有五而志于学，今千百年无一人有志也。是怪他不得，志个甚底？须是有智识，然后有志愿。

人要有大志。常人汩没于声色富贵间，良心善性蒙蔽了。今人如何使解有志，须先有智识始得。[5]

值得注意的是，象山在提携后进方面还是位一丝不苟的严师。从他给蔡公辩的信里可窥得一些端倪："书，字画甚无法度，如'傅'字须上著一点，不著便成'傳'字。古刻'専'字，'専'中不著'厶'

---

1 《语录》下，卷三十五，451页。
2 《语录》上，卷三十四，401页。
3 同上，411—412页。
4 《语录》下，卷三十五，446页。
5 同上，450页。

字，但以不著点与傅字为别。"[1] 他又说："来书辞语病痛极多，读之甚不满人意。用助字不当律令，尤为缺典。老夫平时最检点后生言辞书尺文字，要令入规矩。"[2] 另外，他也告诫学友："文章要锻炼。"[3] 其实，象山曾在国学担任国子正，讲《春秋》，他重视文字工夫是很可以理解的："大凡文字，才高超然底，多须要逐字逐句检点他。"[4] 但他对"溺于文义，知见微绕，蔽惑愈甚，不可入道"的学风则深恶痛绝，因此曾愤愤地表示："某何尝不许人读书，不知此后有事在。" 所谓此后之事，当然即是"明理"——收其放心以尽人道而已。

象山坚信，他根据孟子而揭示的这条学术道路是条平坦朴实的康庄大道，既可对治"蔽在于物欲"的愚不肖，又可转化"蔽在于意见"的贤者智者[5]。在孔门中，象山一贯推崇曾子的"鲁"与颜回的"愚"就是这个道理。他认为孔门弟子虽多，才华洋溢的也比比皆是，但是只有颜回和曾子才真能传夫子之道，而其他大弟子都没有走上正途。举一个例子即可说明问题：

子贡在夫子之门，其才最高，夫子所以属望，磨砻之者甚至。如"予一以贯之"，独以语子贡与曾子二人。夫子既没三年，门人归，子贡反筑室于场，独居三年然后归。盖夫子所以磨砻子贡者极其力，故子贡独留三年，报夫子深恩也。当时若磨砻得子贡就，则其才岂曾子之比。

1　《与蔡公辩》书，卷十四，187页。
2　同上。
3　《语录》下，卷三十五，465页。
4　紧接着这句有关"才高超然"的"逐字逐句检点"法，象山又说："才稳文整底，议论见识低，却以古人高文拔之。"见《语录》下，卷三十五，第468页。
5　《与邓文范》书，卷一，110页。

颜子既亡,而曾子以鲁得之。盖子贡反为聪明所累,卒不能知德也。[1]

其他如予、偃、商、由、求都是孔门高弟,但按照象山所标的最高标准,也都不能进于知德,主要是由于"先入之难拔,积习之锢人"[2]。因此有学者问象山:"先生之学当来自何处入?"他即斩钉截铁地回答:"不过切己自反,改过迁善。"[3]

因此,象山提出"易简工天",强调"立志""亲师"与"取友",并一再声称"先立乎其大者"的重要性,不仅是要说明"心即理"的教言,也是对症下药,为的是克制学者之病:"为学固无穷也,然病之大端不可不讲。常人之病多在于黯,逐利纵欲,不乡理道,或附托以售其奸,或讪侮以逞其意,皆黯之病也。"[4]这里所说的黯即狡黯(聪明狡猾),专指前面所提到的"贤者智者之蔽在于意见"而言。象山教言的核心,就在治贤者智者的病痛。我们不妨重温一下这段关键性的文字:

愚不肖者之蔽在于物欲,贤者智者之蔽在于意见,高下污洁虽不同,其为蔽理溺心而不得其正,则一也。然蔽溺在污下者往往易解,而患其安焉而不求解,自暴自弃者是也。溺蔽在高洁者,大抵自是而难解,诸子百家是也。[5]

象山当然深知"道问学"是孔孟之教,但他绝不妥协"尊德性"

1 《语录》上,卷三十四,396—397页。
2 《经德堂记》,卷十九,236页。
3 《语录》上,卷三十四,400页。
4 《与包详道》书,卷六,82页。
5 《与邓文范》书,卷一,11页。

的优先性。他这样做正是为了阐明"既不知尊德性，焉有所谓道问学"[1]的儒门家法。

象山的自我认识

为了阐明"尊德性"的精义，象山采取了身体力行的教法，而且以"曾子得之以鲁，子贡失之以达"[2]为警语而走向务实的体证之道："非明实理，有实事实行之人，往往乾没于文义间，为蛆虫识见以自喜而已。安能任重道远，自立于圣贤之门墙哉？"[3]

象山这种"且据见在朴实头自作工夫"[4]的"凝敛"[5]精神，颇为时贤所称道。吕祖谦在给汪圣锡的信里，即以兄长口吻夸奖过象山："陆君相聚五六日，淳笃敬直，流辈中少见其比。"[6]朱熹虽然对某些陆门弟子的"悖慢无礼"[7]极表不满，但有人诋毁象山时，朱子则挺身而出为其说项："南渡以来，八字著脚，理会著实工夫者，惟某与陆子静二人而已。某实敬其为人，老兄未可以轻议之也。"[8]

其实，"凝敛"可以说是象山从小就养得的一种气质，一种风

---

1 《年谱》"淳熙十年癸卯，先生四十五岁，在国学"条，卷三十六，494页。

2 《与胡李随》书二，卷一，8页。

3 《与胥必先》书，卷十四，186页。

4 《与陶赞仲》书二，卷十五，195页。

5 "凝敛"虽非象山语，但用来描绘象山务实的工夫进路也许不致离谱。

6 见《年谱》引伯恭与汪圣锡书。《年谱》"淳熙元年甲午，先生三十六岁"条，卷三十六，490页。

7 黎敬德编、王星贤点校：《朱子语类》，中华书局，1986年，卷一百二十四，第八册，2970页。同样批评亦见2979页。

8 引朱子语见《年谱》"淳熙十六年己酉，先生五十一岁"条，卷三十六，507页。

貌。他曾自道:"某七八岁时,常得乡誉。只是庄敬自持,心不爱戏。"[1]
根据《年谱》,他四岁时便"静重如成人"[2];他那"端庄雍容异常儿"[3]
的老成模样,还获得不少过路人的称叹。我们当然不能尽信这类难
免夸大其辞的传记通例,但是象山为道自重,数十年如一日的"凝
敛"精神,则可以从其"做得工夫实,则所说即实事,所指人病即实
病"[4]的自我认识中窥得其中真消息。

象山传世的话头,譬如"宇宙内事,是己分内事。己分内事,是
宇宙内事","宇宙便是吾心,吾心便是宇宙"[5],以及"学苟知本,'六
经'皆我注脚"[6],很容易给我们一种神秘的直觉主义的印象。可
是,象山的自我认识却恰恰与此相反。首先应当指出,象山虽然不是
"无一字无来历"的传统主义者,但他并不愿意做个标新立异的开
创者。尽管朱熹曾批评象山"怪""狂",乃至"好为诃佛骂祖之说,
致令其门人以夫子之道反害夫子"[7],象山自己却深信:"吾之学问
与诸处异者,只是在我全无杜撰,虽千言万语,只是觉得他底在我
不曾添一些。"[8]他这种自信,一方面是扣紧前面已提到的"因读《孟
子》而自得之"的自我认识而来,同时也是他以实学为心学的工夫
进路所导致的结果:"宇宙间自有实理,所贵乎学者,为能明此理

1　见《年谱》"绍兴十五年乙丑,先生七岁,得乡誉"条,卷三十六,481页。
2　见《年谱》"绍兴十二年壬戌,先生四岁"条,卷三十六,481页。
3　同上。
4　见《年谱》"绍兴二十四年甲戌,先生十七岁"条,卷三十六,第484页;又见
《语录》下。卷三十五,457页。
5　《杂著·杂说》,卷二十二,273页。
6　《语录》上,卷三十四,395页。
7　《朱子语类》,中华书局本,卷一百二十四,第八册,2974页。
8　《语录》上,卷三十四,400页。

耳。此理苟明，则自有实行，有实事。"[1]

我们暂且不追问，到底象山的自信是确有深厚的学术和经验基础为后援，还只是个人自以为是的狂妄。孟子的弟子公孙丑曾问"夫子恶夫长"，孟子回答说："我知言，我善养吾浩然之气。"（《孟子·公孙丑上》）假如象山的弟子也如此设问，他的回答也许即是："老夫无所能，只是识病。"[2] 这句话我们应如何去理解呢？象山在品评人物方面确有精到之处。前面已提及，他特别称道曾子的鲁，以为"颜子为人最有精神，然用力甚难"。[3] 但对子贡则明白指出"反为聪明所累，卒不能知德也"。[4] 这种一针见血的论断方式，他也用之于时贤："元晦似伊川，钦夫似明道。伊川蔽固深，明道却通疏。"[5] 另外，象山 50 岁的时候，受人之托，撰得《荆国王文公祠堂记》，对王安石作出评价。事后他得意地表示："此是断百余年未了的大公案，圣人复起，不易吾言矣。"[6] 今天我们重读《荆国王文公祠堂记》，象山突破一般道学格套而从王安石的道德理想主义来剖析新法得失的宏论，仍能引起共鸣。至于象山赞赏孔孟的智慧语，那就更令人心折了："夫人以仁发明斯道，其言浑无罅缝。孟子十字打开，更无隐遁，盖时不同也。"[7]

当然，象山所谓"识病"，在品评历史及同代人物上只表现出其

1　《与包详道》书，卷十四，182 页。
2　《语录》下，卷三十五，447 页。
3　《语录》上，卷三十四，397 页。
4　同上。
5　同上，413 页。
6　《与林叔虎》书，卷九，125 页；又见《与薛象先》书，卷十三，177 页。《荆国王文公祠堂记》见卷十九，231—234 页。
7　《语录》上，卷三十四，398 页。

中的一个侧面；他的真本领还是在提携后进与鞭策门生之类传道及弘法的工作中才显得特别精彩。这方面的例子俯拾即是，不必多费笔墨。象山曾说："某观人不在言行上，不在功过上，直截是雕出心肝。"[1] 还因为他不转弯抹角，有什么意见就痛快说[2]，他的讲学感人甚深。根据目击者的报导，他确是一位杰出的教授：

> 先生常居方丈。每旦精舍鸣鼓，则乘轿山至，会揖，升讲坐，容色粹然，精神炯然。学者又以一小牌书姓名年甲，以序揭之，观此以坐，少亦不下数十百，齐肃无哗。首诲以收敛精神，涵养德性，虚心听讲，诸生皆俛首拱听，非徒讲经，每启发人之本心也。间举经语为证。音吐清响，听者无不感动兴起。初见者或欲质疑，或欲致辩，或以学自负，或有立崖岸自高者，闻诲之后，多自屈服，不敢复发。其有欲言而不能自达者，则代为之说，宛如其所欲言，乃从而开发之。至有片言半辞可取，必奖进之，故人皆感激奋砺。[3]

象山 43 岁那年（1181）到江西南康访问，朱熹请他到白鹿洞讲"君子喻于义，小人喻于利"一章。讲完之后，朱熹坦诚表示："熹在此不曾说到这里，负愧何言"，并且请象山把讲授大要笔之于书，刻石纪念。事后朱熹还特别对友人说："这是子静来南康，熹请说书，却说得这义利分明，是说得好。……说得来痛快，至有流涕者。"[4]

不过，值得一提的是，象山的口才与其"听德"相辅相成。当他

1 　《语录》下，卷三十五，466 页。
2 　"吾于众人前开口见胆"，《语录》上，卷三十四，407 页。
3 　见《年谱》"淳熙十五年戊申，先生五十岁"条，卷三十六，501—502 页。
4 　见《年谱》"淳熙八年辛丑，先生四十三岁，春二月，访朱元晦于南康"条，卷三十六，第 492—493 页。

的四方朋友讲辩时，一旦发现朋友有"失辞"，也就是词不达意的情况，他"必使审思而善其辞。彼或未能自申，则代为之说。必使其人本旨明白，言足以尽其意，然后与之论是非"[1]。这种自觉地、主动地设身处地为论敌理清思路的"听德"，正是象山"识病"的本领所在。在这方面象山确有精到之处：

> 与人商论，固不贵苟从，然亦须先虚心，乃至听其言；若其所言与吾有未安处，亦须平心思之，思之而未安，又须平心定气与之辩论。辩论之间，虽贵申己意，不可自屈，不可附会，而亦须有惟恐我见未尽，而他须别有所长之心乃可。[2]

从这些例证看来，象山确是颇有辩才的经师。他能激发学生向上的志趣，固然是因为他的教言有说服力，但更根本的原因是他人格的感染力。因此，他也是一位名副其实的人师。我们至少可以从三个方面来理解象山教言的说服力及其人格的感染力。

（一）家学渊源。象山出自江西陆氏，父考陆贺（字道乡）"究心典籍，见于躬行"，祖父"趣尚清高，不治生产"，曾祖"能世其业，宽厚有容"，高祖"博学，于书无所不观"，足见是个数代不断的书香门第。象山排行第六，他的五位兄长也都是"共讲古学"的读书人。其中四兄梭山（九韶，子美）作有《家问》，"所以训饬其子孙者，不以不得科第为病，而深以不识礼义为忧"；季兄复斋（九龄，子寿）和象山被时人誉为"江西二陆；以比河南二程"[3]。复斋与象山曾应

1　《与曹立之》书二，卷三，40页。
2　《与彭世昌》书，卷四，58页。
3　《年谱·序言》，卷三十六，479—480页。

吕祖谦之邀同赴鹅湖寺会见朱熹。他们两兄弟的唱和诗,反映了长期相互切磋之后的共鸣:

> 孩提知爱长知钦,古圣相传只此心。
>
> 大抵在基方筑室,未闻无址忽成岑。
>
> 留情传注翻蓁塞,著意精微转陆沉。
>
> 珍重友朋相切琢,须知至乐在于今。
>
> ——复斋
>
> 墟墓兴衰宗庙钦,斯人千古不磨心。
>
> 涓流滴到沧溟水,拳石崇成泰华岑。
>
> 易简工夫终久大,支离事业竟浮沉。
>
> 欲知自下升高处,真伪先须辨古今。
>
> ——象山[1]

根据《语录》的记载,象山对复斋的诗表示赞赏,"但第二句微有未安"。象山以"斯人千古不磨心"代替"古圣相传只此心"[2],是否获得复斋首肯不得而知。可是从复斋临终遗言:"比来见得子静之学甚明,恨不得相与切磋,见此道之大明耳。"[3]不难窥得兄弟之间相互提携的手足之情。另外,陆氏属大家,"聚食踰千指,合爨二百年,一门翕然,十世仁让"[4],也是促成象山"凝敛"的助缘。

1　《语录》上,卷三十四,427 页。

2　"古圣相传只此心"还是一种客观"传心"的提法,"斯人千古不磨心"则是不同此心,心同此理,打破主客,直接从人心的不忍之情立教。

3　见《语录》上,卷三十四,428 页;亦见《年谱》"淳熙七年庚子,先生四十二岁"条,卷三十六,492 页。

4　见《年谱》"淳祐二年壬寅,秋九月,敕旌陆氏义门"条,卷三十六,527 页。

（二）精读圣典。象山究心于"尊德性"，这是大家所熟悉的，但他潜心向学，一字一句都不轻易放过的敬业精神却不为一般史学从业者所知。其实，象山不仅是身体力行的人师，也是"全无杜撰"的经师。他的说服力与感染力不仅来自真实无枉的真情真性，也来自涵蕴深厚的学养。

他批评"今之学者读书，只是解字，更不求血脉"[1]。他认为"血脉不明，沉溺章句何益？"所以他主张，凡读书"须是血脉骨髓理会实处始得"。但是，象山这种操戈入室、直接掌握作者"立言之意"[2]的精读法，并不忽视当然也不突出章句之学。他明确指出："读书固不可不晓文义，然只以晓文义为是，只是儿童之学，须看意旨所在。"不过，象山虽然一再强调"学者须是有志读书，只理会文义，便是无法"[3]，但他绝不主张过分地强探力索："学者不可用心太紧。深山有宝，无心于宝者得之。"[4]因此，象山以为："读者之法，须是平平淡淡去看，仔细玩味，不可草草。所谓优而柔之，厌而饫之，自然有涣然冰释，怡然理顺底道理。"[5]同时，他建议"后生看经书，须著看注疏及先儒解释，不然，执己见议论，恐入自是之域，便轻视古人"[6]。的确，他对读"六经"当先看何人解注之类的问题也极为注意。从他教人"写字须一点是一点，一画是一画，不可苟"[7]的严谨看

1　《语录》下，卷三十五，444 页。
2　同上，445 页。
3　同上，432 页。
4　《语录》上，卷三十四，409 页。
5　《语录》上，卷三十五，432 页。
6　同上，431 页。
7　同上，458 页。

来，他教授学生诵读"五经"《论语》《孟子》，必然也是一句不轻易放过的："善学者如关津，不可胡乱放人过。"[1]

（三）自作主宰。毫无疑问，象山的说服力与感染力所自来的最大泉源，是他那斩钉截铁直指本心的"易简工夫"，也就是象山所"体知"[2]的孟子深造自得之道。这种"收得精神在内"[3]的生命形态是独立人格的体现："此事大丈夫事，幺麽小家相者，不足以承当。"[4]所谓承当这大丈夫事，并不指在政治上做出什么轰轰烈烈的大事业来。象山所关注的是如何堂堂正正地做人："上是天，下是地，人居其间。须是做得人，方不枉。"[5]但这种顶天立地做人的"大丈夫事"又确是惊天动地的，因此象山勉励有志之士："要当轩昂奋发，莫恁他沉埋卑陋凡下处。"[6]象山以为："人皆可以为尧舜。此性此道，为尧舜元不异，若其才则有不同。学者当量力度德。"[7]人既然有无限发展的可能："宇宙不曾限隔人，人自限隔宇宙"[8]，自甘堕落便是残贼人性的表现："此理在宇宙，何尝有所得？是你自沉埋，自蒙蔽，阴阴地在个陷阱中，更不知所谓高远底。要决裂破陷阱，窥测破罗网。"[9]

1　《语录》上，卷三十五，432页。
2　有关"体知"一辞的用法，详见拙文《论儒家的"体知"——德性之知的涵义》，收新加坡东亚哲学所即将出版的由刘述先主编的《儒家伦理》论文集中。
3　《语录》下，卷三十五，454页。象山主张"收得精神在内"的进学途径，即是前文所谓"凝敛"工夫的体现。
4　同上，446页。
5　同上，450页。
6　同上，452页。
7　同上，455页。
8　《语录》上，卷三十四，401页。
9　《语录》下，卷三十五，452页。

不过，象山虽告诚青年学子："人心有消杀不得处，便是私意，便去引文牵义，牵枝引蔓，牵今引古，为证为靠。"[1] 并勉励他们"自立自重，不可随人脚跟，学人言语"[2]，而且也坦率表示："这里是刀锯鼎镬底学问"[3]，但他的学术道路却绝无杀气腾腾的态势。相反地，在知人任事方面还常常表现出一种雅趣："我无事时，只似一个全无知无能底人。及事至方出来，又却似个无所不知，无所不能之人。"[4] 他的这种洒脱来自一种廓然大公的智慧："君子之道，淡而不厌。淡味长，有滋味便是欲。人不爱淡，却只爱热闹。人须用不肯不用，须要为不肯不为。盖器有大小，有大大器底人自别。"[5] 正因为他不陷溺在私欲胶漆盆中，才真能经常保持一种超然的风貌："凡事莫如此滞滞泥泥，某平生于此有长，都不去着他事，凡事累自家一毫不得。每理会一事时，血脉骨髓都在自家手中。然我此中却似个闲闲散散全不理会事底人，不陷事中。"[6]

我们从家学渊源、精读圣典与自作主宰三方面约略知悉象山教言的说服力及其人格的感染力。我们也许不必完全接受象山禅味十足的自我描述："仰首攀南斗，翻身倚北辰。举头天外望，无我这般人。"[7] 但是他的说服力和感染力确来自"做得工夫实，则所说即

1　《语录》下，卷三十五，458 页。
2　同上，466 页。
3　同上，453 页。
4　同上，455 页。
5　同上，460 页。
6　同上，459 页。
7　同上。徐复观指出：象山这句禅味十足的自我写照，实是根据唐智通禅师"举手攀南斗，回身倚北辰。出头天外见，谁是我般人"之诗而来。见徐复观：《象山学术》，《中国思想史论集》，台中：东海大学，1968 年，56 页。

是实事，不说闲话，所指人病即实病"。[1]

这点是可以肯定的。

象山的实学

淳祐十一年（1251）象山逝世已五十多年了，包恢在所撰的《三陆先生祠堂记》里有一段发人深省的文字：

> 夫道不虚行，若大路然，苟得实地而实履之，则起自足下之近可达千里之远。故自仁之实推而至于乐之实，自有乐生恶可已之妙。其实可欲者善也，实有诸己者信也，由善信而充实有光辉焉，则其实将益美而大，是诚之者人之道也。由大而化则为圣，而入于不可知之之神，是诚者天之道也。此乃孟子之实学，可渐进而驯至者。[2]

在短短一百多言之中，包恢一口气用了 9 个"实"字，而且归结到象山所传承的不外乎孟子之"实学"，主旨极为显豁。包恢认为，他的这种论断决非无稽之谈：

> 盖学之正而非他，以其实而非虚也。故先生尝曰："宇宙间自有实理。此理苟明，则自有实行，有实事。实行之人，所谓不言而信。"又自谓："平生学问惟有一实，一实则万虚皆碎。"呜呼！彼世之以虚识见，虚议论，习成风化，而未尝一反己就实，以课日进日新之功者，观此亦尝有所警而悟其非乎？[3]

1　《语录》下，卷三十五，457 页。本条与前文所引《年谱》"绍兴二十四年申戌，先生十七岁"条大体近似，惟《年谱》删去"不说闲话"四字。
2　见《年谱》"淳祐十一年辛亥，春三月望日"条，卷三十六，529—530 页。
3　见《年谱》，529 页。

　　的确，象山在分析当时学风时也明白指出："今天下学者惟两途：一途朴实，一途议论。"[1] 所谓"议论"，当指"时文之见"[2]，也就是为了应付科举而从经籍注疏里获得的那些可以为当世（特别是考官）所接受的意见。象山讲学的目的则"先欲复本心以为主宰，既得其本心，从此涵养，使日充月明。读书考古，不过欲明此理，尽此心耳"。[3] 象山之学为什么是"朴实"而不是"议论"的精义就在这里。

　　检视《象山全集》，不论《书信》《讲义》或《语录》，处处都体现出先生"独信实理，而不夺于浮伪"[4] 的风骨。这原是他以"凝敛"自勉的看家本领："吾自幼时，听人议论似好，而其实不如此者，心不肯安，必要求其实而后已。"[5] 这种涵养"实德"以作为干"实事"的"实学"精神，在他看来，也正是前贤往哲立身处世之道："大抵前辈质实，不事辞语，观其书，当得其意可也"[6]；"盖古人皆实学，后人未免有议论辞说之累。"[7]

　　有人曾讥笑象山，说他教人"专欲管归一路"。象山回答说："吾亦只有此一路。"[8] 根据上面的分梳，我们应可断言，"此一路"即是象山一再提示的实学之路。

1　见《年谱》"乾道八年壬辰，先生三十四岁"条，卷三十六，489 页；又见《年谱》"淳熙十五年戊申，先生五十岁"条。引此语时冠以"常日"二字，可见这是象山一贯的教言。卷三十六，第 502 页。
2　见《年谱》"淳熙十五年戊申，先生五十岁"条，卷三十六，502 页。
3　毛刚伯语。见《年谱》卷三十六，第 502 页。
4　见傅子云序张衍（季悦）所编象山遗文。《年谱》"嘉定五年壬申，秋八月"条，卷三十六，519 页。
5　《语录》上，卷三十四，411 页。
6　《与吴仲良》书，卷七，95 页。
7　《与詹子南》书三，卷七，97 页。
8　《语录》上，卷三十四，410 页。

元吉自谓智昧而心廲（粗）。先生曰："病固在此，本是骨凡。学问不实，与朋友切磋不能中的，每发一论，无非泛说，内无益于己，外无益于人，此皆己之不实，不知要领所在。遇一精识，便被他胡言汉语压倒，皆是不实。吾人可不自勉哉？"[1]

应当申明的是，象山的实学虽然是"易简工夫"，但绝非自以为是的封闭系统，也不是一条不谙学术"坚苦"[2]的躐等捷径。象山曾指出当时学界的通病："学者大率有四样：一、虽知学路，而恣情纵欲，不肯为；一、畏其事大且难而不为；一、求而不得其路；一、未知路而自谓能知。"可见他对学生在知行两端所面临的困难都有深入的照察。他在和朱熹辩难时，曾提出"尧舜之前何书可读"[3]的设问，目的是要求朱熹正视道德实践可以独立于文字训诂之外的道理。这个提法并没有贬斥求知的意思，只不过要坚持工夫必须在心上做的原则罢了。在这方面，象山的立场极为明确："学者须是打叠田地净洁，然后令他奋发植立，若田地不净洁，则奋发植立不得，古人为学即'读书然后为学'可见。然而地不净洁，亦读书不得。若读书，则是假寇兵，资盗粮。"[4]他自己即是履行"坚苦""渐教"的好榜样：

……然某皆是逐事逐物考究练磨，积日累月，以至今日，不是自会，亦不是别有一窍子，亦不是等闲理会，一理会便会。但是理会与他人别。某从来勤理会，长兄每四更一点起时，只见某在看书，或检书，或

1　《语录》下，卷三十五，477—478页。
2　"坚苦"一辞是根据朱熹临终前自称工夫艰苦而来。请参阅王懋竑《朱子年谱》，庆元六年庚申，七十一岁条。
3　见《年谱》"淳熙二年乙未，先生三十七岁"条，卷三十六，491页。
4　《语录》下，卷三十五，463页。

默坐。常说与子侄，以为勤，他人莫及。今人却言某懒，不曾去理会，好笑。[1]

至于"'六经'皆我注脚"，乃至"'六经'当注我"两句惊人之语，在象山的心学系统之中也有一定的意蕴，和主观主义了无关涉，更不是一时感性勃兴的狂言。"'六经'皆我注脚"一句出自《语录》：

《论语》中多有无头柄的说话，如"知及之，仁不能守之"之类，不知所及、所守者何事；如"学而时习之"，不知时习者何事。非学有本领，未易读也。苟学有本领，则知之所及者，及此也；仁之所守者，守此也；时习之，习此也。说者说此，乐者乐此，如高屋之上建瓴水矣。学苟知本，"六经"皆我注脚。[2]

根据上下文，"学苟知本"，应是"'六经'皆我注脚"的先决条件。"知本"意指知道儒家学术的"本领"，也就是基本精神。假若《论语》乃至"六经"所体现的不只是散离的文章片段，而是确有"一以贯之"的主导思想，那么，象山这段也就不是危言耸听了。

"'六经'当注我"一句出自理宗绍定三年（1230年）重修象山精舍的江东提刑赵彦悈：

道在笃行，不在空言，道在反求，不在外骛。彦悈壮岁从慈湖游，慈湖实师象山陆先生，尝闻或问陆先生云："胡不注'六经'？"先生云："'六经'当注我，我何注'六经'。"又观先生与学子帖，有"反思自得""反而求之"之训，有朴实一途之说。人见其直易，或疑以禅学，是未之思

1　《语录》下，卷三十五，463 页。
2　《语录》上，卷三十四，395 页。

也。[1]

赵彦悈可以说是象山的再传弟子，他从象山弟子中禅味较浓的杨简（慈湖，1140—1225）处听到这个故事。姑且不追问其真实性如何，就从赵彦悈驳斥当时有人疑象山以禅学一句来看，其中确有值得深扣的课题。象山以"易简工夫"和直指本心为特色的实学（也就是象山坚信的孟子深造自得之学）和禅学的关系异同如何，也是值得进一步探索的课题[2]。在这里，只有"'六经'当注我，我何注'六经'"一句略加说明。假定杨简确从其老师处听得这句豪语，在象山心学中应作如何解释呢？

前面已经提到，象山精读圣典，而且对读"六经"当先看何人解注之类问题也极为注意：

> 或问读"六经"当先看何人解注？先生云："须先精看古注，如读《左传》则杜预注不可不精看。大概先须理会文义分明，则读之其理自明白。然古注惟赵岐解《孟子》，文义多略。"[3]

象山既然是位博览群书而且曾在国学讲经的教授，问他"胡不注'六经'"是很可以理解的。但是发问者显然对象山的实学趋向懵然无知。象山批评朱熹"不见道"正是这个缘故：

> 一夕步月，喟然而叹。包敏道侍，问曰："先生何叹？"曰："朱元晦泰山乔岳，可惜学不见道，枉费精神，遂自担阁，奈何！"包曰："势既如

1　见《年谱》"理宗绍定三年己丑，夏四月"条，卷三十六，522页。
2　请参考前引徐复观《象山学术》一文中"象山与佛老"一段，53—59页。
3　《语录》上，卷三十四，408—409页。

此，莫若各自著书，以待天下后世之自择。"忽正色厉声日："敏道！敏道！怎地没长进，乃作这般见解。且道天地间有个朱元晦陆子静，便添得些子？无了后，便减得些子？"[1]

因此，象山50岁那年闻朱子《喜晴诗》云："川源红绿一时新，暮雨朝晴更可人。书册埋头何日了，不如抛却去寻春。"便高兴地说："元晦至此有觉矣，是可喜也。"[2]

不过，象山以"'六经'当注我，我何注'六经'"，一语回答"胡不注'六经'"的问题，显然不能只从愤然驳斥的口气去理解。联系前面"学苟知本，'六经'皆我注脚"的观点，在象山心学里，"'六经'当注我"有一定的存有论（本体论）的基础："人心至灵，此理至明，人皆有是心，心皆具是理。"[3] 这是直承孟子人性本善、"圣人先得我心之所同然"和"人人皆可为尧舜"的教言而来。象山引申了孟子"尽心知性知天"及"万物皆备于我"（《孟子·尽心上》）的原旨而得出"千古不磨心"[4]的哲学思想来：

四方上下日宇，往古来今日宙。宇宙便是吾心，吾心即是宇宙。千万世之前，有圣人出焉，同此心同此理也。千万世之后，有圣人出焉，同此心同此理也。东南西北海有圣人出焉，同此心同此理。[5]

站在这个本体论的宏观视野，"六经"不仅应当注"我"，而且

1　《语录》上，卷三十四，414页。
2　见《年谱》"淳熙十五年戊申，先生五十年"条，卷三十六，506页。
3　《杂著·杂说》，卷二十二，273页。
4　《语录》上，卷三十四，427页。
5　《杂著·杂说》卷二十二，273页。

也未必真能注得了"我"。但这只是象山论学的一个侧面，从他接下去所讲的话可以一窥象山实学的全豹：

> 近世尚同之说甚非。理之所在，安得不同？古之圣贤，道同志合，咸有一德，乃可共事，然所不同者，以理之所在，不能尽见。虽夫子之圣，而曰："回非助我"，"启予者商"。又曰："我学不厌。"舜曰："予违汝弼。"其称尧曰"舍己从人，惟帝时克"。故不惟都俞，而有吁咈。诚君子也，不能，不害为君子。诚小人也，虽能，不失为小人。[1]

既然问题不在理的本身或心的本身，也就是说不在人的本性，那么实学的焦点就不必集中在本体论的阐述。象山苦口婆心不忘工夫进路，正是要说明："千古圣贤同堂合席，必无尽合之理。然此心此理，万世一揆也。"[2] 在这方面，象山确有求同存异的雅量：

> 自古圣贤发明此理，不必尽同。如箕子所言，有皋陶之所未言；夫子所言，有文王周公之所未言；孟子所言，有吾夫子所未言，理之无穷如此。然譬之弈然，先是这般等第国手下棋，后来又是这般国手下棋，虽所下子不同，然均是这般手段始得。[3]

因此，象山的实学不仅是要纠正贤者智者之蔽，而且也是为大众弘法，要激发每个人的向上之机。他提出"心即理"的原则，既是要平实论证人人心里皆有可以靠自力汲取的源头活水："道譬则水，人之于道譬则蹄涔、污沱、百川、江海也。海至大矣，而四海之广狭

---

1 《杂著·杂说》卷二十二，273 页。
2 《语录》上，卷三十四，405 页。
3 同上，398 页。

深浅，不必齐也。至其为水，则蹄涔亦水也。"[1] 但是，人虽"本无欠阙，不必他求"[2]，而"自立"工夫却没有任何旁人可以代劳。不幸大家又都"生于末世，故与学者言费许多气力，盖为他有许多病痛"[3]。尽管如此，象山仍是充满了信心（一种和深知学者通病而不放弃提携后进的责任感相辅相成的信心）：

> 涓涓之流，积成江河。泉源方动，虽只是涓涓之微，去江河尚远，却有成江河之理。若能混混，不舍昼夜，如今虽未盈科，将来自盈科；如今虽未放乎四海，将来自放乎四海；如今虽未会其有极，将来自会其有极，归其有极。然学者不能自信，见夫标末之盛者便自荒忙，舍其涓涓而趋之，却自坏了。曾不知我之涓涓虽微却是真，彼之标末虽多却是伪，恰似担水来相似，其涸可立而待也。[4]

固然，"心只是一个心，某之心，吾友之心，上而千百载圣贤之心，下而千百载复有一圣贤，其心亦如此。心之体甚大，若能尽我之心，便与天地同"[5]，但要尽我之心，必须"理会得自家实处"[6]。"理会得自家实处谈何容易？""先立乎其大者"，"自作主宰"[7]，"常涵养"[8]和"知本"[9]都是工夫语，都需要"弘毅"[10]才能奏效。象山的"简

---

1 《杂著·杂说》，卷二十二，274页。
2 《语录》上，卷三十四，399页。
3 《语录》上，卷三十四，399页。
4 《杂著·杂说》，卷二十二，398页
5 《语录》下，卷三十五，444页。
6 同上。
7 同上，455页。
8 同上，454页。
9 《语录》上，卷三十四，395页。
10 《语录》下，卷三十五，446页。

易工夫"其实要求极高极严,"欠个精专不得"[1]。确实,"人为学甚难,天覆地载,春生夏长,秋敛冬肃,俱此理。人居其间要灵,识此理如何解得"[2]。试问我们若想随时警惕,"颠沛必于是,造次必于是"[3],不敢一时一刻忘却"存心、养心、求放心"[4],以充分体现做人的道理,要多少血气,多少精神,多少毅力!象山虽说"道大岂是浅丈夫所能胜任",但他却以大丈夫的志趣要求每一位学生,而且以"大人凝然不动"[5]自期自立。在宋儒中,他是少数真能信得过孟子的豪杰之士;他的"愚"和"鲁",为他的实学建立了深厚的基础。

象山的实学和禅的关系如何,其间的异同何在?这类问题本文没有深扣。象山坚持"心即理"的命题和程朱只愿接受"性即理"的提法,是分别宋明儒学的心学和理学两条思想途径的关键,其哲学涵义极为丰富。对这一层次的理解,本文也没有触及。王阳明的"致良知"之教是从苦参程朱"格物"的具体工夫处下手的,但他虽笃信朱子有年,后来却发现当时在社会上被儒者公然斥为禅、为异端的象山陆学,也确是圣人之教的嫡传,因此始太息于"晦庵(朱子)之学,既已若日星之章明于天下,而象山独蒙无实之诬,于今且四百年,莫有为之一洗者"[6]。不过,阳明虽然决定"欲冒天下之议,以为象山一暴其说"[7],而且断定陆氏之学为"孟氏之学",但却以

---

1 《语录》下,卷三十五,451页。
2 同上,450页。
3 同上,451页。
4 《与舒西美》书,卷五,64页。
5 《语录》下,卷三十五,462页。
6 《答徐成之》书二,《阳明全书》卷二十一,7页下。
7 同上。

为"濂溪明道之后，还是象山，只是粗些"。[1] 本文既然没有讨论陆、王异同，当然对阳明称象山"他心上用过工夫，但细看，有粗处。用功久，当见之"[2] 的实义也没有交代。

然而，讨论陆子实学应可纠正象山过分突出主观能动性而忽视客观世界的片面印象，至少应可改变我们动辄以象山为泛道德主义化身的偏颇结论。象山的"易简工夫"是由深厚的学养、强烈的存在感受以及具体的办事经验而凝敛出来的主体精神；他那"亦须还我堂堂地做个人"的胸襟与气魄，正是孟子"大丈夫"人格的体现。

象山从人格的主体性建立道德的普遍性，并从人伦日常的实践中，体现自律道德的风貌。在儒家传统中，他是一位上承明道孟子，下启白沙阳明的人师和经师。他的自我意识极强，自知之明甚高，因此既能"识病"，又能"自作主宰"。他对身心性命之学作出了贡献，这点是必须肯定的。至于说他在道德哲学上的光辉成就，正反映出对知性主体的轻忽，因此要对中国不能发展科学精神负道义的责任，那就不是本文范围所能涉及的课题了。

附注：陆象山著作的版本

象山因主张不立文字，反对著述，一生只留下少量诗文。由其子陆持之编成《象山先生全集》，大部分是论学书札和讲学语录。

1　《传习录》下，《阳明全书》卷三，2 页下。
2　同上。

这本全集的初刻在宋宁宗嘉定五年（1212），主持付梓刊行的是他的学生袁燮。明代嘉靖四十年（1561），王宗沐以袁刻本为基础加以校订后，刊行于江西。上海涵芬楼所影印的即是嘉靖本。本文引语根据以嘉靖本为底本并参校其他传世诸本的《陆九渊集》（钟哲点校，北京，中华书局 1980 年出版）。

（北京：《中国哲学史研究》，1988 年第 7 期，台北：《中央研究院第二届国际汉学会议论文集》，1989 年）

论儒家的"体知"

——德性之知的涵义

现代学者常根据宋朝大儒张载（横渠，1020—1077）分别"德性之知"和"闻见之知"的观点强调儒家的精神方向偏重在道德实践方面，因而忽略了科学理论的探讨。这个提法，习以为常，似乎已为大众所公认。要想阐明儒家真象的学者，往往坚持"尊德性"是儒门正宗；致力于发扬儒学现代意义的思想家，也设法在"德性之知"的基础上构建具有儒家特色的知识论。至于批判儒家传统的知识分子，则把批判的矛头直指"德性之知"。他们宣称，儒家的泛道德主义和以科技挂帅的现代文明是不能相容的。

近来我思考这个问题而提出"体知"这一观念，为的是对"德性之知"的内涵作一番较全面、较深入的理解。可是一涉及这内容丰富的课题，便觉得茫然不知所措，连点题都有困难，更不必说掌握了什么"击中要害"的策略了。不过,在和国内外学者广泛地交换了意见之后,我想仔细研究这一课题的意愿变得极为强烈,颇有欲罢不能的感受。这种心境并不适于撰文,勉强为之,只能算是目前为"体知"一观念所作的一点溯本追源的工作报告。

首先我必须指出,把道德和知识划分为两个不相从属的范畴,既不契合于张载突出德性之知的特殊用心,也不能帮助我们确切地认识先秦儒学中"知"的涵义。我武断地提出这个看法,只是想说明现代学者习以为常的思考模式——道德与知识的截然二分——其本身的客观妥当性暂且不问,对于理解儒家传统中的"体知"这一观念不但没有裨益,而且是极大的障碍。换句话说,如果"体知"确实可以标示德性之知的涵义,那么把道德实践和科学理论规定为人类价值领域中井水不犯河水的两层,便值得作进一步的分梳。假若这种二分模式的本身并不是天经地义,用它来评价儒学的得失自然会引起争论。

从语言学的角度讲,"体知"是个复合词。中文里有"体会""体悟""体验""体察""体味"乃至"体谅"等常用的复合词。根据古代汉语的文法,在这些复合词的结构里,"体"是当作动词使用,就是"身体力行"的"体",含有"亲身体验"或"设身处地着想"的意思。因此,"体之于身"或直截了当地说"体之"是宋明儒学家常用的教言。台湾大学和清华大学的梅广教授在评论一篇我所写的有关"体知"的文字时指出:"'体'后面跟着一个心理动词,连用起来,就表达一种由身到心的活动过程。'体知'虽是杜撰——杜维明所撰——不过倒是合乎造句的原则,因为'知'是一个心理动词,由于汉语里面存在着这些很普遍'体什么''体什么'的复合词，我们很容易看到这种身心兼用、身心相通甚至可以说身心打成一片的知觉活动在中国人生活中是多么的普遍。这其实是中国人生活中的一种很熟悉的，习以为常的经验模式。杜先生的'体知'这个新词是非常富有启发性的，因为它能为我们生活里所熟悉的经验模式提示一个新层面的认识。"[1]

我在一篇短文中曾简单地讨论了"体验"在中国艺术精神中的地位和作用[2]。我认为体验是创造的基础，是推陈出新的必要条件。也就是说，一个艺术家如果没有亲身经验的认识，没有设身处地的感受，即不可能有创新的源头活水；一时的兴会或许可以拓展我们的视野，但若不能继之以"身体力行"的工夫，亦终必会像浮光掠影般化为乌有。我们需要为自家"受用"的内在经验（体验）来凝炼偶得的灵感。本文的目的是想把儒家的体知之当做一个严肃的哲学问题提出来。为了不把问题开展得太大、太泛，反思的焦点暂且集中在宋明儒所谓"德性之知"的课题上。

首先应当指出，在现代汉语中，"知道"和"会"表示两种性质不同的认知经验。知道"二加二等于四"或者知道"天上下雨地下滑"的"知"是英国语言哲学家赖尔所谓"知道是什么"之"知"；会

1　梅广评杜维明《论"体知"——儒家人学的认知意义》的提纲。提纲是在由清华大学及汉学研究资料及服务中心合办的"中国思想史国际研讨会"（1985 年 12 月 16 日—18 日，台湾新竹清华大学）里进行讨论的。
2　Inner Experience：the Basis of Creativity in Neo-Confucian Thinking， in *Artists and Tradition，Uses of the Past in Chinese Culture*，ed，Christian Murck（Princeton：The Art Museum，Princeton University，1977），pp. 9—15. 本文的目的是想把儒家的体知当作一个严肃的哲学问题提出来。

骑车、会游泳不能说成"知道骑车""知道游泳"。因为,一般而言,"知道"后面要跟一个命题宾语——"他知道这件事的严重性","他知道他错了","他知道地球是圆的"。"会"这种认知经验即赖尔所谓"知道如何作"之"知"。这两种"知"英文都叫做 know,因此增加了概念的复杂性。赖尔把它们区分开来分别解析,在普通语言哲学的领域里取得了一定的成就,是很可理解的。固然,中文对这两种"知"(一种是认知,一种是体验)是分别用不同的字来表达的,但是我们是否即可得出在中文里因为明确地分辨了"知"和"会"两个字的用法,"所以根本没有概念上的复杂性"这种结论呢?[1]

德性之知不仅是"知道是什么"之"知",这点不应引起什么争议。但德性之知是否即是"知道如何作"之"知"呢?表面上,德性之知和闻见之知最大的不同是闻见之知不必体之于身而德性之知必须有所受用。也就是说,德性之知必须有体之于身的实践意义。如果用现代术语来表达这个意思,我们可以这样说:闻见之知是通过感官而获得的有关外界自然、人物、事件的资料、消息或知识;德性之知则是从事道德实践必备的自我意识。闻见之知是经验知识,而德性之知是一种体验,一种体知,不能离开经验知识,但也不等同于经验知识。

我曾指出,"德性之知是真知,和闻见所得可真可假之知属于不同层次的知,而不是不同种类、不同范畴之知"[2]。说德性之知是真知,就好比说"如人饮水冷暖自知",是表示道德主体的自我意识

---

1 根据梅广的评语而进行的反思。
2 杜维明:《论"体知"——儒家人学的认知意义》提纲。

的呈现必真而不假，必诚而不伪。这当然是先验论而非经验论的陈述。应当说明的是，德性之知虽然是道德主体与生俱来不假修为的自知之明、自我意识，但如果我们不进行反躬修己的学思工夫，道德主体所拥有的德性之知，最多只不过是始燃之火、始达之泉，终必在日常生活中消亡殆尽。站在本体论的立场，德性之知必然真实无妄；站在修养论的立场，德性之知的真实无妄即是道德主义精神境界的体现。

那么，为什么说德性之知和闻见之知是"属于不同层次的知，而不是不同种类、不同范畴之知"呢？如果我们坚持德性之知是内在体证之知，而闻见之知只是通过感官从外界获得的经验知识，那么，我们很可以得出德性和闻见之知不仅属于不同层次，也属于不同种类、不同范畴的结论。比照西方哲学先验和经验的方法，德性之知为先验，闻见之知为经验，这两种知识是不相统属的。可是根据儒家的提法，德性之知和闻见之知虽然不必像朱子规定理气的关系那样既不相离又不相杂，它们之间确有既联系又分歧的辩证关系。要把这关系的内涵展示出来，至少应通过两个步骤：（一）把德性之知和一般闻见之知区分开来以突出德性之知的特殊意义；（二）把一般闻见之知和德性之知统合起来，让闻见之知在德性之知为主的前提下获得适当的位置。

要进行这两步的推论，我们应对宋明儒德性和闻见之分在今天思想界所引起的争议有所理解。宋明儒提出这个分别，为的是厘清德性之知的内涵，并没有贬低经验知识的意愿，更没有严格区分道德和知识的企图。我们认为，"德性之知的提出即意味着对经验知识的轻忽"只是一种流行的看法,功过如何,值得作进一步的分梳。不过,如果我们断言,宋明儒所谓的德性之知是站在道德和知识明确二分的背景中专门属于道德的知识,那就犯了时序倒置的错误,也就是用宋明儒不接受(乃至不可能有)的分别来讨论德性之知的范畴。

为了较精切地掌握德性之知所指涉的对象,我们不妨检视以下分别德性与闻见的基本材料——张载《正蒙》中"大心篇"的首章:

> 大其心则能体天下之物,物有未体,则心为有外。世人之心,止于闻见之狭。圣人尽性,不以见闻梏其心,其视天下无一物非我,孟子谓尽心则知性知天以此。天大无外,故有外之心不足以合天心。见闻之知,乃物交而知,非德性所知;德性所知,不萌于见闻。[1]

这段话内容丰富,不仅有启发性,而且也有说服力。从孟子心性论宣扬天人合一、万物一体的人学,应该说是宋明儒的共同认识。张载标出"德性所知",对宋明儒的共同认识曾发挥过极大的塑造功能,他的观点值得深扣。

张载"大其心则能体天下之物"和程颢"仁者以天地万物为一体"[2]的观点是一致的。张载这句话中的"体"是动词,程颢的"体"是名词。我们可能说张载判定人的心量可以体知天下之物的基础,即是程颢所谓的一体之仁。"体知",在这种语境里可以规定为人心固有的感性觉情。正因为这种人同此心、心同此理的感性觉情不把

1　《张载集》,张岱年编,北京:中华书局,1978 年,24 页。
2　程颢:《识仁篇》,《二程遗书》(正谊堂本),二上。页三上。

任何东西"对象化",它才能包融天地万物,让一切都在其关注之中而成为人心中无对的内容。"物有未体,则心为有外"是一种反说的烘托法:天下没有不可体之物,因为心是无外的。这句话呼应了"大其心则能体天下之物"的基本信念。可是,这个本应如此的理想人心当其坠落在现实世界的网络中,其表现的特殊性格远离了无物不可体、无物有外的本来面目。

"闻见之狭",根据这个线索,是兼容并包的心量在存有界因囿于感官经验的局限性而未能充分体现的一种姿态。我们的心量只能在我们狭隘的闻见领域里运作,这本是很可以理解的事实。但"止于闻见之狭"的"世人之心"究竟不是我们安心立命的场所。我们即使意识到这个限制而且甘愿向现实低头,我们总还有"虽不能至而心向往之"的意趣,这就使我们这批在日常生活中不能"大其心"的世人和理想的圣贤人格发生血肉相连的关系。

张载以"尽性"为圣人的定义。"尽性"可以理解为充分体现人性的光辉。圣人也就是最"圆善"的人[1]——张载进一步指出,圣人之所以能够充分体现人性的光辉,并不是由于任何外在的助缘,而是因为他即使在现实世界的关系网络中也不放弃无物不可体、无物有外的天职,不让他的心量受感官的桎梏。他的存在决定即是不以天地万物为外而"视天下无一物非我"。不过,这种以天地万物为一体的精神,不是主观意愿可以契及的(也就是王阳明所谓"大

---

[1] "圆善"是牟宗三先生根据康德哲学的提法而用来阐述儒家最高人生境界的观念。

人之能以天地万物为一体也，非'意'之也")[1]，而是必须由"尽心知性知天"的工夫进路才可达到的。严格地说，这不仅是认识论的问题，也是本体论、宇宙论和道德实践的问题。更麻烦的是，这些问题又不能一一分别处理然后再加以综合，因为它们之间的有机联系正是这种思维方法和经验模式（姑且标志为"体知结构"）的特色。机械的分析不可能对体知结构进行全面而深入的反思。

孟子"尽心知性知天"（《孟子·尽心上》）的工夫进路，表面上是从内在通向超越，即儒家特有的天人合一的学说。北京大学的汤一介教授在分析了中国传统哲学天人合一学说之后，对其思想所有的涵义归纳出四个观点：第一，在中国传统哲学中，所谓"天人合一"的观念，表现了它从总体上观察事物的思想，不多作分析，而是直接地描述。我们可以称它为一种直观的"总体观念"。第二，在中国传统中，论证"天人合一"的基本思想是"体用如一"，天道与人道的统一是"即用即体"，并非"天"为"体"而"人"为"用"。此可谓之为绝对的"统一观念"。第三，在中国传统哲学中，不仅没有把"天道"看成是僵化的，而且认为"天道"是生动活泼的，生生不息的："天行健，君子以自强不息"。人类社会之所以应发展，人们之所以应提高，是因"天道"的发展。此可谓为无限的"发展观念"。第四，在中国传统哲学中，天虽为客体，人道要符合天道，但是"人"是天地之心，它要为天地立心。天地如无"人"，则无生意，无理性，无

1　王阳明：《大学问》，《王阳明全书》，四册（台北：正中书局，无刊行年代），第一册，119 页。

道理。此可谓之为道德的"人本观念"。[1]

值得注意的是，汤教授所提的中国传统哲学"天人合一"思想所有的这四种涵义——直观的总体观念、绝对的统一的观念、无限的发展观念以及道德的人本观念，不是散离的四组观念，而是紧密关联乃至相辅相成的整合思想。我在《中国哲学的三个基调》一文中，以存有连续、有机整体和辩证发展三个观点为线索，也提出了类似的看法。[2]也许这些观点（或三、或四、或五或更多）都可以当作"体知结构"中的子系统。

从直观的总体观念入手，体知给人的印象是"不多作分析，而是直接地描述"。但这只是浮面的印象。其实，体知的了解、臻别虽不同于一般闻见之知的客观分析，并不是不作分析，而是进行层次较高、方面较多、视野较广的综合性的分析。上面这句话要作些白话文解释才能达意。根据张载的提法，"见闻之知，乃物交而知，非德性所知"，也就是说见闻之知是和认知的对象接触后才发生的。对象是客，感官为主。在这主客对立的关系网络中所进行的认知活动，目标集中，过程单一，结果确切，可以获得能够以外界事实所证验的资料、信息和知识。宋明时代的思想家没有把注意力摆在这方面以发展出可以和西方经验主义相提并论的科学方法是历史事实，不必讳言。但"不萌于见闻"的"德性之知"绝对不是反知识的直觉主义，更不是毫无分析内涵的直接描述。如果在这点上掌握得

1　汤一介：《中国哲学史研究发展的前景——兼论中国传统哲学中的真、善、美问题》（未刊稿），5—6页。
2　杜维明：《试谈中国哲学中的三个基调》，《中国哲学史研究》1981年3月，19—25页。

不周全，对体知结构的丰富内容就不能有相应的理解。

德性之知是认知主体的自知自证，因此是一种不凭借客观对象而自然涌现的真知。但是，儒家的"为己"之学不只是一种反观冥照的内在精神，而是要在复杂的人际关系中通过社会实践来完成的。儒家的个人固然有其独立的人格尊严，但绝非离群索居的孤独灵魂。在"己立而立人""己达而达人"的相互扶持、劝勉、提携、支援之下，儒家的人格才能获得"调适上遂"的发展。因此，儒家的德性之知常在"知人任事"上表现其深刻的内涵。难道只有在认识客观而外在的自然界才有分析，在知人任事上只能作些直接的描述吗？以知人为例，试想我们要去认识、了解、亲近一个自己所喜爱的人，其中要经过多少"知性"的飞跃？要把人的问题对象化，让自己站在客观的立场进行"价值中立"的分析，像人口学、都市学、社会调查、民意测验之类学科所采取的途径，我们很可以模仿自然科学的方法以获得有用的资料信息和知识。

不过，儒家知人之学更像贯穿目前象征人类学、深层心理学、比较宗教学和知识社会学的"解释学"（哲学的"解释学"），是在打破主客对立乃至价值中立的格套之后进行层次较高、方面较多、视野较广的综合性的分析。我们可以从读书现象、心灵交通、传统继承、价值开新以及道德人格如何创造地转化自我等种种课题窥得其中一些真消息。体知结构中有丰富的可供分析的内涵是毋庸置疑的。

站在绝对的统一观念来检视体知结构的运作原则，我们可以对张载所谓"天大无外，故有外之心不足以合天心"的德性之知作一分梳。张载的"大心"说是以孟子"尽心知性知天"的学理为基础的。天道与人道的统一这种以存有连续和有机整体为基调的本体—宇宙论，对作为认识主体的人起了一种独特的规定性作用，即人人皆具有以性通天的良知良能。"天命之谓性"(《中庸》首章)必然导致"能尽其性，则能尽人之性；能尽人之性，则能尽物之性；能尽物之性，则可以赞天地之化育；可以赞天地之化育，则可与天地参"《中庸》二十二章)的终极关切。这正是儒家身心性命之学的血脉。在这个背景中，体知结构不可能脱离天人合一的宏观而成为隔绝的认识论。我们暂且不问这种牵连多而指涉广的"模糊"("朦胧")概念是否经得起分析哲学的考验，我们至少可以肯定，企图把它归约成简单模式的机械二分法是行不通的。

如果"有外之心不足以合天心"，那么足以合天心的无外之心应如何去理解呢？张载的《语录》中有一段不太好懂的文字或许可以为我们提供一条线索：

> 知之为用甚大，若知，则以下来都了。只为包着心性识，知者一如心性之关辖然也。今学者正惟知心性识不知如何，安可言知？知及仁守，只是心到处便谓之知，守者守其所知。知有所极而人知则有限，故所谓知及只言心到处。[1]

这里所指的"知"应是"体知"而非"认知"。"今学者正惟知心性识不知如何，安可言知？"即是明证。体知才有如何的问题，认知不发生能否实践的问题。既然知是心性的"关辖"，尽心尽性就

1　《张载集》，316 页。

必然涵盖知的课题。我们是不是可以说"无外之心"即含有不把天地万物对象化的体知意义？如果"心到处便谓之知"，而"大心"是无所不包和无所不到的，那么"知"是否也就涵盖天地了呢？不过，张载提到"知及仁守"的观点，看起来"知"应该是有局限性的。这又应如何理解呢？有关"知及仁守"的原始陈述来自《论语》：

> 子曰：知及之，仁不能守之，虽得之，必失之。知及之，仁能守之，不庄以莅之，则民不敬。知及之，仁能守之，庄以莅之，动之不以礼，未善也。（《论语·卫灵公》）

这段话明确指出从"知及之""仁能守之""庄以莅之"到"动之以礼"，是从认识到实践、从简单到复杂、从浮面到深层的进径。"知及之"，从上下文来评断，好像只表示认识简单和浮面的现象。"所谓知及只言心到处"，也只能从这方面去解释。如此说来，合天心的无外之心，对天地万物也只能认识简单和浮面的联系，这不是和体知的原意大相径庭吗？再说，张载既然指出："知有所极而人知则有限"，那么他这里所指的知应是见闻之知。

《张子语录》触及了这个课题：

> 闻见不足以尽物，然又须要他。耳目不得则是木石，要他便合得内外之道，若不闻不见又何验？

另外，张载对闻见之知和心的关系也提出了看法：

> 若以闻见为心，则止是感得所见。亦有不闻不见自然静生感者，亦

缘自昔闻见，无有勿事空感者。[1]

综合上面的观点，我们可以说在体知结构中，闻见之知是不能欠缺的，但德性之知不萌于闻见，因此我们不应把德性和闻见之知混为一谈。绝对统一观念的提法是有片面性的，天道与人道的统一并不意味着人即天道，更不能以人道取代天道。"人能弘道，非道弘人"（《论语·卫灵公》）是工夫语，因为天道不弘自大，以人配天却必须通过永恒不断的艰苦工夫。

根据上面的讨论，无限的发展观念是体知结构中较难掌握的属性。严格地说，"体知"与其规定成静态的结构，不如描述为动态的过程。自知和知人的工夫都必须在跃动的关系网络中随时更新，没有抽象的法则可以依循。以交友为例，人生难得一知己，正是因为从认识、熟悉、亲近到定交要经历多少纵横交错的联系；从定交晋升到其臭如兰的同心之友，又不知要经历多少面对面的心领神会。人与人的交流是动态的过程而非静态的结构，这本是显而易见的道理，如果要详加分梳其中奥妙，确像是取之不尽的源头活水，愈吸引就愈滚滚而来。道德的人本观念，从这个角度考察，可以说是体知结构中的自我认同。德性之知是集中表现体知功能的最佳见证。也许张载"为天地立心"的教言正是告诫我们："天地如无'人'则无生意，无道理，无道德。"不过，"天地无心而成化"，有没有生意、理性和道德，就天地而言，根本不能增减分毫其自然而然的浩浩大道。所以，张载赞成老子"天地不仁，以万物为刍狗"的观

1　《张载集》，313 页。

点，而认为"圣人不仁，以百姓为刍狗"则大大曲解了圣人的人本精神："天地则何意于仁？'鼓（舞）万物而不与圣人同忧'；圣人则仁，此其为能弘道也。"[1]

德性之知是儒家特别的体之于身的认识，它有本体论的基础和实际运作的内在逻辑，它是先验的但又和经验世界的闻见之知有紧密的联系。它不仅体现在精神生命的高明处，也体现在人伦日常之间的平实处。如何通过超越的体会建立人格的主体性，并由社会实践达到礼乐教化的大同世界，即是儒家体知的终极关切。

最后，我想附带一提，作为德性之知的"体知"活动是人类认知的基本形态，这种活动可以通过群体的、批判的自我意识而转化为探索科学理论的认知。然而，由体知活动所转化的、以成就科学理论为目标的认知不必遵循培根所谓"知识即是力量"的途径，也不必背弃以"知识为智慧"的希腊传统。不仅如此，立基于德性之知而由体知转成的科学认知，是"范围天地，曲成万物"那种涵盖性极大的人文精神的体现。我们固然可以从历史现象来考察儒家"尊德性"的利弊，但大可不必用道德和知识截然二分的机械模式把"泛道德主义"的标签强加儒学之上。确实，虽然儒家有关"闻见之知"的提法绝对不可能开展出博大精深的科学传统，但儒家有关"德性之知"的体会却可以为中华文化吸取欧美科技精华提供发展的线索。

（《儒家伦理研讨会论文集》，新加坡东亚哲学研究所出版，1987 年）

1 　《张载集》，315 页。

中国文化的认同及其创新

今天，就中国文化的认同及其创新和从东西方文化的比较，看中国文化发展的前景两个专题，发表一些不太成熟的观点，请大家指教。

这两个题目都很大，而且有着内在的联系，在内容上不免有些重复。但我希望从不同角度把五四以来的大问题，也就是中西古今之争这个问题讲得比较全面、深入。应该事先申明的是，我就这个大问题公开发表意见，决不是因为自己有什么定见或陈说要一吐为快；恰恰相反，我对古今中西之争这个大问题还没获得任何自觉满意的结论，我的意愿是把这个问题提到议程上来，提醒大家正视这个严肃的问题，以获得更多深入的讨论。

我关于儒学第三期发展前景的提法，在国内外都已引起一些讨论，这给我很大的鼓励。我并不担心自己的观点在某种程度上被误解或曲解。有位比较熟悉的朋友告诉我：你的命运就是被误解或曲解。我只是希望这种误解或曲解是在高层次上的。我相信，在理论水平的高层次上误解或曲解，比肤浅的正确理解更有教育意义。

如何评价中国传统文化

面对中外文化研究这个大课题，如何评价中国传统文化是我们这次讲习班的主题之一。我发现对这个主题的理解至少有三种态度，并由此导致三种不同的传统文化在我们心目中的形象：

一是国内对传统进行反思，和知识分子对传统与现代化关系比较敏感。比较正视现实的知识分子，尤其是那些投身于改革浪潮中呼吁中国要腾飞的青年理论家，多半是从比较痛切、焦虑的角度来认识。考察和认识为什么在发展、腾飞的过程中，翅膀是那样沉重，难以展翼高飞？为什么会碰到那么多困难？——不仅是体制上的，还有观念上的、意识形态上的困难。由于这种深层的感觉、切身之痛，他们对封建的意识形态，特别是当它落实到现实的权力关系网中所发挥的消极作用，有比较明确、深入、全面的洞察。因此，他们对中国传统文化，特别是儒家文化，是带着批判、扬弃态度的，因为这种封建意识形态，是小农经济的保守主义、官僚的权威主义、家庭制度的封闭主义。它在社会、政治、经济活动中无不表现出消极作用。因此，如何同封建意识形态，也就是传统文化彻底决裂，丢掉这个沉重的包袱，承继五四以来的批判精神，是国内感觉敏锐的青年理论家的共同意愿，也是一种思想主流。

二是在最近十几年中我所接触的一些西方理论家，有一种到东方来寻取智慧的意愿。在这一特别的氛围中，一战以后，斯宾格勒提出过西方的没落一说；二战以后，虽然西方人乐观了，认为现代化是有其前途的，但到东方来寻取某种智慧却是很多西方思想家的意愿，特别是那些敏感度高、文化视野较宽的思想家。这种意愿难免有某种猎奇的心态，但不完全是玩赏古董的那种好奇心。他们觉得东方精神神奇，不可理解。最近有些年轻的西方朋友，在思想上颇有洞见。他们为了个人精神生命的安顿，也对东方智慧，如对佛教、禅宗、老庄之学、孔孟思想，乃至宋明性命身心之学，发生很大兴趣。这和中国传统中的逃禅逃道有点相似。因为他们对自己的文化有些不满，有不安全感。从这种感觉引发出一种要寻找个人生命安顿的意愿。

三是西方有汉学，从学术角度对中国传统文化进行分析，以扩展其学术视野。在国内，青年批判传统文化的现实感与西方人试图从东方寻取某种智慧以超越现实的意愿之间，是没有共同语言可说的。传统文化在这两个学术群体和氛围中当然有两种不同的形象。包括我在内的一些分布在美洲、澳洲的华裔学者，分别从事中国历史、哲学、宗教研究。在我们的教学和研究过程中，基本上是把中国传统文化中最精致的语言、文字、思想介绍给国外朋友，因为弘扬国粹不仅是我们的意愿，也成为我们职业不可或缺的环节。如果把中国传统文化尽讲成糟粕，那不但不能弘扬国粹，自己的职业也会发生问题。这中间必然有较强的民族情绪乃至爱国情操。要以一种长志加志趣的方式，把中国文化讲得特别好，内容特别丰富。

以上三种形象各不相同，有不同的历史因缘，有不同的现实考虑。可是我的意愿是，参加这样的讲习班，应该能帮助我们逐渐超越这三种态度和形象，使得对中国传统文化的多样性、复杂性，对内容健康的和不健康的因素作比较全面而深入的反思。就第一种形象而言，它试图彻底扬弃封建意识形态，把它当作包袱扔掉，这本身在理论思维方式和现实感上是片面性的。传统文化不是身外之物，如果它仅是包袱，那么经过五四时期及之后那么多知识分子猛烈批判，应该老早就被抛弃掉了。因为它不是包袱，而是浸入我们血液、深入我们骨髓的积液。经过长期的积累后，它并非像沉静的山川那样凝重却缺乏动力，而是真正深入我们生命发生化学作用的一种势能、动力。因此，只靠一厢情愿是扬弃不掉的。可能要通过对传统文化的了解、认识，获得评价的资格后，才能达到批判继承的目的。否则，我们很可能变成像王阳明所说的"抛却自家无尽藏，缘门托钵效贫儿"。抛尽自家的宝藏，托钵去外面行乞，讨来的也可能是别人的糟粕。

对西方思想家来说，我们希望他们不仅是为了安顿个人生命而来东方寻取智慧，希望他们放弃和突破西方中心论或欧洲中心主义。欧洲中心主义是 19 世纪欧洲思想家中一种狭隘的意识。与 18 世纪相比，19 世纪的欧洲势力横决天下，19 世纪的欧洲思想家以欧洲社会发展的特殊规律为世界人类将来发展的必然趋势。现在加以反省，当时的欧洲中心主义无疑有其文化、历史、地域、空间的局限性。18 世纪的思想家如伏尔泰、莱布尼茨不仅从东方文化中吸取智慧，而且从其中找到使他们的哲学思想赖以发展的源头活水。19 世纪的思想家，从黑格尔开始，都是欧洲中心主义者，一直到今天才有一部分知识分子突破它。

我们希望西方思想家们放眼21世纪，进一步了解太平洋地区，对多元文化的前景能有较全面的探讨。因此，东方文化对他们不应仅是猎奇的对象，而应当成为达到一种高度文明的不可或缺的环节。华裔学人包括我自己，应当成为一个桥梁，将我们的爱国热情和民族感情加以升华，对中国文化，站在比较严实、客观的立场作更深刻的考察，宣传中国文化的特殊性、独一无二性。

孔孟之道自鸦片战争以来经受过很多摧残，已经千疮百孔。我们要想进一步发展这套学说，要经过多少艰难困苦的奋斗！在这个奋斗历程尚未开始之前，有人曾预言说：21世纪是儒家的世纪。这在理论上行不通。从比较文化学角度来看，基督教不仅是20世纪的重要思想潮流，而且到21世纪将仍有其影响力；佛教是世界的重要文化传统；回教方兴，而且在各个不同领域皆有其独创性；甚至印度教、犹太教、日本的神道，还有朝鲜的巫教，多多少少比当代儒学更有生命力。这是不可否认的。

事实上，儒学能不能有进一步的发展，我是以问题的方式提出来的，要得到答案，需经过相当长时间的反省。因为在今天，儒学不仅不是显学，而且可能是被扬弃的没落的传统。只有在此基础上从事较长期的深入的文化反思，进行一番创造性的对话，海外学人、国内的青年理论工作者，乃至西方的理论家，才可能对中国传统文化所创造的价值有比较平实、客观的态度。从整个文化发展前景来看，应有比较乐观的态度。

中国文化的多样性与统一性

要想讨论中国文化的认同及其创新，我们应先了解中国文化的多样性。中国文化是多源头、多侧面、多层次、多方向的。它是东西南北各种不同文化价值汇集而成的。以前，曾有一种辐射性的说法，即从渭河、黄河流域一带逐渐向各个方向辐射。最后通过考古发现，中国源远流长的文化，在很早以前其源头就有其多样性。有齐、鲁、燕、晋、荆楚、西秦、巴蜀文化，它们逐渐汇合起来，形成波澜壮阔的中国文化。比如：古代代表中国文化特色的龙的形象，就是各种文化综合的结果，是各种图腾的综合：虎头、蛇身、鱼鳞、羊角。这一形象，实际上是中华民族的祖先通过想象、创造、协调逐渐产生的，是各种图腾的综合体。

中国文化有其统一性，是由多民族共同建造起来的。当然，汉族扮演了很重要的角色，但汉族并不是西方人类文化学的民族观念，它本身也是一个融合综合的民族。现在国内已找到五十多个民族。就是辛亥革命，也是汉满蒙回藏五族共和。以人数来说，有人口数千万的少数民族，如壮族；也有人口极少的民族，不过一两千人。有的民族，其历史与汉族相近，有数千年之久，像蒙族（匈奴）、满族都有几千年历史。这些不同民族有其寻根意愿，有创造其文化价值，创造新观念乃至新哲学的意愿。比如宗教问题，就是处理民族关系时互相忍让、融洽的重大课题。有很多人认为，中华民族是在草原游牧与农业民族交互影响中形成的，这至少是其中的一个侧面。从思想史来看，百家争鸣可以说是中华民族的哲学思想的主流。许多人到现在还认为，独尊儒术是中华民族思想发展的一个重要特色。这是可以争论的。中华民族的各种不同的多样性的思想是同时存在的。至少春秋战国时期是这样。只是到了秦代，法家独尊，焚书坑儒，才有统一规范的思想。汉代早期兴黄老之学，汉武帝时独尊儒术，但他本人并不信奉儒术，而信方士之术，即民间的迷信思想。而汉代民间思想中，道家思想非常重要，还有谶纬之术。汉朝本身是王霸杂用，儒法兼用。从《盐铁论》可以看出这一点，它代表了比较倾向于道家的儒家思想和比较倾向法家的儒家思想之间的一场论战。魏晋虽是玄学时代，但它也不完全是老庄玄学，也有自然与名教之争。儒家传统在魏晋时代仍有发展，在宗法社会中更有其独特发展。

佛教传入后，隋唐是佛教传统挂帅的时候。但即使在这一期间，由《贞观政要》所代表的唐代政治文化中，儒家传统也占一席之地。在唐代佛学大盛的时候，经学、礼学也有一定的发展。《十三经注疏》是经学的体现。一般认为，宋明后理学居主，佛教被批判，没有多大发展。但正是在这时，带有中国特性的佛教如禅宗、净土宗教却大行其道。元代宗教大汇合时，喇嘛教、回教也有大发展。以后中国呈现三教合流的局面。但即使在这种时候，仍有其他的传统（比如民间传统），不是三教所能概括的。

西方文化输入后，基督教无疑已成为中国传统中的一部分，利玛窦所代表的天主教和后来传入的新教，不能说不是中国传统的一部分。西藏有密教、红教、黄教、花教，现在又有黑教。后者就是西藏的密教和中国传统道教合流而成的。因此，从思想界来看，除了秦朝极短的一段时间外，从来没有仅由一种思想领导。即使在儒家思想独尊时，民间的思想、信仰也是花样繁多。从这个角度来说，中华民族的文化是多源头、多民族的。思想是百花齐放的，并不表示中华民族文化从哲学思想来看没有基本的观点、倾向，没有其基本的范畴体系和基本的思维方法。

1980 年，我回国学习，就读于北京师范大学。与几位老先生商榷后，我尝试写了篇文章《中国哲学的三个基调》，提出存有的连续、有机的整体和辩证的发展是中国哲学的三种基调。最近看到，北大的张岱年先生在探讨中国哲学的基本倾向时，特别标出两个课题，即天人合一和天人交胜，知行合一与知行相资。这可以说是中国传统思想中主要的课题、主要的倾向。

从价值观来看，中国传统思想也许受到了儒家思想的影响，但不仅限于儒家。在义与利、利与德的争辩中，董仲舒所提出的"正其谊不谋其利，明其道不计其功"的观点最近受到很多批判，因为现在搞商品经济，要注重利。董仲舒当时提出的观点不从实际效验考虑人的价值，而是从动机来讨论人的价值。私利在今天也还是受到批判的；公利虽然从传统来说是可以的，但也不是最高价值。最高的价值是人格的真善美的体现。

西方文化传统中。其价值标准也不完全是功利的、现实的。不过，西方传统中有对力的崇拜，在中国不管是哪一家，即便是法家也没有这种对力的英雄式的崇拜。因此。张岱年先生所提的中国传统文化的基本精神，我是可以接受的，而且完全赞同。这是一种刚健自强的基本精神，即"天行健，君子以自强不息"。即使道家追求人与自然的天籁和谐，但基本上也很重视个人修养、修身和个人人格的培养。

中国传统文化中，宗教不是很凸显。以德育代宗教，有强烈的宗教性的情操，但并没有出现像西方那样由僧侣阶级开出的宗教传统。这种道德理想主义，有很多人认为是应该批判的。

研究理解中国历史的几种观点

中国哲学的基本观点、倾向、价值观念乃至其精神动向，在多元化、多种族、百花齐放、多思想脉络和发展的大背景下，既有多样性，又有一致性。既有多元性，又有整合性。这是从哲学一般的价值体系方面所作的粗浅的描述。但是，如果我们来研究中国历史发展的特殊性这个课题，我们会发现中国文化的认同与历史的研究水平紧密相关。到底应以什么样的模式来研究、理解中国历史？这个问题在国内外都有很激烈的争论。我提出以下几个流行的观点，当然这并不意味着我赞同这些观点，而是在我们研究中国历史的特殊性时应当考虑到它们。

一种观点是重新提出亚细亚生产方式。这不一定是马克思的观点。法兰克福学派成员的维特弗格尔曾经提出东方专制主义的产生与其特殊的地理环境密切相关。农耕导致重视水利，水利中的大型集体工程需要集中的领导和管理制度，以致权威主义盛行。而这些都与专制主义的产生密切相关。这是东方的生产方式、政治组织制度。他所谓的东方，主要指中国，甚至把俄国也包括在内。这种生产方式有其稳定性、延续性以及独一无二性。

与这种提法没有根本冲突但有很大差别的是由欧文·拉铁摩尔提出的另一种观点。他认为社会的发展主要是由农业社会和草原游牧社会的交互影响所致。南北问题在中国历史悠久：汉代与匈奴的关系；唐代与突厥的关系；宋以后北方民族逐渐进入中原，最后建立蒙古大帝国，以及到后来清帝国建立。在中国整个历史发展中，与农业交互影响的草原社会包括两种：蒙古的纯粹草原以及女真族的森林草原。但是要了解中华民族历史的发展过程，一定要从亚洲的内部边防，即河西走廊一带（也就是草原与农业交互影响的缓冲地带）这一角度来理解中华民族发展的方向。

第三种提法是所谓文化帝国的观点。

文化帝国的出现，是由于中国的封建结构与我们现在使用的"封建"一词有不同的意义。原来说的封建，自西周后就没落了，它是传统史学中所说的封疆建藩。自那以后就没有类似西周社会的那种封建。由此，中国社会的发展与欧洲截然不同。中国是一个大一统的，有分有合但以合为主的社会。即使在分的时候，它的社会结构、政治制度也还有相当强的延续性。如政治制度突出，官僚制度突出，影响到经济、文化意识以至社会。这种独特的文化帝国，是中国社会发展的特殊规律。这种提法与国内50年代就历史分期展开的全面辩论有很大不同。

古史分期的最大困难是确定封建社会的上限：从西周到魏晋，相差竟达千年之长。另外一个课题是资本主义萌芽于何时：或说隋唐，或说宋明，争论不休。海外看法是：这场争论并不是因为国内史学界前辈缺乏对史料的真实掌握，也非中国历史的发展不符合世界历史发展的规律，而是因为人们是以不同的理解模式来研究历史，这就不能说既成事实是不合规律的。它毕竟已经出现了，问题就在于五种生产方式这种解释模式本身的片面性。

封建是什么意思？如果是西周的那种封建制度，那么中国的封建制度早已崩溃；如果是欧洲学者包括马克思所说的 feudalism，那么中国从来没有出现过与欧洲类似的封建制度。封建的第一特点是统一的帝国崩溃后，出现各种分裂的情形。日本、西欧有这种情形。中国则不然，崩溃后又统一起来，所以只好用统一的封建帝国这一观念。严格地说，这是有矛盾的。

假如我们不用五种生产方式理论来考察中国社会发展的特殊性，那么我们可能要进一步反省中国社会发展的特殊性及其内在的逻辑性究竟是什么。到目前为止，我们还没有一部类似马克思《资本论》的著作。《资本论》对资本产生的历史因缘、内在动力、结构都作了完全深入的调查研究，并对它的发展动向作了预言。而中国史学界还没有做类似的工作来研究中国社会之所以延续发展的内在动力、机制及其发展趋向，因此，我们并没有资格对传统中国社会的发展的特殊性作出结论。如果没有这种深入的研究而断言中国封建社会漫长没能进入资本主义，因而进入社会主义后存在补课问题，就很难使我信服。

第四种提法，认为中国社会发展的特殊性是与儒家思想、官僚制度有关系的上层社会和民间文化，亦即大传统与小传统的交互影响，因此形成较开放、动力和弹性较大、社会阶层不特别稳定的、横向和纵向流动特别迅速的一种社会结构。这些都是比较研究的结论，不是偏颇之见。

　　所谓开放的，指中国封建社会比中世纪欧洲要开放；动力、弹性大，则指中国自宋至明清的社会上升、下降的弹性大，这与科举制度密切相关。上层社会与民间文化交互影响是中国社会发展的一个特殊规律。如果我们观察日本乃至部分的朝鲜、欧洲文化，我们发现朝鲜有文武两班，因此朝鲜文化中有部分贵族思想和贵族结构，一直延续到20世纪初。在日本，等级森严，农民不可能上升为武士阶层，武士不可能降为农民，二者也不能通婚。中国农民是可以变为知识分子的。另外，任何家族不管其荣誉多高，财源多丰富，能将家风继续三至五代的非常少。绝大多数到第二三代就没落了；贵族制度到唐代基本已经被消灭了，而新出现的阶级制度（所谓缙绅阶级）究竟属哪种制度，在国内外皆争论不休。

　　第五种观点，认为虽然大传统小传统交互影响，农民革命频繁。但这并不表明中国社会发展的动力来自农民革命本身，因为农民革命往往玉石俱碎，对生产力的发展有很大的消极作用。平均思想是一个很大的潮流。"不患寡而患不均"，到后来甚至一穷二白地平均，这与欧洲（贵族制度下要求自由的情形）是大不一样的。

　　还有一个课题是大家研究较少的，即知识分子在中国社会发展的特殊性中的地位，他们所扮演的角色，所发挥的作用如何？也许只有在中国文化这一层面中，可以写一部知识分子史，而在其他大陆文化传统中是不可能的。这部从古到今的知识分子史，包括秦代儒生、汉代博士、魏晋越名教而任自然对传统进行批判的竹林七贤、唐代佛教的大师大德、宋代的士大夫、明代的东林、清朝的公车上书，甚至后来"文革"中吴晗所代表的"东林精神"。这个传统可以从头到尾一直写下来。西方早期的哲学家与中世纪的僧侣阶层，到19世纪的Intellectual（知识分子）之间是有断层的，没有一脉相承的关系，历史意识也不是一脉相承的。

总而言之，中国社会发展的特殊性是以农立国，有自然经济、小农经济的保守封闭倾向。但是我们也不应忘记，中国的商品经济也曾发展到高峰，商人在社会发展中扮演着非常重要的角色（当然，这种商品经济不是资本主义类型的）。对中国社会发展大方向的维系，官僚制度起了重要作用。它是一种专制政体。但这种官僚组织比较松散，不能直接以官僚权力控制各个阶层。即使官僚政体达到最高峰如明清两代，绝大多数中国百姓都不是处于官僚的直接控制之下，因为没有现代技术，官吏能掌握的信息和控制范围都很有限。举个简单的例子：衙门里的县长，如果是从浙江来的，为了避嫌，多半都会去江西等地赴任。由于语言不通，县官掌握情况只能靠幕僚和别的官吏。一个县长可能要控制二十五万人，而他真正能控制的不过二三十人。真正的军队在省府，没有动乱，不得轻易调动。因此，县长不管是否想做好官，他的控制都不能是直接的，可能是用礼法、乡约等各种不同的形式来维持社会的秩序。由于整个社会的官僚结构比较松散，家庭制度则扮演了很重要的角色。血缘宗法观念用来维护社会的安定性，由此又导致男性中心主义，这使得社会有其封闭性。从政治文化角度来看，知识分子所起的作用很薄弱，他们依附于官僚结构，成为统治者用以控制广大民众意识形态的宣扬者、承继者，因此有其软弱性。但是，以农立国并不意味着必然保守，有官僚制度并不表示必然专制，家庭制度也并不意味着必然封闭，而以儒家代表的知识分子并不必然软弱。所以，传统社会能够成为几千年来人类物质文明和精神文明的体现，绝非偶然。

世界上有很多有古无今的文化，如古埃及文化、古巴比伦文化、波斯文化，甚至希腊、罗马文化；也有很多灿烂光辉的有今无古的文化，如美国文化、加拿大文化、澳洲文化、新西兰文化、东亚的新加坡文化。有古有今且有承继的文化例子很少，印度可算一个，但缺乏历史感。印度的历史非常难研究。重要的思想家生于何时都难以了解，难以确定。塔莉达莎是印度的伟大诗人，声望不亚于李白、杜甫，但印度学者在确定他的具体年代时，相差竟达一两个世纪。他们认为这无关紧要。只要了解他的诗章就够了。而中国从公元前841年起，每年历史都有明确记载，孔子生于前551年，这种历史很确定，且有承继性的文化。这在人类文明史上是个例外。对传统中国文化的弹性、多样化怎样去理解？在分析这一问题时，我们不应仅是现代的、经历了鸦片战争屈辱的愤怒的理论家。如果从这种角度去理解，那么，传统就只能是牵制人们的封建糟粕。我们的传统文化实在太丰富了，源头方向也多。值得我们从事各种不同层次的反思。

这里介绍一个方法学的论点，以帮助我们进行反思。即从多层次来了解一个社会的特殊的文化、政治、经济、社会。排列次序是经济、政治、社会、文化。经济是基础。但这个排列意味着两个不同的指标：其一是适应，这是一种能量。从这一角度来看，其方向是从经济到政治到社会再到文化递层影响，也有反作用，这是基础结构与上层结构的交互影响；另外一个指标是认同（Identity）或者说软件、信息、意义结构。从这一角度讲，是文化决定社会，社会决定政治，政治决定经济。文化对经济的影响不是反作用，而是一个独立的范畴。文化中的价值观念变了，可以促使经济转向另一种发展渠道。一种是方向性的，一种是动力性的。比如火车行驶，有快慢，这由其动力决定，但它朝南或向北则由轨道决定。这轨道不是由经济力量本身决定的，经济力量非常大，它决定火车行驶的快慢，但它不能决定火车朝南还是朝北。

以前的中国传统社会有很大的动力，政治有动力，社会有动力，商业有动力，但它就是没步入资本主义。并不是说人类步入资本主义惟独中国没有进入，乃是由于中国传统文化有什么缺点。这种提法当然可以争论。不同的文化有不同的动力和方向性，二者相互影响，但动力来源与方向性的关系并不是必然的。从这个角度来看，经济决定政治、社会、文化是从它的适应能力和能量来看的。

由此可以说，中国社会发展的特殊性就在于政治力量远远超过经济、社会、文化的力量。这一现象从古到今越来越明显。汉代已有迹象，唐以后贵族制度崩溃到宋代时高度集中，明清政治决定一切，虽然经过了辛亥革命，但这一趋向却越来越明确。因为政治力量强大，使经济力量不能全面发展。政治力量引导的方向与经济力量发生冲突，冲突后经济力量的发展方向被抹杀，被政治力量控制。这是与西方不同的特殊性，不能以西方模式来解释。

中国文化力量很大，有塑造力，有渗透力，有腐蚀力量。它渗透到各个阶层。整个社会政治结构中所表现的都是文化中的价值观念。而这些文化价值有些是没经过反思的，因此属于文化心理结构中的沉淀；当然，也有经过反思而创造的灿烂光辉的文学艺术乃至宗教传统。这其间的交互影响是非常复杂的，如果以单一的基础结构决定上层建筑这个模式去解释，是有片面性的。

中西文化的比较研究

如果仅是根据过去的一些关于中国传统社会结构、价值取向的片面肤浅的结论来勾画中国文化的形象，肯定不佳。要想进一步对这一形象作全面的描述，需要更多的知识分子对其资料、观念作长期的集体的探索。不过，就是在作了以上浅显的描述后，已经可以看出中国传统文化的特殊性，而且可以明了东西方的价值取向是非常不同的。如果说现代西方（我指的自西方启蒙到 19 世纪中叶西方撞击东方这段时间）文化的动力来自矛盾和冲突的多元背景，这正好说明西方文化的多样性。

西方文化的源头至少有三：希腊文明是其一，我这里只谈西方文明中的精华。有趣而且值得一提的是，以前在比较研究中有一种强人政策，即拿自己文化的精华与对方文化糟粕相比，以突显自己文化的优越性。英国人在与德国文化相比较时常这样做，德国学者在与英国文化比较时也用这一方式。比如：尼采说英国文化是懒惰的猪猡文化，英国学者则说德国文化是浪漫和非理性的；法国学者则认为美国文化中没有产生思想家，充其量只有一些投票的暴民；

美国则认为法国完全是官僚制度，拿破仑的出现表明法国人完全没有独立精神；日本学者则认为日本文化是最高的，集东方文明之众长，跟中国与欧洲文化相比都有一种特殊的傲慢。

自五四以来，中国的第一流思想家不用强人政策，而用"矮人"政策，即以自己之糟粕与外人之精华相比，越比越矮。胡适对中国文化的简要概括是：裹小脚加鸦片烟，西方文化则被他简单地概括为民主、科学、自由、人权；鲁迅认为中国国民性是奴性，而西方人的反抗心理则是其个人独特个性的表现，竞争体现其社会年轻，充满活力。

现在我所采用的方法是对西方文化尽量采取同情的态度，而不是用强人政策。我们所说的西方文化的矛盾冲突背景来自三个源头，而这三个源头带来了一些对西方文化到今天仍有意义的价值。一个是希腊文明，这是一种科学精神，是一种很高水平的辩证逻辑思维，还有探索哲学的科学精神及民主精神；另一种是希伯来精神，即对超越的向往，强烈的宗教情操，以及对个人的尊严，面对上帝人人平等，通过上帝可以完善人的各个方面以及罗马所代表的法律、政治制度、军事。可是，希腊传统与希伯来传统在西方文化的发展中并没有完全整合，时有冲突。

正因为如此，西方人的思维方式在我看来是一种排斥性的二分法或绝缘的二分，理性与感性的二分，或阿波罗（太阳神）精神与狄奥尼修斯（酒神）精神的冲突。前者体现纯粹理性。去希腊旅行，会发现她的建筑、雕塑的造型等都体现了一种纯粹理性之光；后者是纯感性的。在希伯来的传统中，最重要的分别是创造者与创造物。

创造者是万能的上帝，而创造物像我们自身，即使有人性，也永远无法了解上帝为什么创造我们。这二者之间有个无法逾越的鸿沟，唯一的办法是通过信仰的飞跃。因此，科学和宗教是两个完全不同的范畴，哲学与宗教也不同。在佛教、儒家、道家、印度教的传统中，这是不可理解的。灵魂与肉体、精神与物质、心与物、个性与集体、善与恶、真与伪分得非常清楚。这一大传统中有很大的矛盾性，因而有极大的张力、动力。西方文化中有极端主义，而且往往是很健康的，可以说是真正的"择善而固执"。中国的中庸本来是讲"择善而固执"的，但西方文化中表现出的是一种奉献精神，一种向外追求、勇往直前、追求真理、创造新的价值、环境、开拓新的疆土的精神。也有一种强烈的归约主义，把复杂的问题变成简单的问题，把简单的问题变成一元的问题。像希腊哲学家，总要探求宇宙的最后根源是什么。这种探索的意愿能解开自然之谜，能创造光辉灿烂的科学价值。

中国的思想则有较高的模糊性，没有排斥性的二分。仅举一例可以说明这个问题。比如：中国哲学中的"气"的观念。有些学者一见到"气"就发现了唯物论，但"浩然之气"呢？并没有唯物的倾向。浩然之气是仁义而成的极高的精神体现。还有精气、灵气。现代所用的气，与古代是不同的。气是从最普通的物质（草木瓦石），一直到最高的灵性的表现。一气贯穿。所以，我的中国哲学的三个基调之说中，以气这观念描述所谓存有连续这个观点，认为各个不同的环节都靠气的观点连续起来。气的观点既是精神的又是物质的。气质之性的气，可能是物质的，但精气、灵气、神气乃至浩然之气，又是精神的。最精神和最物质的是有联系的。所以，中国的"身心性命之学"中的"身"与"心"，不是二分的。身、心的分离在西方也是经过笛卡尔才达到的。没有笛卡尔，西方不能有完全的身心平行二元论的倾向。所以，现代西方的价值取向同中国的价值取向是有很大区别的。在中国传统的价值取向中，很突出的观点如义的观点，在西方却被利的观点所取代。中国传统中也不重视利和权，而西方则特别重视。这个价值观点对西方民主制度的构建以及法制的健全完成起到主导作用。

西方基本上有一种怀疑的倾向，强烈地不信任外界，不信任权威，认为社会是有冲突、有矛盾的抗衡社会。在希伯来传统中，人性本恶，而且有原罪，再好的人总有犯罪的可能性。政治本身是罪恶，但又不可避免。这是西方一个很强烈的观点。因此，绝对不能相信任何政治领导。任何政治集团形成后，就是某种罪恶的体现。因有些罪恶不可避免，我们的工作是尽量防止它的扩散，以保障人权，达到和平共处的目的，于是乃提出人权的神圣不可侵犯性。

对于义务的观点，在西方来讲其前提是人权，没有人权便可不尽义务。这不仅不能妥协，而且必须争夺。在自由主义传统下，"不自由毋宁死"的口号常常提起，它也有实质上的不可侵犯性。有个很有名的例证：有位自由主义者在与其论敌的辩论中讲道："你讲的一切一无是处，于人类的进步、社会的发展都有极大的害处，我的任务便是清除你的影响。但为了维护你的发言权，我情愿牺牲性命。"在这种思想下面又有一种强烈的批判精神，这是自由主义常常提及的：权力即是倾向于堕落，绝对的权力是绝对的堕落。因此不能有绝对的权威，应保障人权，包括隐私权。

在中国文化环境中，没有办法理解正面价值的一个观点是"私"。要破私立公，"存天理，去人欲"。不管大家实际上怎样有私心，在哲学辩论中也不能公开提倡私字。西方私的观念则有很庄严的意义。私即 Private，译成中文后意义有变化。西方人认为隐私权是神圣不可侵犯的。私函（Private Letter）即使是夫妇之间也不得擅自拆看。如果信上附有 Personal（私函），任何人都不得拆看，否则是要犯法的。美国私立大学大多很杰出，毕业于私立大学是很值得自豪的事情。私产观念也很重要。这些都是争来的，不是上帝赐予的，也不是社会赐予的，都是经过群体自觉争来的。每一寸权力都是争来的。

穆勒在提出隐私权时，认为社会里的每个人都应有一定的范围，这空间是属于他自己的。有了这个小圈圈之后，整个社会、政治给他的压力，他能承受，否则他只是社会关系网中的一个变数。这个社会一定会消解其能力，因为个人独立的尊严立不起来。这个观点的提出，与西方的宗教观念密切相关：面对上帝，作为一个孤立的、赤裸裸的灵魂，有其庄严性，任何人不能侵犯。这个观点发展后成为个人主义。这种个人主义当然暴露出它的很多缺陷：过分强调权利，不强调义务；过分强调个人的私，不强调公众的义务。自亚当·斯密后，人们认为大家都知道追求属己的利，社会财富就会增加。这是西方市场经济所谓自由世界的基本原则。所以，一个人如果不能照顾自己的利，那是自己糊涂，只有自认倒霉，没有人去同情他。美国一直到今天的外交政策中，总统绝对不敢放弃自己的利益

（self interest）。因为利在其整个传统中是很健康的价值原则。

毫无疑问，从西方文明的源头——希腊文明到今天的现代文明之间，创造出了很多残忍的事实。希腊的精神是追求真理，到了培根以知识为力量，从追求真理转到征服世界的科学主义。原来科学、哲学是追求智慧（苏格拉底就认为哲学是为了认识自己），到了现代文明，它变成一种强烈的向外追求的精神。现在一般浮士德精神，概括言之，就是情愿以自己的灵魂换取新的价值、经验，也像游历者尤利西斯一样，宁愿到处流浪，寻求新的价值。鲁滨逊精神与此类似。追求真理，追求智慧的精神，可以转换成征服世界的科学的人文主义，让自然世界成为科学实验、研究的对象。到现在，自然被征服后，人类整个生存环境被污染了；特别是核武器出现后，更出现生存危机感。

但自启蒙运动后，西方确实发展出一种以动力横决天下的精神：崇拜上帝的希伯来观念，经过启蒙运动后变成了改造世界的力量。现在国内有韦伯热。韦伯在其重要著作《新教伦理与资本主义精神》中，认为新教伦理与资本精神的合流是使得资本得以发生的重要原因。这并非批判马克思的观点，而是于其外去分析文化价值观念对经济、社会发展的作用。他们的提法当然是针对马丁·路德改教到加尔文改教这一线索而提出的。举个简单的例子：从早期的加尔文时代的资本家到后来美国的资本家，有一共同的精神特色：工作非常勤奋，能创造积累很多财富和资金，但生活都非常简朴，简直到了禁欲主义的程度。他们可以积累很多资本，但不是耗费而是再投资，用到资本发展的经济轨道上，而生活则非常清苦。他们从事企业管理不是为了自己的享受，而是为了上帝的荣耀。因为在西方的那段时期内，加尔文主义是一种绝对的命定论：一个人之是否能成为上帝的选民不是自己能决定的，作为僧侣的父亲也不能将其地位让儿子承袭。如何得知自己能否成为上帝的选民，靠自己的行动：早晨六七点起床，锻炼，然后工作，非常疲倦的时候才入寝。这种人才是上帝的选民。如果早晨晚起，有酒便喝，这种人一定是被上帝遗弃了的。所以，社会价值决定了他是否能成为上帝的选民。资本的兴起与这种社会价值有着密切的关系。

西方以动力横决天下的浮士德精神，与希腊精神既有联系又有分疏，与希伯来精神既有联系又有分疏；后来所创立的民权等一系列制度，与罗马有联系又有分疏。在这个大背景下，西方理想的人格一方面是英雄豪杰，另一方面是持禁欲主义的僧侣阶级，有一种强烈的对外追求、开拓精神，同时又向内追求精神动源、侍奉上帝。社会的很多动力得自这种价值，而这常常摇摆在集体与个人之间。但是，他们没有出现类似中国传统中的知识分子。

自19世纪后才出现知识分子的观念。Intellectual一词来自俄国。俄国19世纪用这个观念时，主要指沙皇时的西化派（受法国大革命影响的一批知识分子）。他们有两个特色：其一是绝对主张西化，其二是反对政治。知识分子参加政治变成干部，便不属知识分子。这是俄文原意中的知识分子。西方则自19世纪一直到20世纪，才有现代意义上的知识分子。

知识分子与政治是有冲突的，即参加政治又不属政治结构的一部分，视野广阔，有文化感受，有历史意识，有社会良心；从长远而不是从实用的坐标系考虑问题，更多地从理想的坐标系中考虑问题。他因而与现实政治中运作的人有些距离和冲突，因而有其批判精神。这些都是逐渐出现的西方的价值取向，与我上面所提的中国传统中的价值取向当然有所不同，有其特色。

传统中国文化的现代命运

现在要提的问题是：在西方文化的撞击下，传统中国文化的现代命运是什么？本来，如果照中国的特殊性而发展其文化，其趋势将如何？这是一个无从考察的问题。这主要原因是 17 世纪后西方文明和平输入，19 世纪西方文化破门而入。原来的发展方向与 19 世纪后西方的现代文明结下了不解之缘。必须了解它撞入中国文化后所发生的重大作用及与传统文化的区别，因为这两种价值是完全没有同构可言的。

我不能完全接受这个观点，即：西方自启蒙后代表着现代精神，而且是所有世界文明都须朝向的。至少明清思想家没有这种理解。西化、现代化观念出现得很晚。西方帝国主义撞入中国，这是中国社会发展的内在逻辑无法导引出来的，这是个历史的变态。李鸿章说这是三千年未有的大变。今天我们站在现代的高度来看，自 19 世纪后，传统中国社会的发展就与西方文明结下了不解之缘，有着各种微妙的联系。自鸦片战争到五四运动的近代史大家都很熟悉，我要强调的一点是认同的危机感，这是以前历史中从来没有的。以前的印度佛教逐渐渗入中国文化，蒙古入主中原曾使中国有认同危机感，但与西方文明撞入中国后在短短的两代时期内发生巨大的变化而产生的认同危机是不可同日而语的。

在魏源时代，当他提出"师夷之长技以制夷"时，基本上是把西方文化撞入这个事实理解为海防问题，如果解决了海防问题，则中国文化认同不可有大的变故。到了洋务运动，注重了国防工业，船坚炮利，乃至某种程度的技术引进如轮船、火车、电讯……这时认为中国可以适应外来的文化冲击，而整个文化，乃至社会政治制度不会有大的变故，只要自强运动成功，就可引进西方的技术、文明，然后再阻挡西方对中国文明的进一步入侵。不过，当胡林翼骑在马上见到英国军舰迅猛地游弋于长江江面时，极度忧虑乃至口吐鲜血，这显示当时较有远识的中国知识分子已理解到西方的船坚炮利后面还有很多因素。这不是简单的海防、国防工业和技术引进所能解决的。

甲午战争前，日本在短短的一代人三十年时间里，不仅学会了西方的科技，而且学会了西方的帝国主义，开始侵略中国。甲午一战，中国海军战败崩溃。康有为、梁启超所倡导的戊戌变法基本上是政治改良，不再仅囿于海防、经济，而提出要使政治有大幅度的变革，不然应付不了西方的挑战。到孙中山先生革命运动时期，提出要彻底变革政治制度。五四全盘西化的提出，则要求社会、政治的革命，而且更要求整个文化的脱胎换骨。

从"师夷之长技以制夷"到五四的全盘西化，从 19 世纪中叶到 20 世纪初，可以说是经历了从认为文化认同不会出现问题到全盘否定或抛弃传统以适应西化的巨大变化。而这段历史为时不过两代。

在这个大背景中，可以说张之洞的"中学为体、西学为用"乃是由于无法对这个问题进行反思而提出的权宜之计，以满足当时的心理需求。它无疑是说"中学"是无用之体，而"西学"则是无体之用。这基本上是两不着边的，没有思想性的，没有辩证性的空洞的提法，它基本上没有认识认同的破灭。因此，中国近代化过程中出现了这样一种特殊现象：强烈的爱国主义、民族主义与反传统主义同时出现。

日本民族主义高涨时，也是其国学大盛的时候；以色列建国时，提倡要恢复古希伯来文；美国建国时，强调要与英国划清界线，发扬美国传统。如何提倡自己的传统，从自己的传统中吸取新的源头活水，是现代化过程中不可或缺的环节。而中国则不然，在民族主义高涨、反对帝国主义侵略时，同时也有强烈的反传统主义。这造成了以后的全盘西化和义和团精神，即强烈排外心理的恶性循环。过分提倡全盘西化，大多数人就会仇外反外；同时，一群人表面强烈媚外，希望以西方东西治国而内心却是强烈仇外；也可以是仇外而又媚外。这种情形造成一种恶性循环。"中学为体，西学为用"克服不了它，而企图采两方之长的融合论也克服不了它。所有的路都走穷了。更严重的是，源远流长的文化传统在知识分子群中变成了遥远的回响，实际在生命中它没起作用，而真正的现代集体记忆是非常短暂的，而且到处是断层。从鸦片战争到五四，可以说每十年有一次大的动荡：鸦片战争、太平天国、自强运动（洋务）、戊戌变法、辛亥革命、五四运动。这个速率后来越来越快，每五年即有所变化。因为有这么巨大的变化，所以中国知识分子的群体记忆越来越短暂，更与所谓源远流长的文化断了根。

另外一方面，传统力量却越来越加速发展。那正是不需要的东西，即封建意识遗毒，而且是不需要反思的。民族文化心理结构中正发生化学作用的积淀，它渗入我们的血液和骨髓发生作用，它不是对个人而是对群体的。鲁迅的所谓"奴性"，确实是国民性。这些力量如阿 Q 精神，在受到西方文化撞击后，其丑恶面貌日益显露，而真正的儒家精神则不能沉积，孟子的大丈夫精神荡然无存。但是，《儒林外史》中的小儒则比比皆是。听说鲁迅先生写了文章后常收到朋友来信，责问他为什么在文章里骂他们。可见，他塑造的人格形象是普遍存在于现实之中的。

这种文化心理维持了相当长的时间，封建意识的积淀极为深厚，影响极为宽广，有相当强的沉积性。今天的青年理论家将传统文化理解为封建意识，而且痛切地取之于身，这是不可否认的现实感。事实上，封建意识的确发生了很大作用，而能塑造中华民族的大传统已经成为遥远的回响。该继承的没有办法继承发扬，该舍弃的没办法舍弃消灭。这是我们现在面临的两难困境。如果把这个问题摆在比较研究之中，则更加突出。

美国文化是很年轻的，有今无古，但它有很长的连续不断的现代史。这个现代史至少有三百多年。因此，它的文化，它的历史感受，它的知识分子的群体的记忆，至少有三百年。如果说它的文化与欧洲文化有一脉相承的关系，那它的历史更是源远流长。这不是学理探讨的结论，而要看实证。比如：美国的政治制度是 1776 年构建的，三权分立、宪法、两院、白宫所代表的政治结构中，其宪法是神圣的。从 1776 年到今天，只有违背宪法而受制裁者，而宪法的大经大法没有更动一字。它可以有很多的解释、发展，但基本宪法没有受到任何挑战。甚至连大选的政治结构也未改变，罗斯福想执政更长时间也没成功。美国的报章杂志、自由企业联合体有二三百年历史的多得很，尤其是教会组织，更是如此。这是有谱，有记事录明确记载的。

以前我在北师大讲演，有的同学说美国没有文化，有点小东西稍有历史就大加吹捧，而中国文化源远流长，传统的东西打掉它几个没有关系。但是，我们应知道，能维持三百年是很不容易的。明年，我所服务的哈佛大学建校三百五十周年，将有近四万校友回校参加学术讨论。1636 年，该校建于麻省康桥，最老的房子差不多建校不久就有了。1636 年在中国正是东林时期，甚至更早。中国从东林到李自成革命，清兵入关，康熙乾隆盛世，到戊戌变法、辛亥革命、五四运动，一直到"文革"这段时间，人家的记录就没有中断过。

举个很简单的例子：1983 年我去北大参加汤用彤先生学术讨论会，读到他的公子汤一介先生在美国时作的讲演，其中曾提到汤用彤先生到过美国，而且在哈佛攻读三年。此事在国内无从查找有关资料。我给哈佛校友会挂了个电话，很快得知汤用彤先生在哈佛学习的具体时间是 1918 至 1921 年，但 1921 年他回国后哈佛对他所知甚少，因为他没有捐款。但仍然知道他在中国很有名。汤用彤先生当时研究范围很广，擅长印度佛教，也研究中国哲学、西方哲学。但汤先生在哈佛时都选上些什么课，导师是谁？我给哈佛注册组挂了电话，对方告诉我查清并不难，成绩表全在，但这是隐私权，你没权过问，除非他本人或直系亲属才能得到一份成绩单的影印本。于是经汤一介先生同意，签名取到了成绩单的影印本。成绩单最后附有一条：汤用彤先生来自美国中西部的哈姆莱顿大学，也就是说是用庚款在1917年就去美国了。我又给哈姆莱顿挂了个电话，告诉他们贵校有一位很有名的校友，名字是TANG，能否帮助我们查找有关他的档案。对方一口答应，不久即来电话告知，1917年汤先生确在这所大学，选修政治学和社会学两门课程，因为成绩优异而被推荐到哈佛大学，而且当时该校校报还有两篇报道描述了汤先生的情况。

可见，美国文化有一种承继感，他们的集体记忆非常完全；而我们的情形则是，源远流长的文化经过近一代集体记忆的断层，要想推到更远的地方则较难。北大是历史悠久的一所大学。现在北大的校址是原来的燕京大学。有些燕京校友回来后说，这是我们的地方，不是北大，北大在红楼。北大的发展从京师大学堂、同文馆，再到五四时期的北大，再经过"文革"，其间变化巨大，有人说是不堪回首。哈佛可以说有保守甚至封建的传统，但历史上的片言只字却能保存下来。

从这一点我仅以作一简单结论：在西方文化撞击以后，中国文化本身的动源和价值取向基本上是没落了，破裂了，因此造成五四以后的各种恶性循环。

有人曾说马列主义能传入中国，其间有很复杂的社会政治原因。我想从思想史的角度可以这样看：1921年共产党成立时，真正理解马克思主义的很少，参加第一次代表大会的 12 位成员中，第一流的马克思主义理论家也不多。当李大钊提倡马列主义时，可以说他是一枝独秀。五四时期，各种思潮涌现，可以说是百家争鸣，有自由主义，实证主义，柏格森的生命哲学，叔本华、尼采的唯意志论、互助论以及无政府主义，英国经验论，社会达尔文主义。可以说西方重要思想都发生了作用，都有传入，都有宣传家、评论家。杜威到中国演讲引起极大震荡，后来的颜李之学大兴与此相关，因为颜元、李塨的实证倾向与杜威的教育思想有很多相似之处。罗素、泰戈尔来中国演讲也都有很大影响。真是百家争鸣。当时很少有知识分子能想象到马克思主义理论会变成中国的现实，可是经过很短时间，在二三十年代，从事任何社会问题的研究中，马列主义的影响如火如荼。

　　为什么在那么短的时间里，在那么多的西方思潮中，惟独马列主义起了那么重大的作用？原因很多，但从思想史角度来看，自全盘西化的口号提出后，有一个信念：认为中国传统文化都是腐朽的封建意识，已经失去了生命力，不可能在中国传统文化中引导出源头活水，真正能救中国的文化、价值只能来自西方。这是当时第一流的知识分子的共识，包括社会主义者陈独秀，自由主义者胡适，还有无政府主义者，乃至大文豪巴金、鲁迅。但是，西方的某种思潮如社会达尔文主义，往往与其帝国主义相联系。西方的任何思潮都能满足中国知识分子从西方找到灵感，找到救世的意识形态的这种要求。但是，西方的某些思潮像社会达尔文主义，却不能满足中国知识分子的强烈的民族感情与爱国情操，即反对帝国主义，尤其是反对日本侵略的这种意愿。而马克思主义虽是西方的，但它强烈批判资本主义社会。列宁对马克思主义再加发展，对帝国主义的批判更有其独特的见解。因此，列宁代表的马列主义，经过俄国革命的胜利，再加上苏联对中国有归还沙俄侵占领土的部分承诺，这种氛围也对马列主义在中国的传播起到了促进作用，从而使得它在中国的影响如火如荼。

马克思主义的发展并没有使五四所提出的一些问题得到解决。也许政治构建、社会转化、统一等问题解决了，但思想上的全盘西化、"义和团精神"并没有得到合理的解决。即使新中国成立后，有一段时期由于客观原因而很封闭及新情势的出现，五四后的中西古今之争这个大问题又出现了。而且在鸦片战争、戊戌变法、五四运动中出现的问题又重新出现。从体制到观念的改变，有一派主张全盘西化，认为所有从西方来的价值观念，都是有意义的，对传统则全面批判，甚至有某种程度的媚外、崇外思想。

五四时代，没有现代化观念，只有西化观念，不能想象除欧美的发展模式外，还有任何别的发展模式。五四时代也有强烈的有机的文化整体观。有些深刻的思想家认为，根本不能靠所谓集各家之长来解决问题。因此，提出全盘西化有一种相当程度的悲剧感，虽然我们也许不愿意，但非如此不可，否则无从自存。如他们所提出的一些口号："科学与民主"，都是些如何引进西方东西的大课题。但是，在很短的时间里，为救亡图存，很多知识分子投笔从戎，参加了实际政治生活，而在反思方面很多应该做的课题刚提出又因其他更大更急的问题的出现被放弃了。因此，当时提出的很多问题没能解决，没能达到相当高的理解水平。

今天情形非常不同。以前的西化是单元的，而今天的现代化已具有多种模式，倾向于多元。只有在狭隘的经济观点中，如瓦斯多的《经济的历程》中才是单元的。现代化的模式如果从政治、经济、文化多种角度来考虑，其多元化是不可抗拒的潮流。另外，西方文化中很多第一流的思想家也在进行自我反思，以突破西方中心主义。他们认为，以西方为主的思维模式是有片面性的。比如英国，是它打开中国的大门，使天朝礼仪大国逐渐沦落为东亚病夫，备受屈辱。19世纪中叶的大英帝国横行全球。今天的英国则千疮百孔，再发展下去也许不能与西班牙抗争。可见文明的起落、国势的消长在现代史中很多，是常有的事。有很多国家发展速率很快，但他们所受伤害也往往最大。曾几何时，西方思想家认为按照韦伯的观点，是新教伦理促进了资本主义的兴起，这是基督教的偏见。他们认为，伊斯兰教没有作用，阿拉伯国家不能团结起来。可是到了20世纪60年代，阿拉伯国家居然团结起来，变成了石油输出国家。在很短时间内，把世界资金作了一次大转换，一下子富了起来，看起来欣欣向荣。马上有西方学者承认伊斯兰教的作用，说阿拉伯国家将越来越有力量，弄不好基督教倒可能没落。又曾几何时，油价大跌，作为石油输出国的阿拉伯受到很大的震荡。以前曾认为宗教不妨碍20世纪成为科学的文明，但过去几十年中的冲突无不与宗教相关。霍梅尼现象不过是个例外。印度的锡克教与印度教徒的冲突，北爱尔兰天主教与非天主教的冲突，中东的以色列所代表的犹太教与伊斯兰教的冲突；两种不同的伊斯兰教如伊朗、伊拉克间的冲突。各种宗教间的冲突出现了，怎样理解？

确实，现代化进程的多样性是不可避免的。美国社会学家彼得·伯格（Peter Berger）提出：今天世界上至少出现了三种工业文明：一种是西欧、美国所代表的新教伦理的工业文明；一种是苏联、东欧以计划经济为主，以马列主义为价值系统的工业文明；再有即日本、韩国、新加坡、中国的大陆、台湾和香港地区所代表的工业文明。也许儒家伦理有些生异作用，这是有待考察的。这三种不同工业文明的出现，显示着将来还会有不同模式的工业文明出现。也许东南亚将会出现受佛教影响很大的工业文明，印度也可能变成一种工业文明，拉丁美洲也有可能，而且肯定它的工业文明将不同于以上三种工业文明。

中国大陆走哪条路？这也是值得大家思考的问题。以前曾考虑过欧美模式；后来由于一边倒，模仿苏联；后来也考虑过东欧如南斯拉夫模式；甚至也考虑过日本、中国台湾模式；中国香港模式已成为国内的两种体制之一。这其间有很多思想值得思考、选择。不可否认的是，近二三十年来太平洋地区的兴起这一事实。世界的经济动力可能导引出文化的创新，从大西洋传到太平洋：中美、工业东亚、澳洲、东南亚文明。这是一个新现象。西方的第一流学者如果要对人类文明前景作个反思，他绝对没有办法回到 19 世纪的黑格尔、马克思时代。那时世界动力全在欧洲，现在则不然。能否以那时的模式了解现在，这是值得考虑的。

站在知识分子的群体的、批判的意识这一立场来看，我有一个可能片面的提法：要想使中国文化有进一步发展，关键在于传统文化能否对西方现代文明所提出的挑战有创建性的反应。而西方所提出的问题是花样繁多的，有基督教文明的问题，有马列主义所提出的社会改革问题，有深度心理学的问题，有科学、民主的问题。佛教传入中国是和平渐进的，而且中国知识分子主动拥抱佛教，其间经过了好几个世纪才变成中国文化的一部分。

西方文化是 19 世纪撞入中国的。中国知识分子并没有任何准备，也不是同构的。要想消化这个庞大的西方文化，谈何容易！照国内提法，有个马克思主义中国化的问题。这是从延安时期就一直讨论的。如果要对西方文化的挑战作出创建性的回应，那么马克思主义的中国化是一个非常重大而又牵涉范围非常广的思想上的大问题。这个进程是短期还是长期的？有些人从研究佛教的角度认为这个时期较长；有些人则认为由于现代科技的发达，现代意识的出现，将使这个时期缩短。但问题在于，所谓中国的特色这一课题并没有提到日程上来，我们现在所做的工作还很片面。

如何使西方文化中被消化了的价值到中国土地后能播种、发芽、开花、结果？正如佛教传入中国后能发展出中国特色的佛教如禅宗、天台、华严。什么时候能有中国化的西方文化？如果从比较佛教输入中国这一角度及西方所提出的挑战之困难来看，一百年确实太短。这个过程以后，才可以谈有了新的生命力的传统文化如何不卑不亢地走向世界，而成为世界主导文化之一。

佛教中国化而成为禅宗等中国佛教后，有其强烈的生命力，被吸收、发展出宋明理学。而这一历史因缘与现在是否有同构，可以借鉴。我们的设想当然是肯定的。实际上却很难说。因为，西方文化毕竟与当时佛教文化有很大不同。印佛所带来的是宗教信仰，在哲学、文学、民间习俗各方面起一定的作用；而西方文化的来临，至少在传入的早期，对中国文化产生了致命的影响。

另外一面，没有理由不相信中国文化有可能被吸收到西方文化的大传统中去。这个现象非常明确。现在有些青年理论家认为，传统文化中的封建糟粕太多，而所谓民主与科学的精华极少，最强的民主思想也不过是孟子的"民为贵，社稷次之，君为轻"的民本思想，没有西方那种民主政治的构建。科学，照李约瑟的说法，在中国当然有些科学技术的发展，但相对于西方科学在19世纪的迅猛起飞和现代发展，中国科学已是历史现象，不是有生命力的科学。也许只有医学，而医学中的针灸原来被说得神乎其神，成了万金油。当然，中国医学还有草药等。但如何与现代医学结合还须进一步研究。

也许中国传统文化在某个时候会完全被西方文化消融而不复存在。我们现在日常语中有许多来自西方——经过日本而来。曾有些主张全盘西化的学者提出要废除汉字，这真是把西化与现代化完全混为一谈，以为废除汉字后，中国就可全盘西化。这些工作在东南亚已有人做过，朝鲜就废除了汉字。现在朝鲜的青年知识分子已没法读懂他们19世纪的历史文献，更不用说李朝时代的那些典型的古文体文献。最近，韩国特别新成立16个中文系，培养青年读古典的能力。我因为对儒学研究的强烈兴趣，也研究了朝鲜儒学，受朱熹思想影响的朝鲜哲学家李退溪的著作，有些韩国学者读不懂，我能读。

如果中国文化能对西方文化的挑战作出创建性反应，能够消化西方文化（包括它的作用），就能够引发其源头活水，使之成为中国文化中的一部分。然后发展一系列有中国特色的西方文化价值，比如有中国特色的民主制度、人权思想、中国特色的经济构建，中国特色的社会主义，然后再回到世界文化背景中。因为中国知识分子自鸦片战争后对西方的了解已变成中国文化能否生存的必要条件，而现在西方知识分子还没有自觉要求了解中国，我们有条件达到知己知彼。类似的情形在美国与欧洲的交往中早已出现过。美国学者由于难以掌握德语，对其情况不甚了解，而德国学者对美英情况却很了解。现在第一流学者在美国较少，而在德、法却很多。比如解释学派重要学者从海德格尔到伽达默尔到伯利克，不是法国人便是德国人。在比较文学中，法国学者较多，如福柯、德里达；人类学中有列维·斯特劳斯。这是由于英美自大。在中国，如果我们能了解西方文化，又能引发传统文化的源头活水，思想将走上康庄。

值得注意的是，近几年韩国很多学者懂英文、日文、民族文字，如果再将传统挖掘（即中国文化的一部分），十年二十年后，这批学者将发生重大作用。文化交流和学术发展渠道的开拓是个困难事情，但我基本上是乐观的。

（中国文化书院编《中外文化比较研究》，北京：三联书店，

1988 年）

海外中国文化研究概况

　　我在讨论中国文化在海外研究概况这个大题的同时，也想特别提一提曾向各位介绍但尚未详尽探讨的关于所谓儒学第三期发展的前景这一问题。上次只是把问题提出，还有很多实际的内容，一些复杂的观念，现在尚未理清，只能是点题而已。

提出儒学第三期发展问题的背景

　　在我上次提到儒学哲学和现代化问题时，特别介绍了两个同时出现的观念，也可以说是同时在 20 世纪后期涌现的两种意识形态。一种是全球意识的出现，一种是寻根意愿的强化。全球意识形态的出现，也可以说是天下一家的意愿的出现，它特别与科技的发展有密切的关系，也是 20 世纪在人类文明发展中一个相当突出的意识形态；寻根意愿的强化，也可以说是一种各显精彩的意愿——

各种不同的文化、不同的社会环境都表现其独特性。这在过去的近二十年发展得特别突出。因为这两种看似矛盾而实际上又有内在密切联系的意识形态的出现,一方面是全球一家的全球意识,一方面是寻根意识——各种文化要求表现其独特性,并以不同的模式各显其精彩。这两股大潮流的撞击,对现代化问题,尤其是近二十年来可以说有了一种新的在知识上和学术上的转进。

在 20 世纪初期,只讨论西化,根本没有所谓现代化;现代化这个名词,可以说在第二次世界大战后才较具体地提出来。以前对现代化的理解是认为只有单一简化的发展模式,而这个模式即以西欧和美国为代表。任何一个文化,任何一个地域,任何一个民族要现代化,就必须西化、欧美化。即使在 60 年代,西方学者对这个观念仍坚持不放。特别是在社会学方面,有所谓结构功能学派的社会学,就坚持现代化的模式是单一的这一观点。而对当时世界各地的情形是一种两极分化的理解,即资本社会和共产社会两极分化。但是,现代化模式只有一种,任何一个国家要经过现代化过程即所谓经济起飞,都一定会碰到欧美所碰到的特殊的社会问题。

到了七八十年代,特别是 70 年代后期和 80 年代初期,比较杰出的西方学者可以说放弃了现代化单一简化的发展模式,同时也逐渐放弃了两极分化的分析问题的方式,取而代之的是一种多元的、多层次的、多渠道的研究方式。认为现在全世界发展的态势是多样的,也就意味着现代化发展的模式可能是多样的,至少不会只是一种模式。尤其是 80 年代,因为东亚工业文明的出现,即日本和亚洲四小龙工业文明第三种(现代工业文明现象模式)的出现这一新的事实和现象，更使得一些西方学者认为现代化的过程可能是多样的。将来的东亚、南亚、中南美、非洲的现代化，可能都有不同的模式。欧洲长期是现代化的前哨，可是由于 70 年代阿拉伯集团的兴起，尤其是油价政治化的倾向，带来了欧洲经济的大振荡。有些欧洲学者认为，欧洲将来发展的前景是相当暗淡的。从比较悲观或乐观的立场来看，多半学者都开始考虑到现代化的多元化倾向。也可以说，欧美、苏联东欧和东亚的现代化模式，将来都可能成为如东南亚、非洲、中南美等所谓落后或发展地区现代化的借鉴。因此，在西方社会科学界重新掀起了一股反思韦伯思想的浪潮。

韦伯这位思想家，在很长时间里影响了几乎所有欧美对现代化进行科研的思想家和学者的运思方式和解释的策略。韦伯有个突出的理论，即认为西方资本主义的兴起和新教伦理有很密切的关系。所谓新教伦理，即马丁·路德改教后所发展出来的基督教文明，而后来又经过加尔文的改造，变成西欧最重要的精神文明。而这个精神文明，与西欧特有的资本主义的兴起有相当密切的关系，以后这一发展的模式影响到美国资本主义的兴起。美国的资本主义和美国的新教徒所代表的思想和精神方向有密切的关系。我们从具体实际的例子来考察，韦伯的这个论点很有说服力。因为绝大多数在美国早期资本社会影响很大的人物，像卡耐基，都是非常虔诚的新教徒。他们资本积累很多，但生活非常勤勉，说明宗教的力量影响到他资本积累的模式。这个问题当然可再探讨，其中有很多复杂的关系、中介。不过从方法学上，韦伯特别强调精神信仰，特别是宗教信仰和资本形成之间的一种交互影响的关系。

因为比较研究这一提法，现代西方学者对第三种工业文明，也就是东亚工业文明背后的动因、文化心理结构到底从何处导引而来这一问题很感兴趣。由于这一原因，才提出儒家伦理和东亚企业精神的关系问题。以前，儒家伦理只被认为是中国农业社会的产物，在塑造中国知识分子这方面作出了很大的贡献。而在欧美和国内学术研究中，一般认为儒学这套意识形态和工业文明的发展是有冲突的。但是日本、韩国、中国台湾、中国香港和新加坡，在二战后工业文明的发展显得很突出，而这些社会又都是所谓后期儒家的社会，即受儒学思想影响很大的社会。到底原因何在？是不是以前在农业社会中所发展的一套意识形态或做人的方式在东亚工业中发生了一定的积极作用？当然，工业东亚的兴起和制度、历史的偶然因素以及其他的文化因素，如日本的神道、韩国的巫教、东南亚的华人民间宗教都很有关系。儒学重视家庭，重视集体，重视教育，重视政治领导，还有其他很多特殊的价值，在这个环境中所起的积极作用到底是什么？怎么会发生这种作用？这些都是现在从不同角度长远地加以考虑的研究课题。

如果想了解儒学第三期发展有无可能性及其发展前景，我想应该结合儒学第二期发展的问题来讨论。所谓儒学第二期的发展，是在公元 10 世纪，特别是针对印度文化在中国文化传承里面发生极大影响，即佛教所导引出来的问题所作的比较创建性的反映而发展成宋明理学。宋明理学，按岛田虔次的看法，可以说是东亚文明的表现。

它不仅仅是中国文化的一部分。作为东亚文明体现的宋明理学之所以出现，是因为传统中国思想之儒学面对印度文化在中国文化中所发生的极长远极深厚的影响作了较有创建性的反思，因而造成了一股文化洪流。

如果儒学要有第三期发展，比较以上的提法，也就是说儒学可以对西方文化从 19 世纪中叶到了东方以后，在东方所引起的重大变化这一事实有比较创建性的反思，能对西方文化所提出的问题作一些答复。如果说儒学第二期的发展是对影响中国文化长达几百年的佛教等外来文化的反省，那么儒学第三期的发展肯定要相当长的时间，即使一百年也只能算刚刚开始而已。

如果从这个角度来看，按照西方一些研究者所得的片面结论来说，儒学至少要在三个层次方面能面对西方的挑战。第一层次即所谓超越宗教的层次，亦即对西方基督教所提出的问题，儒学能不能有回应；第二即社会政治经济的层次，特别是对马克思思想所提出的一些重大问题，儒学能不能有一些创建性的回应；第三是心理的层次，亦即对弗洛伊德及与弗洛伊德有关的一些西方杰出的心理学家所提出的问题，儒学能不能作出有创建性的回应。与以上问题都有关系的是，对自五四以后的科学和民主传统所提出的重大问题，儒学能不能作出有创建性的回应。

对这个问题我想提提自己的想法（这也是值得大家反省的问题）。西方哲学家在 20 世纪西方文化大行其道，影响到世界各个角落的时候，也有一个可说是源远流长、影响也很大的意愿：他们都想做世界性的哲学家！由此他们希望在东方文化中也能寻找到一些灵感和启发。这个意愿在西方文化现代化过程中一直很强烈。但也有不同的阶段。

最早在 18 世纪启蒙运动以后，西方一些杰出的思想家对中国文化就有很高的评价。如大家都知道的伏尔泰和卢梭，在长期的辩论中，认为中国所谓开明专制的文化是一种理性主义的高峰。伏尔泰对西方宗教神学的反击常常以中国文化为例证，认定一个没有神引导而道德水平非常高、政治秩序井然的文化，事实上是存在的。另外，在西方哲学发展中具有极重要地位的哲学家莱布尼茨，在其数学思考甚至整个哲学思想中，对当时中国所代表的理性主义，即现在所说的朱熹代表的理性主义，有很高的评价。通过当时在中国的传教士，一部分宋明儒学（包括先秦的）典籍被译成拉丁文，再转译成法文、意大利文、德文。他们了解到当时中国的文化、思想并予以很高的评价。对西方最大的哲学家康德，尼采就曾作过玩笑式的评论："康德可能是从柯尼斯堡来的伟大的中国人"（柯尼斯堡是康德的故乡）。说康德是中国人，意指康德在其哲学思想中以理性消减了形而上学，同时认为道德理性是神学的基础。这在西方哲学发展过程中是非常突出的观点。这个观点的提出，可以说是西方哲学思想的重大突破。当时有些思想家特别强调情致，尼采就认为康德所提的这一套和中国的理性主义——18 世纪欧洲思想家所理解的中国理性主义——有些相同的地方。可是 18 世纪和 19 世纪的情形可以说完全相反。19 世纪的欧洲思想家，几乎没有例外地都是欧洲中心主义者，这很可能是因为欧洲有极大的经济政治社会的改变，有如谭嗣同所说："以动力横决天下。"19 世纪的欧洲思想家有两种情态出现。一个是把他们思想的目标集中在认识欧洲，特别是自 18—19 世纪以来欧洲剧烈的变动，因此他们多半只能考虑欧洲思想的树木，而对整个世界思想的森林置之不顾。另外，还有一个特性，这些思想家多半是从欧洲文明特有的具体经验所归纳的原则来解释人类文明发展的必然归趋。一方面，他们的注意力集中在欧洲，另外一方面把集中在欧洲后所得出的结论来了解世界。这和18 世纪思想家想从中国哲学中吸取一些养分这种做法有相当的不同。像代表科学实证主义的孔德，社会达尔文主义如斯宾塞和赫胥黎，经济思想方面的亚当·斯密，讨论社会、法律方面的思想家如孟德斯鸠，都曾对欧洲一些有燃眉之急的大问题作全面而较深刻的反思，而对世界其他地区则不能顾及；同时认为欧洲的问题就是将来世界的问题，能解决当时欧洲剧烈的变动，也就能解决将来世界的问题。

在这些思想家中，影响较大而且较全面的是黑格尔。有很多人说，黑格尔可能是欧洲出现的第一位全球性的思想家，他全面考察整个人类的精神文明、思想的发展问题。黑格尔对中国文化、思想存有误解（对此，西方学者有专门研究），认为中国文化、思想是早熟的。中国文化的灿烂发展时期是先秦，此后则停滞不前，因此，中国思想的表现，按照他的唯心主义来看，不是思辨的，不是深切反省的，而是一种比较散离的、伦理性的人生经验，不能成为严格的哲学；只能算作一种情感性的偶有理性光辉，因而只是散离的智慧。所以，中国人只有实质的自由，而没有自觉反省的自由。真正有自觉反省自由的人只有一个，那就是皇帝。因此，他认为世界文明的发展（包括中国、印度）是逐渐走向欧洲，而当时文明的发展渐至高峰的是日耳曼民族，更具体地说即是黑格尔本人。这是人类思想文明——所谓精神主体发展的必然归趋。

因为有了这一提法，自黑格尔以后的欧洲思想家，对东方文明，包括中国文明，不再有 18 世纪思想家们那种企望从中国文明中吸取养料的心愿了，多半都是欧洲中心主义者。对这个复杂的问题，我想举个简单的例子供大家参考。在马克思的经典中，提到过五种生产方式，即原始公社、奴隶制、封建制、资本主义和社会主义。这是他根据整个欧洲文明经历的五种形态所作的全面深入的分析，也可以说《资本论》是对欧洲当时兴起的资本主义所作的全面深入的反省，以期解决欧洲所面临的大问题。由于这个原因，西方一些学者认为（我们的了解较片面，但也有这样的感觉）：马克思当时注意的重点是欧洲的问题，关于亚洲，他曾经提到过亚细亚生产方式，这是对亚洲问题留下了一个尚不能完全解决的模式。他原来的意愿，并未曾想把这五种生产方式同样运用到亚洲。甚至有人举出这样的实际例证：当有人想把这五种生产方式运用到当时的俄国时，马克思很生气地表示反对说：我并不是一个马克思主义者。可见在研究这个问题时，他的范围是比较具体的，对象也是比较明确的。

韦伯基本上是受到马克思思想的刺激，可是，他在承认生产方式、生产力、生产关系、生产工具等的重要性时，特别想强调精神文明的重要性。他认为，精神文明所谓上层结构对下层结构不仅仅只有反作用，而认为精神本身有其发展轨迹，而这个轨迹和下层结构中有一种非常复杂的交互影响。他提出这样的问题：为什么只有西欧发展了资本社会？为什么世界的文明古国像印度、中国、中东（阿拉伯集团、伊斯兰文明），以及早期基督教文明的希腊、罗马和犹太文明都没能发展资本主义？为什么西欧发展了，而东欧却没有发展？为了解决这些问题，韦伯写了很多书。其中有一本对中国的社会结构、经济制度、政治文化和价值、宗教之间的交互影响进行了研究。该书的结论认为，中国未能发展资本主义，主要的原因是因为儒学，因为儒家学说所代表的生命形态、政治文化、农业社会，基本上不是朝向资本主义路线的。因为这一提法，引起了很多的西方学者对中国文化的兴趣。而这个兴趣之旨则在于想了解：为什么一个源远流长、影响很大的文明，从各方面来看都可以发展成现代的物质文明，但在十八九世纪瞠乎其后，没有西方发展得那么快？

第一，如果说都市形成是现代化的一个特殊表现形式，中国都市在春秋战国时就有相当的规模，特别是在隋唐以后，百万人口以上的都市在中国已经出现了。马可·波罗所居城市威尼斯（当时欧洲最大的都会）只是三十万人口的城市，而他所到的中国就有杭州和开封这种人口过百万的大都会。从都市的形成来说，中国的现代化老早就开始了。因此，日本学者内藤虎次郎就说，中国的现代化是从宋朝就开始了。这在西方也引起很多争论。

第二，如果从科技方面来看，按李约瑟好几大卷的《中国科学技术发展史》的研究成果所说，中国科技在宋代即是世界的高峰。如果仅从数学、物理学来看，中国科技有其落伍的地方，但从生物学、医学来看，中国的科技也有其突出的地方。可是，很明显的，中国的科技自明以后无法与突飞猛进的西方科技相比。但即使是在15世纪中叶，中国的物质文明如技术（不是指科学思想）仍有很多突出的地方。如农业改革,大规模的航海业的发展(如郑和下西洋,能组织那样庞大的舰队直达非洲东部,力量很是惊人),再有手工业等其他各方面的发展。

中国如果要想走向类似于西方的资本世界,从物质条件、生产力的带动,甚至从各种不同的生产结构来看,其可能性并不是没有。然而为什么没有走向这条路?在韦伯看来,是由于中国整个的政治文化的方向不同。中国很多一流商人积累很多资本之后,不再愿意重新投资,重新在经济上发展,而愿意把他所积累的资本用于文化事业。他要发扬自己博雅的精神,可能去学诗词歌赋了,不再在经济上运筹。政治和经济有密切的关系。很多由中国社会、中国文化培养的人,离开了中国的政治环境(比如明清的大一统的轻商的、牵制企业精神发展的政治环境),从文化心理结构来说还是中国人,到了东南亚、欧美却可以充分发挥企业精神,创造出很多奇迹。如东南亚的橡胶业、米业等很多企业,资本的积累都为中国人(华人)操持。可是在明清,特别是清代的中国政治环境内,并没有得到发展。可见,能否得到发展,与文化心理,也与政治和其他社会力量有关系。

这些问题被提出后,有人开始觉得韦伯所要解答的问题不是为什么在其他文化没能发展资本主义,而是为什么在西欧发展了资本主义。没有发展资本主义是世界文化发展的一般情形。大的文明像印度、伊斯兰教文明、犹太文明、早期基督教文明、中国文明,都没有发展资本主义,而惟独西欧发展了。由于这个原因,一些西方学者提出这样的问题:所谓两欧文明的特殊性(尤指十八九世纪以后），是否能变成解释世界其他地区发展的必然性？大多数学者认为是不可能的。

这里有个较尖锐的哲学问题：西方的唯心主义的出现是从笛卡尔之后。笛卡尔是现代西方哲学的创始人，所有现代西方哲学思想，都是因笛卡尔的问题而引发的。笛卡尔提出的命题"我思故我在"，这是思维决定存在最突出的表现。后来导致休谟的怀疑论：我知道我存在，我有意识，但是当我在书房里从事哲学思考的时候，我怎么能肯定外在世界是存在的？怎么能肯定外界也有与我同样的心灵？他说当他离开自己的书房，在咖啡馆或沙龙里与别人讨论问题的时候，这个问题就不存在了。但在书房里，这却是个非常重要的问题，而这个问题正是笛卡尔带给他的。在笛卡尔的思想里，有非常明显的心物二分的倾向。心非物、物非心，心没有延展性，物有延展性，心可以反思，物绝对不能反思，是心就不是物，是物就不是心，这是决然排斥、分割的二分法。以后发展出像黑格尔那样突出的唯心主义思想。在反击黑格尔的过程中，又发展出一套较突出的唯物主义思想。笛卡尔的思想模式，从正面来说影响了西方科学精神的发展。以后像培根提出的知识就是力量等观念，很多都与西方现代哲学自笛卡尔开始的转变有密切的关系。

这些复杂的问题（情形）都在西方出现了。这些问题在哪些层次上可以和东方的大哲学思想比如印度和中国的，或早期西方如中世纪基督教文明接上头，这都是大家觉得非常困惑而且难以解决的问题。到了 20 世纪七八十年代，欧美学术界有一强烈愿望，要求突破笛卡尔所提出的心物二分的思想模式——从某一层次来看，这一模式有简化的倾向。西方现代哲学，尤其是二战后所发展的哲学流派，多半是想突破笛卡尔后所带来的问题。海德格尔、胡塞尔、哈特曼是从现象学、存在论的立场来突破；存在主义不管是萨特的无神论存在主义还是马塞尔所代表的有神论的存在主义，也想加以突破；甚至英美的维特根斯坦后期的语言哲学像吉尔伯特·赖尔乃至科学实证论分析哲学所谈论的问题，也是想作进一步的突破。

韦伯所提出的问题，使得西方学者和我们一些在西方从事中国哲学研究的学术界的从业人，对中国文化和中国历史发展的特殊性等问题进行反省时，也考虑到它们到底和西方 19 世纪思想家在论证欧洲中心主义时所提出的论据有哪些联系、分歧等。

在西方学术界，我常常接触到一些问题。比如在讨论资本主义萌芽时，如果西方学者据韦伯的观点提出中国为什么没有发展资本主义这个问题。我的回答一般是：为什么欧洲长期不能得到统一？表面上看来这是个风马牛不相及的回答，答非所问，问未得答。但其间却有个很有趣的事实：他所提出的问题是西方社会文化、思想发展过程中突现出来的问题，要在中国文明、学术发展的过程中寻找答案是困难的，或者一定要把中国的历史现象结合西方发展的模式才能寻找答案。我所问的欧洲为什么没有能够统一，则是中国文化的大问题，中国文化是长期的统一、长期的延续；欧洲自罗马帝国崩溃以后进入封建时代，一直没有统一。到了今天，欧洲所结成的安全共同市场，只有经济上的合作，并没有统一的倾向，也没有统一的意愿，而且也没有统一的远景，是各显精彩的方式，而不是大一统的方式。如果要问一个欧洲学者，为什么自罗马帝国后欧洲没能统一，他们会回答说这不是欧洲的问题，因为欧洲本来就不统一。如果他们要问为什么中国没能发展类似西欧的资本主义，我们当然也可以作类似他们的回答。不然的话，我们也许就不能较周全地弄清中国历史发展的一些内在的问题。由于这原因，欧美学者研究、反思中国学术发展这个课题的日程（安排）是很松散的，与国内自解放后有统一规划、重视几个大课题的研究倾向很不相同。

欧美中国文化研究概况

我现在利用简短的十五分钟介绍一下欧美的研究情形。对中国文化的研究在西欧和美国都不能说是显学，甚至可以说是影响不大的学术研究，但其传统较深厚、潜力很大。在直接介绍欧美情况之前，我想举个例子。在中国文化讲习班的开幕式上，汤一介先生希望这次学术讨论会能勾画出中国文化走向世界的远景，我们当然希望中国文化以不卑不亢的心态走向世界。这里有个例子，是东方文化的一个走向世界的例子，可作为借鉴。

前面我曾简单地提到，自18世纪后（甚至更早），西方有些学者，特别是第一流的思想家，有从中国古老的文明中吸取灵感、得到启发的意愿，尤其是自二战以后，这个意愿更加强烈。东方学术思想的一个重要环节禅宗，在第二次世界大战后通过日本传到欧美，并产生了一定影响。这是东方文化以不卑不亢的心态走向世界的最好例证。这个过程非常复杂，我所了解的不过是其中一部分，简单地介绍一下。

　　日本受到中国文化的很大影响，经过长期的发展，尤其是经过大化革新以后，也发展出所谓有日本特色的各种不同的思想，禅宗即是其中一种。禅宗在日本得到传播，在哲学上与京都学派西田几多郎等人的思想发生合流。京都学派的思想与日本的禅宗和德国后期海德格尔思想有密切的关系。这个学派中的一些学者到过德国留学。所以日本的京都学派事实上是禅宗思想和欧洲大陆理性主义发展的汇合。他们把禅宗这套思想带到欧美，是通过了很多渠道的：很多英美学者在日本学了禅宗之后再把其典籍译成英、法、德等文字；同时，这个学派中一些学者在日本国内享有较高学术地位后，也到英美去讲学，其中最突出的一位是铃木大拙。他在美国住了十三年，专门从事佛教特别是禅宗的解释和翻译，组织了很多研讨会，然后很有系统地组派一些大和尚去美国弘法。他们有的不通英语，有的学了一点英语后在美国再练习。我曾经结识其中的一位，名叫佐佐木承周，那是 60 年代的事。

　　那时日本东京学派中的西谷启治（现在可以说是东京学派的祭酒了）带着这位禅师（佐佐木承周）到普林斯顿大学去访谈。我们见了面并会谈过。那时正是美国有禅学热的时期，坐禅的人很多。我曾问他为什么不去纽约，那里爱谈禅、坐禅的人更多，条件也更好。他回答说：在中国禅宗里有达摩面壁九年之事。达摩虽受礼遇，甚至当时政治权贵也希望他传授教义，但他不希望走捷径成为利禄之徒。佐佐木承周接受教徒的条件极为严格："我现在去纽约肯定是一窝蜂，不能这样。要使之细水长流，找一些大学，让一些有意愿的人慢慢接受它，行'不愤不启、不悱不发'之教。"那是 1967 年的事，十年之后，他在洛杉矶成立了第一所禅学研究中心，到现在时间已相当长了。他是目前在美国宣扬禅学最重要的学者之一，每年有无数大学教授，及攻读博士、硕士学位的佛学专业研究生去他的研究中心，念《金刚经》及其他经典。

毫无疑问，禅学现在已经成为在美国的一般社会阶层，尤其是知识界中一个重要的东方思想，而且佛教还会继续发展。美国已经有一些大规模的庙宇，而真正进入佛教系统的美国的年轻人，也是在美国社会很突出的，像大学生、博士、硕士学位研究生也很不少。举这个例子是想说明，中国文化要想以一种不卑不亢的心态走向欧美世界，需要有一个长期的过程，还需要有见证者，有人——不仅是个人，而是社团甚至基金会——愿意以细水长流的方式把这套思想带到欧美去。

另外，在西方确有研究中国文化亦即汉学的传统。而且这个传统相当深厚，也有一定的影响。在欧洲有三个地方研究中国文化较突出，它们是荷兰的莱顿、法国的巴黎（巴黎大学）和德国的慕尼黑。莱顿自20年代甚至更早，对中国文化的研究一直颇有贡献，特别是对中国法律思想或法家的研究很有成果。国内较突出的学者像瞿同祖先生早期著作《法律与社会》的英译本，就是莱顿出版的。巴黎长期对中国民间宗教和佛教有较浓的研究兴趣，现在又兴起研究道教的兴趣。欧洲学术联合会把《道藏》的索引和提要全部译成英文和法文。慕尼黑对少数民族或中亚的研究较突出。欧洲的汉学学报《通报》已办了几十年之久，学术水平也相当高，每年一期。两年一次的欧洲汉学讨论会，与会者过去几次都达几百人。除以上几个地方较突出外，最近在挪威也有研究中国古代文化的学者。

瑞典则因高本汉的关系，其博物馆中收藏的中国青铜器和仰韶时期的文物特别丰富。苏黎士（瑞士）、意大利，尤其是柏林的达伦博物馆，专收藏中国民间艺术品是世界上有名的，而且他们不只收藏民间音乐乐谱，还收藏 20 世纪初期评剧、京剧演唱的录音制品（目前国内已很难得）达成千以上。伦敦大英博物馆所存关于中国的文物当然很丰富，特别是研究中国自鸦片战争后近代史的文物，不管是偷去，还是抢去、骗去的，都很多、很全面。在梵蒂冈（教廷所在地）藏有大量自东西交通后传教士从中国呈回的报告（尚未公开）。在台湾有位神父名叫罗光，现在可能已成为天主教领袖，他利用三十年时间，在梵蒂冈附近一所专门训练教士的学校用拉丁文讲授中国哲学。在欧洲，虽然研究人数不多，但研究汉学的传统比较深厚，而且学术水平比较高。

在美国，有两个不同的潮流，一个是汉学研究，主要受巴黎如伯希和的影响；另外有当代研究，有两个不同的轨道。研究人数比较多，资金也比较雄厚。可以说，美国顶尖的大学都有东方研究，特别是中国研究。从西往东看（包括加拿大），西部有四所大学：加州大学的伯克莱校区、斯坦福大学、西雅图的华盛顿大学、英属哥伦比亚大学。这几所大学研究中国都很突出，所藏中国书籍也都在三十万册以上。在华盛顿大学，萧公权先生、施友忠先生曾教过很长时间；中部有三所大学：芝加哥、麦迪逊和密西根大学；南部有亚利桑那、德克萨斯大学；东部更多，如哈佛、耶鲁、普林斯顿、哥伦比亚、宾夕法尼亚和加拿大多伦多等大学,都是汉学研究中心。

在美国学术界研究中国方面的学术有几个特色。第一是多元的,学术比较独立,有学术为天下公器的观念。学术研究完全是公开的,特别是图书的应用方面。如美国国会图书馆、哈佛图书馆中文书籍有近五十万册,都是开架的,研究者可以自由翻阅善本书和一般书籍。由于有电脑咨询,其图书量虽与东方特别是中国和日本的藏书比起来要少得多,但编目全,流动量大,流动速度快;学术界竞争性较强,故对资料图书公开的原则掌握得很严格,任何资料性的东西必须公开。若不然,会受到学术界的非议。资料完全公开,各处学者都可索用。

美国的研究有基金会的资助,政府也拨款。对中国当代的研究,可以说是因为美国政府的鼓励而兴起的,不然的话,美国对当代中国文化的研究可能会像欧洲对汉学的研究一样。但从 50 年代起,美国有了对当代中国的研究,政府拨款资助,其目的是政治性的。所以在美国的学术界有句玩笑说:“美国特别注意研究它的敌人。”二战时期,美国对日本研究兴起;冷战时期,美国对苏联研究兴起;朝鲜战争时期,美国又兴起对中国研究;现在美国对中南美、对阿拉伯集团的研究又开始兴起。虽然政府拨款的目的是政治性的,但学术界研究的方向、兴趣却是政府无法控制的。政府本想培养汉语人材,但学生学了汉语后开始对中国文学感兴趣,转而研读《红楼梦》《金瓶梅》等文学名著,所以研究结果往往与政府的政治性目的不一致。到了 80 年代,美国政府对此作了全盘性的反省,成立人文基金会,此后,不再是国防部——政治机关直接拨款,而是这个人文基金会资助。这样,学术研究的独立性也就更能得到保障。

就儒学研究来说,在美国可分为三阶段:1955 年至 1965 年,1965 年至 1975 年,1975 年至 1985 年。1955 年至 1965 年,美国的研究多半以儒学为政治意识形态,目的是想了解中国社会的权威主义、政治结构,而儒学在他们看来则是传统的中国专制社会用以控制人民的意识形态。1965 年至 1975 年,比较突出的是哥伦比亚大学,很系统地对宋明儒学——身心性命之学进行了详尽研究,其态度则是同情的了解,尽量把宋明儒学所提的问题从其内部加以研究,不是简单地把它当作封建社会意识形态的反映和专制政体为了控制人民而发展出一套意识形态,而是把它当作一套哲学的人学,当作一套身心性命之学或为己之学加以研究。1975 年至 1985 年,儒学的研究与行外(即中国文化研究自身以外)的研究交流比较多,与人类学、社会学、研究西方哲学和宗教的专门学者都有一些交流,特别是过去十多年,对韦伯的思想作了全面反省。

德国海德堡大学成立了韦伯研究中心,其十年的计划为:以韦伯所提出的为什么其他大的文明没有能够发展资本主义这个问题作为研究课题,开过五次国际学术大会。其中有一次是 1982 年在德国召开的,集中讨论韦伯的著作《中国宗教》,与会者三十多人,一半是研究韦伯的专家,一半是研究中国的学者。大会的结论是:韦伯所提出的问题可能有局限性,也许我们可以把他的问题倒转过来,不应问其他大的文明为什么没有发展资本主义,而应问西方发展了资本主义对西方文化发展的方向、特殊性有什么较全面的掌握？也就是源远流长的文化传统都有其特殊的发展轨道，而它的发展现代化的来龙去脉与西方不尽相同。有些社会发展了国家资本——这不是欧美式的资本主义，如苏联和早期德国的方式就是国家资本。还有不同的资本积累方式，如日本的资本积累方式，按韦伯的观点来看，既非国家资本，也非欧美式的个人积累，而是很复杂的集体和个人积累互相交融所导致的方式。

所以，现在开始对韦伯所提出的问题进行反省，更突显了西方思想多元化的倾向。现代化一定是多元的，各种不同的社会可以用各种不同的方式发展现代化，而其发展过程一定会有不少方面与西方（问题）结合起来，但也会有很明确的分歧。但是，事实上中国并未按其历史发展的规律发展，这是因为帝国主义的原因，导致中国发展的模式有所改变。世界上很多其他地方也是因为 19 世纪后欧洲的发展而受到影响。但就现在状况来看，这些社会的发展也决不会重蹈欧洲发展的覆辙，且不谈迎头赶上，至少是以不同的方式来发展；不一定要重走欧洲所走的片面、曲折的发展道路，而会探求不同的模式。因而如何掌握各自社会发展的内在动力便成为学术界普遍关注的研究课题。

由于这个原因，最近欧美的学术界也对中国社会发展的特殊性作了讨论和反省，其间尤以对中国历史分期之研究为甚，与国内提法大体不同。国内的中国史研究所谓"几朵鲜花"（兰州赵俪生教授言）即很重视古史分期、农民革命、资本主义萌芽、土地运用等重要问题。古史分期的问题讨论最多，论辩也最激烈，也发现了一些很有价值的材料。

1980 年在吉林召开了一次古史分期讨论会，结论大致有六大派，十几个小派，或持西周封建说，或春秋封建说，或战国封建说，或秦汉封建说，甚至有持魏晋封建说的。早先一般认为资本主义萌芽期在鸦片战争前后，后来则认为是在明清之际就有了资本主义萌芽。日本有些学者（国内也有）认为，唐宋之交就有了萌芽，并且是中国资本主义发展的重要阶段，最近又有持隋唐说的。在古史分期和资本主义萌芽时期问题上，如果取隋唐为封建之上限，同时又认为资本主义萌芽于唐宋之交，那么，封建社会在中国时间竟很短了，而一般则认为中国历史发展的特色就是封建社会历史漫长。这里牵涉到一个很有趣的问题：怎样理解封建？以前在中国有封建的提法，即"封疆建藩"，现在我们所用的封建概念是译自西方的"feudalism"。这正像我们以道家的"自然"概念翻译西文中的 Naturalism 后反而使之含义发生改变一样。"封建"现在的意义与中国原有的含义有所不同。这就使得对中国封建社会概念的意义的理解变得很复杂。

怎样把握中国社会发展的特殊性？比如中国社会统一的局面相当长。从韦伯的观点来看，中国社会发展的动力是延续不断的。假设我们认为在漫长的中国封建社会里有上升期和衰落期，上升期至唐末，然后是衰落期。从这种分析来看整个宋明儒学，其消极意义就比较大，因为它是维护应该改变而没有改变的社会态势的，而且维持的时间相当长。可以说，中国文化自宋一直至 19 世纪是处于衰落时期，应该向前发展而未发展，所以落在欧洲后面。这和日本学者岛田虔次说宋明儒学是东亚文明的精神体现这一提法就有了冲突。

由于以上问题，使如何理解、探寻中国文化发展的轨迹、它的内在动力及其发展的特殊性就变成了一个重要课题。这和西方自19世纪以来第一流的思想家所做的工作有相同的地方。他们的工作旨在全面深入了解当时西方社会发生的剧烈变动及其代表的历史意义。

这里牵涉到另一个在西方学术界讨论的奴隶社会的问题。可以说希腊、罗马，尤其罗马后期是奴隶社会，因为那时奴隶的比例很高，没有奴隶存在，社会就不能维持，经济结构就要破产。到底中国什么时候是奴隶社会，又是怎样的奴隶社会，很值得反省。到底什么时候有25%以上的人口在中国变成奴隶而且成为维系社会经济结构的主要生产力？西方那种没有身份权的奴隶与中国的农奴是否可以相提并论？西方自罗马帝国崩溃后完全没能统一这一模式是西方封建社会发展的必要条件，没有罗马帝国的崩溃，没有外族入侵，没有基督教发生相当大的影响，就没有西方封建社会的兴起与发展。有些学者甚至认为，日本在德川之前相当长的时期内类似于欧洲的封建。而中国在春秋战国时代，周代大的统一局面崩溃了，从社会结构来看比较像欧洲的封建社会。但是从发生学来看，中国历史的发展是汉朝大帝国崩溃后的魏晋时代，外族入侵，新的宗教兴起（如佛教），各种士族大家族形成，又比较像西欧封建社会的发生，但结构又有不同。到了隋唐，实行了大一统，这是欧洲历史上未有的。又因为中国幅员广阔，要把日本和中国的现代化相比较，有如以英国和整个欧洲包括苏联的现代化相比较一样，根本不成比例。

所有以上问题，在欧美都成为激烈争论的课题。对这些问题的研究可能要和中国文化在中国历史发展过程中到底扮演什么角色及将来现代化多元化模式更明朗后，中国文化可能扮演什么角色等课题结合起来进行研究。

日本的中国文化研究概况

下面继续介绍日本的研究情况。对欧美的研究情形我再补充一点。欧美的研究虽不像国内一样有统一规划的学术讨论，但集体合作的情形却相当普遍。在美国有个"全国学术联谊会"，每年要资助五六次与中国文化研究有关的国际学术讨论会。平常这种学术会议多半是研讨会，人数一般限定二十五人，提前一年半发邀请函，确定论文题目，会后大约三至五年将会上的文稿集结、修改、出版。通过全国学术联谊会中国委员会的资助，这种论文集已出版了几十种。在海外的研究中，如果从队伍的齐全、资源的丰富、研究的谨严各方面来看，数日本最为突出。台湾地区对此也比较熟悉，这里仅就我所知的简单地谈谈。

在日本有东京和京都两个不同的研究学派，就像国内有"京派"和"海派"之别一样。东京对现代史的研究比较有兴趣，受马克思主义影响较大，常用阶级分析、经济结构、生产方式等了解、分析中国历史，有东洋文库、东京大学等研究机构，队伍比较齐全。京都的中国学术思想研究比较传统，有人文科学研究所和京都大学等研究机构。日本还有全国性的研究机构，如"斯文会"，亦即孔孟学会；另外还有一个国际性的中国学会，举办过许多学术讨论。

我觉得日本对中国文化的研究有个特色，比较像国内的小型的学术研究：由一位导师带几个研究生，作漫步式的长期研究。由师带徒的方式，他们称之为会读。这种方式已有几十年的历史了。比如同年级的研究生进到中国文化研究教室，按各自的兴趣组织几个会读。比如说在星期四的下午，大家在一起读中国的古典，可以是《史记》，也可以是杜甫、白居易的诗。每次由一个学生先弄清字、词及考据，一句一句地读、讨论。较有历史的会读可以维持十年、二十年之久。从做大学生到毕业做助教授、教授到离休，会读不断。开始可能有十来人，到后来只有两三个人，而且研读方式颇像中国传统经学，可谓皓首穷经。他们编了很多索引、字典等工具书。人文科学研究院就有很多会读。《抱朴子》有会读、《盐铁论》有会读。平冈武夫的白居易会读收集了白诗的全部片言只字，这是很多年会读的结果。还有《朱子语类》会读。这个会读最近编出了所有《朱子语类》的索引。有时会读也宣读论文，这时会读就变成了研讨会，提交的论文经修改后出版专集。由于解释不同，形成很多学派。

日本学术界有一点特别值得我们尊敬：这就是敬业乐群、安分守己的精神。日本近年经济繁荣，物质诱惑很大，企业界突出的人家有万贯，社会气氛趋向浮华，消费颇盛。而学术界则很是清苦，薪水不高。但学术界多半不与外界交通，可谓日本社会之清流。我认识一位九洲大学的退休教授冈田武彦，治学生活就很清苦，早些年只能吃素，一星期只能见一次荤，但学术工作却不曾中断。

日本学术传统很深厚，有好处也有坏处。坏处是有门户之见，好处是学统历史相当长。再举岗田武彦一例。他所在的九洲大学在德川时代受朝鲜儒学影响，从十七八世纪起，由师带徒的方式传授下来，完全没有中断。日本有个严格的规定，教授六十岁必须退休，但从国立大学退休后可在私立大学兼课。一直教下去，代代相传。从武彦教传给荒木见悟，再传给福田，现在好几代的学者还经常在一起会读，从十七八世纪一直到现在，研究从未间断，所以材料的掌握比较周全，而且颇有"家传"的学风。

一般美国学者认为，日本的研究者创发性不够，他们是经师，考证详细，又是集体合作。我不这样认为，不是其创发性不够，而是他们的学术研究一方面历史比较长，另一方面他们在日本学术界的地位非常崇高。像吉川幸次郎（已去世）曾在抗战前来北京留学，专门研究宋词元曲。他是地道的京片子，普通话讲得很好。他在台湾讲学时批评台湾学者国语讲得不好、文字不顺当，得罪了很多学者。还有宇野哲人，也是地位较高的老教授。另外有位曾获物理学诺贝尔奖金的学者汤川，特别强调他的思想曾受中国道家思想影响。汤川的家族很大，他们兄弟三人，都过继到不同的家族，后来都变为很重要的学者。小川、贝冢茂树与汤川是三兄弟。小川是京都大学中国文学教授，贝冢则是甲骨文研究专家。汉学家在日本的学术地位非常高，他们都可以说受到类似日本"国家财"（国宝）的礼遇。他们既有家承，又有传统和很多弟子，所以其学术研究蔚然成风。

美国哈佛大学的杨联陞教授曾这样说：如果把中国学问分作

一百种（课题），每一种里面都找一批有成就的学者，在世界其他地方不容易办到，但在日本则大有可能。这就是说日本研究队伍大而齐全。现在情形虽然难说，但其研究传统至少是得到了保持，其藏书也相当丰富。我曾陪唐君毅先生往访天理大学。日本有个天理教，是日本民间宗教和佛教合流的产物。还有天理寺，文物受到天理教重视，被看做信物，收集很多的文物。天理大学所收藏的中国文物就很惊人。他们甚至藏有王阳明真迹长卷，尚未收进王阳明全卷，有关苏东坡、杜甫的文物也可见到。一些大的庙宇藏有大量自与中国交流后中国到日本的大和尚（如鉴真）从中国带去的文物，包括书籍等（有些是研究俗文学的孤本和善本）。

日本有规模的图书馆相当多，但书籍流通较慢。另外，他们提倡研究自己民族的文化。如前首相田中去美国访问时，发现那里研究中国颇盛，影响较大，乃提倡日本研究，向美国十所大学各捐赠一百万美金用作研究费用以发展日本研究。最近他们成立了日本基金，向愿意研究日本的任何美国人提供资助。现在美国的日本研究渐渐兴起，这对中国研究也有好处。我们鼓励对德川幕府的研究，不要仅囿于研究当代。这种研究肯定会在某些方面和中国文化研究结合起来。

韩国的中国文化研究概况

最近几年，韩国的中国文化研究发展得比较突出。一方面经济发展得较好，另一方面韩国以前有文武两班制度，等于是贵族制度。按照美国学者的研究来看，贵族制度在中国从唐朝开始，由于考试制度的兴起，就已开始衰落。唐朝还有一些大贵族如崔家，甚至可以和皇家分庭抗礼，可是宋以后就没有了。社会的上升方式可以使一个农民跃为宰相，而且很少有一个大的家族能将其财产维持三代以上的时间。所以，中国自宋以后有贵族制度崩溃、平民政治兴起的倾向。甚至有人这样认为，除明代王庄控制的土地数目较大以外，清朝以后的大地主控制的土地数目和拥有的财富，与欧洲的地主比起来只能算是小地主。从比较文化的角度来看，中国财富平均现象较突出。韩国历史上的两班制度维持着较严格的贵族制度，一直到现在遗风犹在。其弊病是等级观念深厚。现在韩国联姻时仍要叙谱，有的可以追溯到李朝（14 世纪）甚至更早。

李朝时有一特殊现象：受儒学影响的儒者和两班联合起来后，比王室的力量还要大。"为王者师"的观念自李朝始一直维持到现在，故其政治抗议精神较强。知识分子以天下为己任，认为自己就是社会的主人翁。现在韩国学生运动很频繁即是例证。

另外由于有贵族制度，其学术传统也得到维持。李朝的时候有书院一千多所。后有"反智主义"，一个李朝王摧毁很多书院，禁止在书院讲学。虽然如此，今天的韩国还有二百多个书院旧址。最有名的叫陶山书院，即李退溪讲学的地方。《李退溪全集》的初刻还存在书院里，现在由李退溪家族的后人掌理这个书院。除了这个书院以外，有名的书院还相当多。

去年我到汉城开会，应高丽大学学者金容沃之邀，去陶山书院附近的另一书院——屏山书院。书院面对高山，前有溪流淙淙。这个书院有三百多年历史，木结构建筑，很通风。从长廊进入后有左间正间，后有纪念书院创始人的纪念堂，基本上是中国式样。现在已无人把它作书院之用，只有高丽大学学生假期在这里举办讲习，研究中国典籍，特别是研读孟子。为了体验古时书院生活，他们完全按院规生活、学习，甚至身着白色古装。

最近几年，韩国在恢复对传统的研究方面做了很多工作。自1945 年后，他们基本上废用汉字，而用朝鲜传统的拼音，但大多数大学生仍有汉文基础，程度不高，相当于国内中学水平。但专门研究中国古典或朝鲜哲学的则要求较高。

最近在韩国有学习汉语热，很多大学、讲习班都开中文课。如果有人既懂朝鲜文又懂中文，就会受到礼遇，因为那里需要大量的中文教师。他们主要是为了想进一步理解自己的文化传统。李退溪在韩国的地位相当于朱熹在中国的地位。国际退溪学会每年召开一次学术讨论会，而且到处设立分会。这个学会会长千方百计要邀请国内学者参加退溪哲学讨论会，并且主动寄赠有关资料。经过努力，1985 年台湾岛内约有十名学者被邀在 8 月到日本参加退溪哲学讨论会。退溪思想基本上是朱熹思想的进一步发展。我初看有关资料时，就觉得他的体系博大精深、内容极为丰富。通过这些资料，还可以了解李朝大儒的思想。而且这些资料都是汉文，是研究儒家传统的重要资源。

韩国目前研究队伍虽然大，但还不够理想，一定要有一些对中国文化、古典特别是对中国哲学有兴趣的学人参加。他们也是这样希望的，而且这种研究有助于对第二期儒学的发展作全面的了解。

这使我想起一件很有趣的事。有位老先生告诉我,在编纂四库编目中,发现对李退溪全集有如下批语:所言皆正学,但不知何朝人也。可见其文字水平很高。这些资料只有掌握了中国古文的人才能有较全面的了解,而韩国废用汉字已久,除非搞这个专业的才能深钻。

但韩国的研究也有其特色,不管在哪个大学,在国外研读后再回国的教授很多,对欧美学术研究的状况很熟悉,而且大都较好地操四种(英、日、中、韩)语言。这些学者中,有不少曾受一个重要思想家——高丽大学退休学者李相殷的影响。李教授是硬凭考试进入北京大学哲学系读书的,毕业后在高丽大学研究哲学。这些学者有较强的抗议精神,当初带领学生高呼打倒李承晚的就是李相殷。由于这个原因,他们不把儒学和维护专制政体、压迫人民联系在一起,而认为儒学有其大丈夫的抗议精神。

由于研究资源丰厚,韩国留学风气颇盛。很多研究中国文化的韩国学者都去中国台湾留学,然后去日本,接触面较广。将来到中国大陆留学的可能性也许会有的。譬如目前在高丽大学任教的金容沃,他原是高丽大学毕业的,美国夏威夷大学向他提供助学金,让他去东西文化中心深造。他谢绝了,而决定先去台湾研究中国哲学。拿到硕士学位后,西雅图的华盛顿大学又向他提供助学金,他也谢绝了,而决定去日本东京大学攻读第二个硕士学位,然后才去哈佛攻读博士学位,论文题目是王夫之哲学。这种类型的学者在韩国屡见不鲜。若假以时日,这些学者很可能会崭露头角。他们以前是比较西化的,不愿讨论东方文化问题,希望多了解西方。现在已经有了一种自觉,特别对东方文化有兴趣,也有了相当程度的民族意识。

但也有不好的现象，就是狭隘的民族主义比较突出。去年开会时就很令我惊讶。那次会议是由精神文化学院主办的，该院院长说：敝国是儒教之宗主国，即儒学是在朝鲜起源发展的，因为箕子讲《洪范》《九畴》，带到朝鲜后就一脉相承地发展下来，相形之下孔子反而晚出，是后期儒家。可以说这种提法是政治化的，是不好的倾向。但大体上，一些年轻学者对日本、中国台湾、欧美研究动态、状况较了解，进行具体的研究工作时就能有较周全的考虑。

台港地区的中国文化研究概况

台湾地区的情形，大家了解的可能多些，资料较多。我简单地说说自己的印象。学术界力量不大，但知识界很蓬勃，出版物、学术讨论较多。最近有一相当突出的杂志（在美国报刊上也有介绍）《天下》，虽是讲企业的，但文化思想也讲，影响较大。《中国论坛》讨论时事，两大报《中国时报》和《联合报》，销行量都有百万，资金都非常雄厚，竞争激烈。各种不同言论因此可在这种报刊上见到。出版界盗印情况日甚，《二十四史》经台湾地区的学者几十年努力断句加标点后，出版界盗印加精装，在台湾以外市场倾销。英文书籍一出版他们就盗印，而且连大英百科全书也印。爱读书的人找书很容易。

真正代表台湾地区学术界研究中国文化的还是"中央研究院"。院下分很多所，较突出的是历史语言所，其所刊水平很高，主要是搞考据。他们基本保持了像顾颉刚、陈寅恪等老先生们的传统，对中国文化主要从史学、材料学方面加以研究；另外，在哲学界有个很突出的现象。台湾共有六个哲学系。由于政府提倡儒学，所以年轻人较反感。在所谓中西论战中，主张西化的人易占上风，说服力大，思想也比较活跃；主张中国文化的人则思想比较僵化，是国粹派的提法。这是五六十年代的事，那时有个杂志《文星》，后来又有《大学生杂志》。

70 年代，可能是由于经济的发展，从岛外留学回去的人越来越多，西方对他们来说不再那么神秘富有魅力了，西方的弊病也暴露出来，岛内开始有了强烈的民族意识。文学上表现为乡土文学，以前是现代主义挂帅，专写朦胧诗，后来乡土文学兴起，不单只借助传统文学，尤强调用地方语言即闽南语言写作，泥土气息浓。而提倡乡土文学的，也有不少是留学生。

最近从知识界到文艺界，如侯德建所言龙的传人，都以各种不同的色彩宣扬中国传统文化。学术界则较沉默。原因很多。原因之一是教授们为了生计，兼课较多，没有时间深入研究。社会风气较浮躁，学术界与自居清流的日本学术界不一样，研究者易受亲朋压力，为了改善经济条件，不能安心从事研究。知识界的蓬勃，文化界的花样繁多，与学术界的沉寂形成鲜明对比。但学术界也有一些很突出的科研，有的是"中央研究院"自己领导，比如每年举办讲习会，把一些研究经济史或思想史的学人集中起来一起研讨。这种活动已持续了很多年。最近在清华大学举办了一次中国思想史讨论会，特别集中讨论中国传统哲学范畴，有很多国际上知名学者参加，讨论很是热烈。台湾清华已准备成立人文社科研究所，在历史方面集中思想史的研究。

在香港，主要是两所大学即港大和中大（中文大学）。中文大学是三个学院联合起来的，即崇基、联合和新亚。就中国文化研究方面来说，新亚所做的贡献特别多。新亚在香港成立后，培养了很多人才，它有自己的一套书，完全讲授、研究传统中国文化，特别是传统哲学思想的研究很有成绩。现在新亚变成中大一部分，但基本保持了其传统。以前有《新亚学报》《新亚学术年刊》，现在由《中大学报》取而代之。在香港，由于社会商业化，要纯粹从事研究不很容易，但中文大学却得天独厚，它地处新界，离市区较远，面对大海，环境幽雅，可谓世外桃源。自然美、藏书多，设备好，都属国际水平，因此有自己独特的学术研究。

香港知识分子的自觉是从 1967 年开始。此前，没有太多的文化讨论，相反，赛马、斗狗、赌博的气氛倒很浓厚。香港知识分子有了彻底的自觉，出现了一批像样的知识杂志。此前只有《大学生活》和《人生》，后者与新亚大学很有关系，专讲儒学，但社会影响不大，由老先生们撰稿，是同仁酬唱的学术刊物。1967 年后，有了《七十年代》（现改为《九十年代》）《明报月刊》《抖擞》《百姓》《争鸣》等很多知识性的杂志。《抖擞》受英国文化影响较深，以前也许想做太平绅士，专用英语讨论问题，但目前由完全认同中国文化的学者联合创办。所以，香港自 1967 年后变成中国内地以外讨论中国学术问题特别是联系现实的政治、经济等学术问题的重要据点。这里思想活跃，各种观点都有，肯定是东亚文化区最自由的环境，形成了真正的百家争鸣的局面。

最近，在新加坡大学校址内成立了东亚哲学研究所，对中国学术的研究会有一定的贡献（以前并不突出）。马来西亚大学也有中国文化研究。在不久的将来，可能会有新的看法。新加坡是以英文为主的社会，但华人占70％以上，他们母语一般都是汉语，但受的却是英文教育，要花很大力气才能提高汉语水平。虽然如此，《南洋商报》《星洲日报》或其他学术刊物却有悠久的历史。《南洋商报》已有六七十年历史。他们有自己的研究中国文化的方式，特别注意研究海外，尤其是东南亚的华人社区。我听说澳洲王赓武先生（以前是马来西亚大学教授），要召开一个（全世界）东南亚华人文化认同会议，讨论在新加坡、马来西亚、菲律宾、印尼、泰国、缅甸等东南亚国家华人文化认同这个问题。这个会议约六七月份在澳大利亚召开。

三代人的努力

综合以上各方面，再来考虑一个开初我提出的问题：儒学第三期发展的前景如何？有很多人以为这个新问题是最近才提出来的。由于工业东亚的成功，使得很多在日本、韩国、中国台湾、中国香港、新加坡的知识分子反省自己的文化根源，提出儒学第三期发展的问题。其实，对儒学有无进一步发展这个问题的探讨，至少有三代人作出了努力，虽然参加工作的人少，但作为潜流却有相当长的时间。

五四时期，有全盘西化的口号，儒学一方面受到第一流知识分

子的正面打击，被全盘否定；另一方面又受到在中国政治势力影响
特别大的军阀的内部腐化。很多国内和西方学者认为，儒学的现代
命运已经被判定，不可能有进一步发展。有人指出，1905 年废除科
举后，中国知识分子不再靠四书五经登第了，儒学也就因此完结了。
有人说自 1911 年辛亥革命推翻清朝政府后，儒学赖以生存的专制
政体已崩溃，我们已进入共和时代，儒学也就因此不可能有进一步
发展了。有人说自五四以后这就已经不可能了。可是就在五四时期，
梁漱溟先生发表了《东西方文化及其哲学》（1921 年出版），就已经
对这个问题作了全面的思考、反省。

梁漱溟认为，印度、中国、西方三大文化系统都要受到西方文
化影响，中国文化要西化或面对西方文化挑战才能站立起来。但
是，西方文化是以"动力横决天下"，经过一段时间发展后，会发生
心灵空虚，而印度佛教文化可能要对西方文化发生影响。在当时西
方文化大行其道的时候，梁先生作出了这样的预言：中国文化受到
西方文化的压迫会有所改变，而西方文化则可能会受到印度文化的
影响。这当然是长远的说法，也许是好几代以后的事情。而中国文
化，特别是儒学的复兴在他看来是不可抗拒的潮流。当然那时没有
人听这一预言，那时在中国影响很大的是杜威、罗素。印度思想家
泰戈尔也来过中国，但影响不大，因为那时先进的学人都向西看，正
是蒋梦麟所说的"西潮"滚进的时候。

中国思想界有一个很特殊的现象：对西方又爱又恨。一方面要
打击帝国主义，所以对西方文化有排拒心理，另一方面又觉得西方
是先进的。而对印度文化则抱鄙视的态度，因为中国虽不如西方发

达，经济发展上却要比印度略强。但这种情形与学术思想的发展是不相同的。中国思想家——那种受过很严格的分析训练能提出自己的见识，对问题不是从表面而是从本质上去理解，有强烈的历史感受，而不是从目前态势来理解问题的思想家。用庄子的话说即是"博大真人"。——在中国的当时受两种不同文化的训练：一是西方文化的影响，一是佛教思想的影响，特别是唯识论的影响。很多人提到早期的思想训练方面源头有两个：一个是希腊文化，一个是印度佛教后来发展出的因明学。而唯识是非常严格、深奥难懂的学问，在某些方面并不亚于西方人以心理分析或逻辑思考来了解社会现象。

这个时候有一重要的事，就是欧阳渐（竟无）成立了支那内学院。可以说那时对中国儒学、中国文化有深刻反省的思想家中，不少受了唯识论或支那内学院所代表的传统的影响。我想梁漱溟先生就受到印度佛教、文化的影响。而这些思想家中，受其影响最突出的要数熊十力先生。

熊十力先生 1968 年 5 月 24 日在上海去世。他生于 1885 年（湖北人），今年是他的百年诞辰年。他以前就在支那内学院，从欧阳竟无先生问学，因为欧阳先生思想敏锐，是唯识宗的传人。但从他的自传可以看出，他的思想有很大的改变，从唯识论转到新唯识论，而后提升到儒家易经学说，在大易思想基础上建立其本体论和思想模式。直到去世前，他的思想灵光不断迸发，而且都是从这个立场来反思问题，对五四前后全盘西化、有被"西潮"淹没之势提出了很多发人深省的看法。但他并不是狭隘的传统主义者或国粹派，认为学习西方应单刀直入，操戈入室，要接触其最核心的问题，而不是很表面的问题。西方的科学并不就是技术，科学后面有非常严谨的逻辑思考方式，有很多很深厚的文化因素，只是取其技术以之为用，结果只能是无体之用，西方文化也就不能在中国文化中扎根。

所以说，在西方文化高唱入云的时候，绝大多数中国知识分子都受到某种程度的西方文化的影响，不仅受到资产阶级自由主义、无政府主义影响，也受到社会主义思想影响。但是，全面深入地把各种问题配合中国思想发展脉络、内容作反省的根本没有，或者很少。绝大多数都是政治化的，因为那时知识分子都愿意参加政治运动，因而牺牲了思考问题的全面和深刻性。当然，还有很多其他的原因。熊十力之伟大，用王龙溪的话说，是一种"气魄承担"的方式。熊的《读经示要》，还有很多早期著作如《十力语要》，是对佛教的理解。而在 20 世纪现代中国，最有系统性、原创性的书，可能就是《新唯识论》，难读但理论的系统性严谨。西方对该书也有讨论。在讨论佛教《名相通释》后，再写《读经示要》。语录书信集合起来的就是《十力语要》。建国以后，他一直对这些问题进行思考，著有《原儒》《乾坤衍》《明心篇》以及《本体论》。这些都是他自己从纯哲学思想层面来了解、反省中国文化的结果，也是了解所谓大易的精神本体论精神的努力。从认识论角度来看，其中也有很多极有启发的观点。

梁漱溟先生早期参加村治，后来长期沉默了。参加村治的时候，他触觉敏锐，后来著《中国文化要义》，多半是从社会政治方面了解中国文化。还有一位后来在海外过世的思想家张君劢，晚年独自一人编《自由钟》，一个人讨论中国文化问题——完全是从民主政治方面反省中国文化问题。《自由钟》出了一百多期。他在西方最早出了一本《宋明儒学》（两册），此前他著文讨论过王阳明哲学。这是 50 年代最早在英美出现的讨论中国文化的专著。他是梁启超的学生，在欧洲旅行时，发现第一次世界大战后像斯宾格勒等人，都对欧洲文化有很深刻的批判，而中国当时却大唱向西方看齐，提倡科学精神，把中国文化传统精神文明破坏殆尽，心里颇觉不安。回来后，与丁文江发生激烈争辩。后来胡适称之为科玄之战，通过电台把张君劢称作"玄学鬼"，所以一般人不重视他的思想。但那时他提出的是人生观之问题，科学能解决人生观的问题吗？科学技术的发展能解决世界观的问题吗？这些在现在也还有其一定的意义。

所以说，五四时期，像梁漱溟、张君劢、熊十力等已经对儒学能不能有进一步发展（第三期发展）的问题，从各个不同层面如政治的、社会的、纯哲学、形而上学上作了不同程度的反思。

在海外，对中国哲学思想的发展，特别是对当代哲学的研究，影响越来越大。以前研究胡适的人很多，因为他的自由主义影响很大。现在看来，他的思想当然有其健康的一面，但似乎韵味不足，很平实，不深奥，其中所谈到的一些问题太接近杜威的实用主义。杜威的思想事实上受到黑格尔影响很大，而这些方面在胡适思想中表现得很少。胡适虽然是自由主义大师，但在晚年时说他并未仔细研读穆勒的《论自由》，而且他很后悔做了哲学家和新文学家。他说，如果在康乃尔念大学的时候像蒋梦麟一样没有改行，专攻农业，也许对中国会有较大的贡献，后来改行搞哲学、历史，讲了一些大话, 实无益处。所以他认为哲学的思考和知识分子对人问题的反省无实用性, 效验不大; 如果他一生从事农业建设, 倒会对中国有大贡献。

第二代的知识分子在海外有很多, 一位是熊十力的学生牟宗三。牟宗三先生在对宋明儒学, 特别是对儒学的道德的形而上学作全面反省上已成一家之言。他写了很多书, 多半是自五十多岁到香港后所作(现已七十多岁, 尚健在)。早期写过先秦哲学专著, 后又研究魏晋玄学, 有《才性与玄理》, 有宋明儒学的三大册《心体与性体》, 佛教专著《佛性与般若》《智的直觉》——从康德哲学中物的自身反省中国哲学。他做了很多工作, 从非常专业化、纯粹的哲学角度反省中国哲学。

另外, 新亚大学的创始人之一唐君毅先生, 对中国文化作了很多解释和重建。他的感情很丰富, 思想的层面比较广, 尤其是对西方各种哲学思想接触比较多。他写了很多一般的哲学概论, 如《中国人文精神之重建》《中国哲学原论》, 一共六大册, 是对各种不同哲学思想的比较研究。还有徐复观先生(两年前去世), 对中国学术, 尤其是对政治文化有独到的见解。他是台湾知识分子的最佳体现者之一。徐先生对乾嘉考据工作下了很大功夫, 研究史学在中国思想发展过程中所代表的意义问题, 对《史记》的研读颇有造诣。对文学批评也有独特见解, 研读《文心雕龙》, 写过《中国艺术精神》, 另外著有《两汉思想史》。去世前, 对两汉经学有深入研究。经学代表什么意义？经学是官学, 但也有很多经学大师是地方经学院讲学。这是什么意思？怎样从经学的发展澄清传统文化？另外如钱穆先生写了很多关于文化史的著作。还有方东美先生，也写了不少关于哲学思想的书。

从以上来看，自五四后至少有三代人参加了这方面的学术研究，人不多，做的工作不过几十本书而已，还没有形成强有力的文化运动。在中国台港地区有些影响，在欧美、日本或中国内地则影响甚微。

既然有了对以上问题的反思，将来儒学能否进一步发展的问题，要与另一个前提结合起来。这就是，从现在到 21 世纪，在东亚的知识分子之中能否出现一种群体的批判的自我意识，并有深厚的文化内容与社会基础，使这种自我意识落实在具体的政治生命之中？没有经过对这些问题的切身的反省而提出的空想是没用的。另外，工业东亚及国内的知识分子有了交流后，是否可能有一种文化共识或共同语言。如果有了这种共同语言，将会对东亚文化传统包括佛教、道家、儒学、各种民间宗教信仰的功过等各方面的问题作些反思。我想这些工作开始肯定是在学术界进行。学术界所达之水平，一方面可帮助知识界提升对这一问题的理解，另一方面也可帮助文化界对这些问题作广泛的解释。

儒学是历史现象，但不仅如此而已，它也是一种思考方式，一种生命形态。李泽厚先生在《孔子再评价》文中就指出，中国人（包括农民、一般人士、知识分子）的民族文化心理结构与儒学思想关系很是密切。这是不自觉的，只是在生活习惯上未达到群体批判的自我意识的层面。按照黑格尔的观点，这是习俗性的，而不是批判性的、哲学性的。如果没有批判性的、群体性的自我意识的浮现，它不过是生活习俗的一部分，逐渐地就销声匿迹了，不可能再继续下去。所以西方有些学者提出一些令我们深思的问题：将来中国传统文化（如儒学）在世界文化中是只有词汇的贡献，还是有语法性的贡献？这是从语言学角度提出的问题。语言有其语法，词汇是丰富语言的素材。将来中国文化无疑地会成为世界文化的一部分而丰富世界文化，而它所扮演的角色只是词汇——增加素材，而文法、语法则不是中国文化所扮演的角色。就是说西方人在讲授英美哲学时，可以用中国文化的例证，作为丰富英美哲学的词汇。如果要作出所谓语法性的贡献，则需要东亚知识分子对传统文化作群体批判自我意识的反省后所构建的思想，能够对西方为主的思想提出挑战。而将来的汇流则是只有当东方对自己的一套思维模式、范畴、概念作出相应的改变，才能适应这一挑战。而现在如果我们只用散离的、零零碎碎的反思或说一些勇于承担的话，在国际学术界上不会有很大的影响。

　　所以，从哲学和思想史两方结合起来看，有很多工作要做：到底儒学能否有自己的一套认识论出现？即儒学本身能不能开创一套认识论？能不能开创与现代文明紧密配合的伦理，而且是自己的创建性的伦理？到底它能不能成为东方的部分知识分子的终极关切，成为他们的人生观？而这个人生观是怎样的人生观？它与基督教、伊斯兰教、现代西方其他大的思想关系又是如何？怎样才会互相交融，怎样又会互相冲突？

　　我觉得比较容易发展而且在国内学术界有一定成绩的是美学。儒家的人学哲学能不能对美学作一些创建性的贡献？日本有位杰出的美学家今道有信，他是在欧洲受的基本美学训练，现在是国际美学中心（联合国教科文组织设立）在东京美学中心的主任，可以说是美学界的权威思想家。他说美学在西方发展的轨道与亚里士多德所提出的摹仿论有很密切的关系。如果东方思想家要对此有所贡献，应该能发展出一套美学上的表现论或体现论。表现论的最好线索是从《论语》下手。一般人读《论语》时只把它当作一套伦理思想，只讲道德问题，没有接触到美学问题。事实上，《论语》虽比较散离，但有三分之一的材料基本上可以和美学联系起来。我们当然希望从对音乐、美术，对时间的感受，对人格的欣赏，对人的理解，也就是从人学发展出一套美学。

现在如果我们从较狭小的范围即哲学、学术的角度提出这个问题：到底儒学能不能有第三期的发展？第一关就是儒学在学术界到底能不能有其生命力、新的动力和创发力？亦即它是否有可能对认识论、伦理、宗教、美学等其他的所谓终极关切的问题作出经过长期反思而产生的有创建性的思想？

这里，我只是提出问题。从现在看，儒学第三期发展的可能性是绝对有的，而且很大，但工作不做，则永远不能得到实现，永远也只能是存在于人们心中的可能性而已。这些问题和工作，虽只是我的印象，但却是通过很多交谈、考虑，特别是对工业东亚的学术界动向有了些片面的了解后所得出的结论。我基本上是乐观的，但这种乐观是有保留的，不是一厢情愿的乐观。

（《论中国传统文化》，北京：三联书店，1988 年）

宗教学：从神学到人文学

——哈佛大学的宗教研究

将"宗教研究"纳入人文学科

1963 年美国的"人文学委员会"(Commission on the Humanities）决议把"历史和比较宗教"(history and comparison of religion）列入人文学科之后，宗教研究（religious studies）便和语言、文学、历史及哲学一样成为人文学科之一，成为学术界和自然科学及社会学科鼎立而三的知识领域之一。1972 年由当时任职宾夕法尼亚大学的教授魏而旭（Claude Welch）主编的有关北美宗教学研究动向的综合报告问世。魏而旭推测，宗教学高深研究的队伍，也就是大学毕业之后再专门从事宗教学研究的人文学专才，有逐渐壮大增多的趋势，并且声称伯克莱、芝加哥及康桥，将会成为北美宗教学研究的重镇。

我1962年到哈佛从事以比较思想史为主的人文学研究，1967年任职普林斯顿的东亚系，1971年移教加州大学伯克莱校区的历史系，十年之后又回到哈佛东亚语文文明系，负责中国历史及哲学的课程。我在美的这26年，正是宗教研究方兴未艾的时期；虽然表面上看来，我的专业和宗教学的关系不大，但却因为种种原因，和这个人文学的新项目结下了不解之缘。我想把自己的切身经验形诸文字，也许能为有兴趣认识这门新兴学科的朋友，提供几条线索。

哲学界固步自封，"公众哲学家"消失

我在哈佛留学的四年（1962—1966），正是社会科学现代化理论如日中天的时代，同时又逢越南战争，也是美国知识界"群体批判的自我意识"突然高涨的关键期。哲学界因受英美分析学派和普通语言学派的影响，专业性的倾向极其明显；经院哲学家和时代脱节的现象，也最为醒目。还记得贝拉（Robert Bellah）曾愤愤地表示，为什么当时代表美国哲学高峰的蒯因（Quine）先生竟对燃眉之急的大问题不赞一辞。我也感到，杜威所代表的"公众哲学家"（public philosopher）传统好像在哲学界中已销声匿迹了。

我虽然没有接受过哲学专业的科班训练，但哲学系的课却旁听了不少。交谊颇好的艾肯（Henry Aiken）先生，因为不能忍受同行的狭隘，终于辞去哈佛哲学正教授之职，而到附近的伯兰戴斯

（Brandeis）大学讲授"观念史"（history of ideas）。另外想起一位来访的年轻教授抱着重振宗教哲学的雄心，辛苦地分析上帝、天神等辞汇，结果自己讲得乏味，才登坛数次便借口推说克尔凯郭尔的语言晦涩难懂，纯属不能分析的感情符号而罢讲。难怪当时引人入胜的哈佛大师不是神学家如蒂利希、社会学家如帕森斯，就是心理学家如艾律克森，即使在加州风靡一时的新左翼哲学家马尔库塞，在哲学主流看来，也只是以新弗洛伊德和新马克思为幌子的旁门左道。因此，贝拉赞成我的看法："公众哲学家"的消失，是哲学界固步自封的必然结果。人生的价值问题，生命的意义问题，真善美的理想问题，乃至人的自我超升问题，一旦被逐出主流哲学的领域，便成为神学、社会学、心理学所共同关注的对象。由于这个缘故，我在帕森斯的宗教社会学、贝拉的宗教理论研究、艾律克森的人格发展和史密斯（Wilfred Cantwell Smith）的世界宗教等课中才获得了存在的"受用"感。这是宗教研究能够大行其道的契机。

史密斯当时担任哈佛"世界宗教研究"中心（Center for the Study of World Religions）的主任。这个属神学院领导的中心，却以平等互惠的原则，探索世界各大精神文明。我和史密斯的"对话"，多半环绕着儒家身心性命之学而发，虽然次数不多，但对我的学术道路，却有了决定性的影响。我后来反省康桥四年的经历，史华慈教授对我思考"儒术"的方式有极大的启发，也和他的深契西方精神文明、特别是犹太传统，有密切的关系。帕森斯从涂尔干及韦伯的问题入手，当然对宗教价值和社会变迁的交互作用有精确的掌握。我有一次上帕森斯的课，对他引用韦伯的"中国宗教"中有

231

关儒家价值动向的观点表示不满，特别前去申述，辩难多时，他终于首肯。第二天上课，帕森斯不仅立即修正他的观点，而且当众宣称自己改变看法的原委。我一方面感到兴奋，同时也引发了几分伤感：为什么这几位从来没有受过中国文化熏陶的美国导师，对儒家传统的"精神性"（spirituality）竟有如此鞭辟入里的认识，而在中国文化区里，儒门却淡薄如此！

宗教研究可磨炼思想的高度和深度

的确，五四以来中国的学坛高人，多半不重视宗教研究，即使在宗教学方面作出极大贡献的学者如陈寅恪、汤用彤和陈垣，也都不愿深扣教义；更不谈个人的体验和受用。我曾想，当代中国学术界在史料、史实和史论各层次都有突出的表现，但却不能超越实用和实证主义的樊篱，或许与此有关。如果从更广的视野来观察，我也曾经认为，中国现代文学正因为缺乏对"终极关切"的向往、缺乏宗教体验而无法剖析人类深层的存在感受。在毫无真善美理想可言的功能坐标系统中，既不能一窥西方精神文明的动力，也不能吸取中国儒、释、道三教的源头活水。这个论调，在今天看来，太过偏激，但是当时的感触是深刻的。至今我仍坚信，研究宗教可以磨炼我们思想的高度和深度，希望借闭而不谈以摆脱宗教问题，只是鸵鸟心态的表现。

60年代是哈佛大学的宗教研究脱离神学（theology）而成为人文学中基本项目的过渡。这过渡期间的关键人物，即是前面所提到的史密斯教授。他 1964 年刊行的《宗教的意义及其结束》(*The Meaning and End of Religion*)，可以说是哈佛学派宗教研究的宣言。在这本具有革命性的论著里，史密斯宣称，宗教学的目的不是为了研究业已定型的、并且为教义所范围的有组织的"宗教"，如基督教、回教、犹太教、佛教。其实，英语中的"宗教"(religion)一词，意味着一个静态的有本质的结构，既不能反映在世界历史的长河中各大小宗教传统的动态发展，又不能掌握宗教信仰者的终极关切。他建议取消"宗教"名词，而用"宗教的"(religious)和"宗教性"(religiousness 或者 religiosity)，来体现宗教学中传统(cumulative tradition)及信仰(faith)的两大课题。根据史密斯的构想，宗教研究应采取"历史"和"比较"双管齐下的方法：由前者来了解不同时代、不同文化背景、不同社会环境、不同政治形式和不同经济发展中，传统的认同与适应；由后者来体会宗教信仰者的自我认识、自我定义与自我理解。史密斯强调：宗教学主要是研究人的学问，而不是脱离活生生的人而研究教义和组织的学问。

史密斯虽是哈佛学派的创始者，而且对宗教研究的前景极有洞见，但他想把宗教研究脱离神学院而成为人文学的一部分的理想，在 60 年代的哈佛并没有实现。尽管"人文学委员会"已有此决议，而且后来成立的"国家人文基金"(National Endowment for the Humanities)也把宗教列入当然项目，哈佛的文理学院不接受宗教研究的阻力却不能排除。等到贝拉移教伯克莱，支持神学院的校长卜西(Pusey)退休，而新任院长又反应冷淡，史密斯教授也就满怀失望地回到他的祖国加拿大，在一间高水平的小型大学里专门从事撰述！

史密斯离开哈佛之后，"世界宗教研究中心"由卡门（John Carman）负责，一部分神学院教授会合人文学同道继续奋斗，想要把宗教研究带入文理学院的努力并没有间断，但当时美国宗教研究的重镇，则非芝加哥大学莫属。芝加哥学派的创始人伊里亚德（M. Eliade）出身罗马尼亚名门，精研印度瑜伽术。他所采用的学术途径，号称"宗教现象学"（phenomenology of religion），是同情并了解地把各色各样的宗教观念、现象等量齐观地全纳入解释王国的方法。他的渊博和深沉，把芝加哥神学院变成了宗教研究的大本营，连哲学界的中坚人物如图尔敏（Stephen Toulmin）和利科（Paul Ricoeur）都变成宗教研究经常的谈友了。近年来，我每次到芝加哥作客，总要经历几次脑力震荡，而且只要涉足神学院，便有不虚此行的感觉。伊里亚德教授已于去年仙逝，但他悉心耕耘的田园，仍是宗教研究中人才辈出的道场。

1967 年我在普林斯顿任教，普大的宗教系虽然规模有限，但历史却相当悠久。在长春藤联盟中，普大是第一个设有独立于神学院之外的宗教系的高等学府。我服务的东方语文学系不久就扩展为东亚及近东研究两系，史密斯教授即是宗教系的博士。也许是 1968 年吧，史密斯为参加他指导教授退休的集会，特别访问普大。我们谈到宗教研究发展的前景，他深信哈佛的宗教研究必有展翼腾飞的一天。他说他对宗教研究的抱负，必须通过高深学府的人文学院才能充分体现。教会是助缘，有其一定的社会功能，但和经院式的学术探究毕竟不同；神学院虽然大有可为，但因历史的包袱太沉重，不容易对人类各大宗教传统都一视同仁。我叹息地表示，天主教的汉思·昆（Hans Kung）在抨击教廷时口口声声不离"全球性"，但归根究底，他最多只肯谈基督教范围内的"全球性"；他想了解其他宗教的意愿，未免太薄弱了。听说蒂利希和京都学派的祭酒西谷启治对话之后，眼界大开，颇有从比较文化角度反观基督教传统的宏愿。可惜他那时年事已高，只有兴发心有余而力不足的浩叹了。由于史密斯的邀请，我在 1970 年举家迁居"世界宗教研究中心"住了六个月，虽然他已离去，能和梅达（Mehta）、潘尼卡（Pannikar）、尼布尔（Richard Niebuhr）、考夫曼（Gordon Kaufman）及考克斯（Harvey Cox）等学人交流，也确有所获。在普大两年，我结识了华特·卡夫曼（Walter Kaufman），他的宗教哲学课提供了我许多研究的途径。

只有涵盖性极大的综合学府，才能设宗教研究

1971 年到达伯克莱才两三个月，便应贝拉之邀，和包士马（William Bouwsma）及汝能（John Noonan）举行几次四人餐会，商谈在伯克莱发展宗教研究的策略。不久贝拉出掌社会学系，包士马移教哈佛（后来又返回伯克莱，承担历史讲座，今年刚出版了有关加尔文的研究，在知识界引发很大的反响）。汝能属于法学院（目前已是有资格提名最高法院的资深法官），我便联系了一些文学院的同事，对伯克莱设立宗教学系的可行性作了调查研究。当时虽然

魏而旭报告书尚未广为流传,他声称伯克莱潜力极大的观点则我已知之甚稔,但使我感到惊讶的是,尽管伯克莱并无宗教系,而宗教研究实际上已经成为显学了。就以我所服务的历史系为例,至少有十二位资深教授回答问卷时,明确表示他们研究的对象是"宗教"。譬如专攻中世纪史的娜塔莉·戴维斯(Natalie Davis,本年度美国历史学会会长),和布伦塔诺(Brentano)两位权威,就自认是宗教学的同道。其他在英文系、东方语文学系、斯拉夫语系、法语系、西班牙语系、德语系、比较文学系、南亚及东南亚研究、人类学系、社会学系乃至修辞系里的同事,正在从事于宗教研究的人数就更可观了。即使在当时尚待完成的博士论文中,也有几十篇堪称宗教研究。

据我们当时的了解,要成立一个有水平的宗教学系,至少应具备两种科研范围:区域研究(regional studies)及社会科学专业(disciplines in social sciences)。我们要靠区域研究来提供"比较"的宽度及深度。没有梵文系,便缺少发展婆罗门教研究的条件,不能讲授希伯来文及希腊文,便无法培训《圣经》知识的专业人才。至于佛教研究,所需的条件就更多了。我曾在一次讨论博士任选是否需兼通法、德两种"学术语文"的集会上指出,一个想专攻韩国佛教的研究生,必须通过英、德、法、梵、巴利、中、日、韩八种文字,才有资格参加一般考试的残酷事实。社会科学专业,必须配备齐全才能开设宗教社会学、宗教心理学及宗教人类学等课程。因此,只有像伯克莱这种涵盖性极大的综合学府,才具备发展宗教研究的潜力。另外,和伯克莱加州大学毗邻的山丘上,十多年来业已发展成北美最大的联合神学院(Graduate Theological

Union），其 中 的 太 平 洋 宗 教 学 院（The Pacific School of Religion）现任院长是伯灵（Judith Berling）教授，哥伦比亚大学博士，专攻中国宗教，特别是林兆恩的三一教。可是，事与愿违，伯克莱只在大学部成立了一个小型的宗教专业，在研究院里除佛学成立了博士班之外，其他或在东方语文系（如道家），或在南亚和东南亚系（如婆罗门教及耆那教），或在历史系（如基督教、天主教及儒家），或在近东系（如犹太教及回教），或在社会系（如新兴宗教），只得随个别教授的缘分各自谋求栖身之处。不过，由"美国学术联谊会"（American Council of Learned Societies）支援了一个区域性的"儒学研讨会"，每个月可以在湾区聚集四十多位同道"共商旧学"，给予我一个能和宗教界的朋友进行三五年定期交流的好机会，聊以自慰而已。1975 年暑假，我曾在加州大学唯一拥有宗教学博士研究计划的圣巴巴拉校区讲课，反响极好，颇有事半功倍的成就感，几乎想辞去伯克莱历史系教授之职，全身投入宗教哲学的专研之中。

宗教学界与哲学界成强烈对比

值得一提的是，宗教研究从 60 年代成为人文学的基本项目以来，虽然已逐渐发展为独立的学科，但和基督教神学那千丝万缕的联系总是"剪不断，理还乱"，因此经院派的学人多半对宗教研究的合法性，也就是纯粹学术探究的客观性，抱着几分怀疑。伯克莱历史系一位讲授意大利史的同仁，对犹太教的研究极为深刻，而且近平狂热的程度，但他绝不承认自己是宗教学家；不仅如此，甚至把别人恭维他在宗教学上的造诣当作是一种嘲讽，一种侮辱！其实，在宗教系的学人，也因为不能超越"传道"的公众形象，而常有自惭形秽的挫折感。本来，学术界要求站在较高的视野来检视人类共同的精神文明，是促使宗教研究兴起的基本理由之一；宗教研究为了达成其历史使命，不得不以开放的心灵来照顾各种有待拓展的领域。相反地，哲学系固然因为过分强调"分析性"而自小门户，但其专业性却特别突出，教员的素质不受污染，没有出现宗教学界滥竽充数者层出不穷的情况。结果，宗教学界的人满之患和哲学界的门可罗雀，形成了一个强烈的对比；进宗教系易如反掌，而进哲学系则难于登天的假象也逐渐形成了。我到圣巴巴拉去讲中国哲学，原是接受哲学系的邀请，但真能神交的则多半是宗教研究的师生。

1978 年我应伯克莱文学院院长之邀，担任了审核哲学系的特选委员会的主席。花了一年多的时间，对美国哲学界的一般情况和伯克莱哲学系的特殊问题作了全面而深入的调查。在这样的基础上，我们建议伯克莱应首先缩短大西洋两岸的距离，也就是先加强欧洲大陆哲学的阵容，再设法面对太平洋的挑战，逐渐开设东方哲学的课程。近年来，伯克莱的哲学系不仅设法争取福柯前去任教，而且也已聘请专人讲授中国哲学。这都是令人欣喜的动向。在比较研究方面，哲学界起步较晚，至少需要一二十年才会稍见起色。相形之下，宗教研究反而还有普遍性及客观性。

史密斯离开之后，哈佛的宗教研究沉寂了几乎十二年之久。但在这一个甲子内，宗教研究竟成为北美人文学中发展最迅速的专业。伯克莱、芝加哥和哈佛至今没有宗教系算是例外。不过，芝加哥因神学院的阵容坚强可以不设，伯克莱靠联合神学院近水楼台的支援不必设，哈佛则由神学院和文理学院通力的合作成立了"宗教研究委员会"，设有系的行政机构，但因采取委员会的形式，而且还享有较大的人事权。这个新发展又和史密斯有关。

哈佛终于有了"全球性"的宗教研究

70 年代末期，哈佛因大势所趋，决定在大学部成立宗教专业，然后又根据专业的构想彻底改革博士班的教学计划。经过十多年的努力，哈佛目前的宗教研究，在美国已俨然成为一个崭新的典范。史密斯被院长鲁索夫斯基（Henry Rosovosky）从加拿大请回哈佛主持"宗教委员会"的工作是 1980 年。1981 年秋季，我一回到哈佛（还只是访谈教授的身份）就被邀参加了委员会的工作，一年后即担任博士班小组的组长。这个委员会共由十八人组成，文理学院和神学院各九人，由文理学院教授一人担任主席。史密斯答应减薪回到哈佛的主要原因，是院长安排把他的教授职位摆在文理学院的近东系（他本是伊斯兰教的权威），薪水则由近东、世界宗教中心及校长室三方面分摊，这样他可以合理合法地把宗教研究和人文学紧密地联系起来。

根据史密斯的设想，宗教研究的博士班可以由三个学术领域组成：一、比较研究，除了自己的宗教传统之外，精研一个和自己的信仰大不相同的宗教传统（如基督徒研究佛教，佛门子弟专攻犹太教之类）。二、传统及文化，研究一个传统及其产生、演变和发展的文化（如回教及中东文化、道家及中国文化之类）。三、宗教及其他专业（如宗教和哲学、宗教和社会学之类）。宗教委员会的成员，如普特南（Hilary Putnam）属哲学，谭伯雅（S. Tambiah，本届亚洲学会会长）属人类学，默道（John Murdoch）属科学史，恩歌（James Engell）属英国文学，考夫曼属神学，辜叩（James Kugel）属希伯来圣经，艾可（Diana Eck）属印度，和葛瑞汉（William Graham）属中东。涉及的学术领域很多，提供的资源、讯息和观点确有名符其实的"全球性"。

正因如此，拟定中心课目就煞费苦心。经过许多次大小集会的共同推敲，我们设定了攻读博士的几大步骤：一、第一学期修宗教思想家研讨课；二、第四学期必修宗教学专题（这两门课为同年入学的研究生提供了对宗教学进行反思、形成共识的机会）；三、硕士口试；四、德法语文笔试；五、一般考试（笔试三场，每场三小时，之后再口试）；六、论文提纲审核；七、论文口试。这种过七关才能取得博士资格的规定，在文学院也许是最严格的了。譬如，历史系和东亚系都只有一道手续，即两个小时的一般口试，如果顺利通过，交出论文也就皆大欢喜，有时连论文口试也免了。不过，研究生如果没有充分的准备，一般不敢面对三四位考官空口大说一番。因此一拖再拖，两三年也就匆匆过去，总要弄到第四年才开始着手撰写论文。难怪在六七年内获得学位的便算顺利。宗教学研究的博士候选，每年从数以百计的申请书中精选的十来人，多半要作十年打算。有些入学前就已身经百战（取得了两个硕士，曾游学西欧、东亚有年，或曾担任华尔街律师三载有余之类），到了完成学位的时候，或是儿女成行，或是作业等身，总是三十开外的人了。

我从 1984 年史密斯退休以来负责讲授宗教思想家的研讨课达四次之多，但每次都和一位专业绝不相似的同仁合教。不仅担任了宗教委员会的主任三年，而且从艾可、卡夫曼、安扣（David Eckel）和卡门的合伙经验中，对妇女神学、系统神学、解放神学、密教、婆罗门教、禅宗等课目都有所接触。但获益最大的还是和各地前来的英才，针对主要宗教学思想家所提出的观点进行一丝不苟的辩难。如果现在我对黑格尔、詹姆斯（William James）、涂尔干、韦伯、弗洛伊德、艾律克森、德纳（Victor Tunner）、道格拉斯（Mary Dorglas）、西谷启治、史密斯及麦金太尔的思想还有一些浅尝的经验，那么都是这几年参加宗教研究教学所获得的善报。

宗教研究已成为哈佛人文学中不可分割的环节，这是有目共睹的事实。让我举三个例子来说明这一现象：一位在宗教研究领域属于中等人才的博士候选，转入历史系后竟成为他们的明星；上学期和普特南参加一位新生的硕士口试之后，他感叹地说这是近年来罕见的哲学人才，而且坦率表示哲学系里好几位同事正在劝她转行。我说只要她提出，必定欣然同意。去年一位同时申请宗教研究委员会及东亚语文文明系的学生（哈佛允许同时申请两个或两个以上的不同专业），被宗教入学审核委员会评定录取，但不提供奖学金，而东亚系不仅提供奖学金，而且把他列为榜首。

行远自迩、抱负宏大的宗教学研究宗教研究是门吃力不讨好的学问。记得在一次院长联席会上，争论"委员会"是否应当以

"系"级对待时，一位资深的哲学教授脱口说出，"宗教"是"做不得"（undoable）的学问，大家何必自苦如此。后来，据了解，他反对宗教研究有年，但自己却对犹太教教义坚信不移。他反对的"哲学理由"是：在宗教研究的领域里，无偏见的、外在的观察者（disinterested outside observer）和主动的、内在的参与者（active inside participant）极难分开。我反驳他说，这本是人文学的特色，即使在哲学领域中的伦理学、美学和宗教哲学，也有同样的困难。

还记得十多年前在圣巴巴拉一次争论宗教研究发展前景的集会上，一位学者俏皮地说，物理学家和化学家不必认同原子分子，我们从事宗教现象的研究，也大可不必认同我们研究的对象。我立即表示英国文学家也许不必认同莎翁或弥尔顿，但如果他把《哈姆雷特》和《失乐园》都归约成原子分子，他的分析结果必干枯无味。我不相信，我们能把宗教现象完全客观化、对象化，而成为科学家分析的素材。正如弗兰克（Charles Frankel）教授1978年12月在德州奥斯汀（Austin）的演说里所宣称："人文学是一种呈现认知者的知识。当这种效验显示的时候，当我们感到不仅对议题而且对议者也必须进行反思的时候，当我们听到在口述语言背后的人的声音的时候，所有的知识（科学的或艺术的）都成为了人文的。"人文学的特色，即是主客交融的学问。宗教研究和文学、哲学、艺术、音乐，乃至象征人类学或深度的理学一样，必须靠观察者和参考者两重身份的辩证关系，来展现它的丰富内容。

我在最近一次研究院的迎新会上表示，从事宗教研究所要求的条件很多：既要循序渐进地学习语文，又要骋思宇宙之外，深扣人生真谛；既要磨炼辩才无碍的弘法利器，又要溺养各得其所的听德；既要掌握专业的细节，又要一览天地万物浩浩大化的胜景；既要深契传统的内在泉源，又要放眼将来为人类至高无上的理想痛切陈辞。我认为，宗教研究正是为现代乃至后现代社会培育知识分子的学问！

（台北：《当代》，第 23 期，1988 年 3 月）

苦参·传心·弘法

——禅宗在北美发展的内因

从三教鼎立到百家争鸣

20 世纪 60 年代初期，美国的社会学理论家帕森斯曾比照中国儒、释、道三教合一的提法，宣称美国也有三教：新教（也就是一般所谓的基督教）、天主教和犹太教，并且指出肯尼迪——一个天主教徒——居然应选总统，而作为新教信徒的约翰逊总统上任后第一次公开活动，即是参加一场犹太教的葬礼。这充分可以作为美国三教并存乃至互补的例证。也许从美国宗教的主流来说，容忍天主教和接受犹太教的现象，应有社会学上的意义，因为代表美国精神倾向的新教，有极强的排他性，所谓 WASP（White Anglo-Saxon Protestant，信仰新教的盎格鲁—撒克逊白种人，即指纯种美国人），其排斥的对象不仅包括其他人种，也包括连天主教和犹太教在内的其他宗教。

尽管如此，第二次世界大战以来，特别是60年代的越战以来，许多新兴的宗教却在美国大行其道。虽然，美国目前绝非中国盛唐时代那种各大宗教兼容并包的景象，但宗教界各显精彩的情形，确是史无前例的盛况。特别是以创新著称的加州，在这片宗教沃土上争奇斗艳的神教或魔道，那就真是无奇不有了。

看看今天百家争鸣的热闹，回顾帕森斯的现象描述，以新教、天主教和犹太教为美国三教的观点，就显得有点狭窄了。禅宗能在这个转型期（从三教鼎立到百家争鸣）脱颖而出，成为美国异军突起的"教派"，为佛教在北美奠定了深厚的基础，是宗教学界普遍关注的大事。我想根据自己有限的经验，对这件大事提出一些不成熟的看法。

禅与六十年代

一般的印象是，禅宗能在欧美蔚然成风，是因为禅宗学者如铃木大拙灵活运用佛门的方便善巧，以迎合美国失落青年的存在需要。的确，禅（Zen）曾一度成为嬉皮士文化的组成部分。60年代稍有存在感受的青年，几乎都受到禅的影响，"参禅"甚至和抽大麻、性解放、反击文化以及抗议精神结下了不解之缘。有些学者因深恶痛绝反战的美国青年的逃禅风尚，竟把美国部分知识精英自甘堕落的现象，归罪于代表东方神秘主义的禅的腐蚀所致。不过，禅在美国的宗教、哲学、文学、艺术乃至生命取向各领域，都发挥了极大的作用，则是有目共睹的事实。

一位专攻美国诗学的同事告诉我说，自从 60 年代以来，几乎每一位具有创发性的美国诗人，都多少有些禅味。1985 年与我合开主要宗教思想家一课的哈佛神学院同事卡夫曼（Gordon Kaufman）教授，建议采用西谷启治的《宗教与无》（*Religion and Nothingness*）作为教本之一。当时有些同事怀疑这本以禅宗思想为指导原则的宗教反思，能不能引起深受基督教文化熏陶的宗教学博士候选人任何共鸣。殊不知那批来自全美各地的知识精英，不仅对西谷的禅识能有同情的了解，而且还可以运用禅味十足的机锋品题西方神学家的偏颇之见。

这虽然只是两个散离的例证，但参禅的话头和《圣经》知识一样，已成为部分美国青年学人的共识，则是不刊之论。

西谷和阿部的苦参

说到西谷启治，这位有"日本的海德格尔"雅称的京都学派的大师，经过二十多年的苦参，今天已成为美国宗教哲学界共许的最有创见的思想家之一。这个历程我知之甚稔。初会西谷先生是 1969 年在夏威夷参加第五届东西哲学家会议的那几个星期。他和阿部正雄战战兢兢地在东西哲人群中为禅学陈辞的精神，给我留下了深刻的印象：他们针对西方哲人的存在困境，提出禅的思考途径；他们虚心聆听各地哲人的高见；他们不遗余力地导引业已认同禅门的美国学人如瓦格（Robert Wargo）和蒂马庭若（DeMartino）；他们广结善缘，特别究心于提携后进。

1967年我在母校（东海大学）教课一学期后，由台返美途中，特别到京都拜访西谷先生。不巧先生正外出讲学，我只向夫人问安并留条致敬而已。但在哲学家会议初次见面时，一经自我介绍，西谷先生便表示在京都未能相会，颇觉怅然，而且立即邀约长谈。在会议期间（共五周），虽然没有和西谷先生朝夕与共，但笔谈和通过口译的交谈，总有十多次。会议结束前，西谷和阿部两先生特别亲来住房，而且诚恳地邀我为《东方佛学者》（Eastern Buddhist）撰稿。那时我刚在普林斯顿大学任教，在学术界是名副其实的初出茅庐者。他们两位代表京都学派的高人，不仅毫无不可一世的霸道，而且充分体现了不耻下问的古风，确实令我心悦诚服。

另外，阿部先生因在西谷大师前执弟子礼，后来和我见面还表示，既然西谷以我为忘年之交，我和他应是师友之间的关系，就更不知从何说起了。最近十多年，阿部在美国各地（普林斯顿、哈佛、克拉蒙等等）讲学，直接影响美国神学界。如克拉蒙的著名神学家科布（Cobb），对"基督徒可否成为佛教徒"（Can a Christian be Buddhist）这一设问，提出肯定的答案，即是长期和阿部对话的结果。还记得1982年在瑞士苏黎世的一次禅学集会上，阿部和荷兰莱顿大学的佛学权威许理和同登法坛。许理和以外在分析者的立场，抨击禅学的社会功能，阿部则以内在参考者的立场解说禅学的精神境界；一个是反禅学家，一个是禅学家，各有见地，各显精彩。我夹在其间，本来不必多言，但忍不住还是为阿部辩解了一番。会后，许理和半开玩笑地说："我还以为你是儒家哩！"我回了一句："没想到你这位佛学权威居然比我更儒家！"

的确，50年代胡适和铃木在《东西哲学学报》所展开的辩论，可以说是儒佛之争。胡以史学家的观点抨击铃木，虽为当前日本的禅学祭酒柳田圣山所首肯，但我觉得胡先生站在"理性主义"的立场，深斥铃木的神秘主义，是不公允的。最近仙逝的《禅学之源》的作者张钟元教授，在纽约时曾担任胡先生和铃木辩论时的顾问。他曾亲口对我说，胡先生太看轻铃木了，幸好辩论适可而止，否则坚信佛教传入中土是华夏民族悲剧的胡先生，难免不暴露出歧视宗教的偏见。

佐佐木的传心

铃木一生努力为禅学西渐创造了良好的环境，但是如果没有西谷和阿部等思虑深细的哲人，勇猛精进地再接再厉，禅宗在北美绝不可能有今天的景象。相形之下，很多类似走江湖的东方宗教，即使因美国商业社会的某种需要而突然生意兴隆，不久便因"教主"个人的缺陷而宣布破产，至于只能在少数民族的社群中自吹自擂而毫无深意可言的新兴宗教，那就和招摇撞骗的"邪说暴行"相去不远了。这和禅宗在美国发展的情况大不相同。

不过，应当指出的是，禅宗在北美生根，乃至开花结果，必须归功于真能身体力行的禅师——铃木等居士的创业，西谷及阿部等哲人的貂续，只能算是助缘。我在美国所结识的禅师不少，但最受感动的则非佐佐木承周莫属。第一次和佐佐木大师晤面是在普林斯顿，引荐人即是西谷先生。大概是 1970 年，西谷乘访问费城圣殿大学之便，到普林斯顿的寒舍作客，正巧佐佐木云游纽约。西谷想让我一识禅门的真面目，特别请佐佐木来聚。只对语片刻，便觉此老谈吐不凡。后来我为他安排了一个参禅会，和普大几位慕道者一起打坐调息。当时美国东部禅风鼎盛，以重金礼聘佐佐木前去弘法的邀请极多，特别是纽约一市，富商大贾、权贵名流，接踵而来一窥风采的比比皆是。但佐佐木一概婉拒，只悉心教导普大的八九位道友。我好奇相询，他严肃地说，禅法本是自我超升的苦行工夫，世间耳闻禅道的男女，多半不脱利欲熏心的格套，把打坐调息当作健身术，乃至行一己之私的工具。如果不能彻底转化，即使家家户户谈禅，于佛法何益!? 他并且表示，假若禅宗真要能在美国这个商业挂帅的社会生长，必须以传心方式，接引几位确实心知其意的慧根，让其如细水长流般逐渐壮大。他而且申称，绝不到纽约等大都会去凑热闹，也许先到加州郊区置一道场，培养几个高才再说。

转眼十八易寒暑，佐佐木已是八十老翁了，但他在加州的道场不仅已成为北美最为士林所重的禅学中心之一，而且是欧美，甚至澳洲培养禅师的大本营。以前曾在普大从佐佐木打坐调息的罗浩（Harod Roth，以《淮南子》为论文题目，已获得加拿大多伦多大学博士，现在布朗大学宗教系任职）最近对我说，大师老当益壮，虽常云游天下，到世界各地弘法，但最关切的还是提携后进的百年大计。

禅门新锐的弘法

　　1981 年我应邀参加了由桂格芮（Peter Gregory，以圭峰宗密为论文题目获得哈佛大学东亚语文文明系博士，现在伊利诺伊大学宗教系任职）教授主持的禅宗会议，议题是"顿悟与渐悟"。提出报告和担任评讲的学人以三十刚出头的青年才俊为主。相形之下，加州伯克莱大学的艺术史教授高居翰（James Cahill）和我便成为"资深教授"了。其实，我虽虚长几岁，但全无资深的感觉；相反地，站在门外汉的角度，静静地观赏这十多位北美禅学界接班人敬业乐群的精神，为他们所树立的优良学风所感动，竟不觉引发阵阵由衷叹服之情。

　　最近翻阅桂格芮根据会议部分论文而编成的专著《顿和渐——觉悟在中国思想中的取径》（*Sudden and Gradual: Approachs to Enlightment in Chinese Thought*），其中所收专著，篇篇可读，我的《后案》是全书唯一的薄弱环节。但能和学术界这几位青年才俊交游论道，确是平生一大乐事。譬如以研究北宗而成绩斐然的马克瑞（John McRae，耶鲁大学博士，曾从柳田教授游，目前在哈佛宗教委员会任职，讲授中、日、韩三国的禅宗异同），不仅担任了我在哈佛讲授中国通史的首席助教（head tutor），而且成为共同探讨中国宗教的益友！

　　我深深地感到禅能在美国生根，固然有许多外在理由，但铃木大拙、西谷启治、阿部正雄、佐佐木承周以及柳田圣山这类可以激发有志青年向上之机的人师，才是真正的内因。

日本禅与中国禅

1970 年西谷先生来访时，送给我一本名叫《禅的本质与人间真理》的论文集。这本厚达 500 页的大书，据说是先生和道友在京都"会谈"（一种具有东洋特色的研讨会）禅宗八年的集体结晶。这种日本学者专精本业的例证，俯拾即是。欧美一般知识人士只知有 Zen（日本"禅"）而不知 Ch'an（中国"禅"）为何物是很可理解的。前面提到的张钟元先生用英文撰写《禅宗之源》，就是想向国际学坛申述 Zen 归根究底还是导源于 Ch'an。然而，"抛却自家无尽藏"早已成为中国学术界的风尚，要想在中国文化区里寻找禅学的大师大德极不容易，张先生的孤掌难鸣是可预料的。

想起十多年前我有幸在士林的报恩小筑访得正在闭关的印顺大师。大师的经说在佛学界有崇高的地位，他对禅宗的解释，也极受中日学者的重视，但他等身的论著，却没有英译，连"成佛之道"也不为欧美学坛所知。不过，既然有此法力，迟早总会有转世的功能，说不定哪天印顺之学也可以在北美广为流传。可惜像印顺大师这样的人物也实在太少，未免太孤独、太寂寞了。

禅在北美

以禅宗为先锋的佛学，在美国生根乃至开花结果，已是有目共睹的事实。放眼将来，作为轴心时代文明之一的佛教，历经南亚、东南亚、中亚、东亚几大阶段之后，走向欧美的势头正盛，谁敢保证

21世纪美国的主流宗教,不包括佛教呢?爱默士大学宗教系一位公开以弘扬西藏密宗为天职的教授,在自我介绍时坦率宣布自己是个 WASB(信仰佛教的盎格鲁—撒克逊白种人),在一群 WASP 之中,他的幽默居然引起哄堂大笑,可见从 P(基督教徒)转向 B(佛教徒)已不是大逆不道了。至少可以这样说,佛教,特别是禅宗,那种直指本心的宗教,已经是北美的宗教现象了!

（台北:《当代》第26期,1988年6月）

从东西方文化的比较看中国文化发展的前景

东西方文化比较研究的两个动向

一个动向是对轴心文化的重新反省。所谓轴心文化，是讲公元前六百年这个时期，世界几个大的文明都出现很重要的"精神的飞跃"。这是德国的一个学者雅斯贝尔斯提出来的。有很多人认为，从1980年开始放眼21世纪是第二个轴心时代的出现。这是第一个大的课题。

另外一个新动向是马克斯·韦伯所提出的现代化的问题。从比较文化的角度谈为什么现代化在西欧出现。马克斯·韦伯是19世纪至20世纪的人。今天，我们发现，现代化是多元的。现代化的多元倾向，马克斯·韦伯根本无法理解。

从轴心文化的多样性，到以韦伯的眼光看现代化的单一性发展，到今天现代化的多元性，和我们现在所面临的中国现代化的问题，以及中国文化如何继陈开新的问题，都是有联系的。我从这个角度来谈，希望在结论时，能对为什么批判封建意识形态对于中国文化的创新有积极意义作出回答。

轴心时代观念的提出。本来雅斯贝尔斯并没有考虑到现代化，现代化的多元，乃至其他一些大的变化能否为中国文化进一步发展开新这些课题。他只是作为一种感受比较深，而且视野比较广阔的哲学来欣赏各种不同文化的类型。所以，他写了一系列的小书，讲柏拉图，讲孔子，讲老子，讲释迦牟尼，讲摩西等。这一系列的论文和书刊出来以后，在欧洲的学术界，乃至美国的学术界，引起了很大的反响。最近欧美的学术界想要突破欧洲中心主义的模式，雅斯贝尔斯提出的观点，说服力更强。他这个观点是说，在公元前6世纪（这在时间上讲当然是一个比较粗的提法）这个时候，在印度、中东、希腊和中国，世界上出现了好几种重要的文明。而这些重要的文明，好像并没有哪个影响哪个的痕迹，好像在人类新石器时代的慢慢发展中，有一种新的文化的动向。在印度，就是早期的所谓婆罗门教，以及《圣灵书》《奥义书》所代表的一种对超越的向往，要使得个人和梵天合起来这种思想。这种思想，至今天在欧美还有很大的影响；在印度可以说一脉相承，根本没有切断。这是使得印度文化成为世界文化重要环节之一的理由。

在中东，当时出现了摩西时代的犹太教。特别是提出一元的上帝观点，影响非常大。这个一元教的观点提出以后，发展到基督教，由基督教在某种程度上影响到伊斯兰教，所以世界一元教的三大宗教，都是从中东这个脉络来的。

还有一个传统，就是苏格拉底时代的希腊，对哲学的反思，向往、分析和掌握世界物质最后根源的希腊哲学。

在中国，基本上是儒家和道家两个传统。

十多年以前，哈佛有位教授，叫史华慈，曾来中国讲学。他受美国国家艺术科学院之托，组织了一个国际学术会议。在美国国家艺术科学院的机关报发了一个专号，来讨论轴心时代的文化，得出了一个结论：轴心时代文化的共同性，是一种超越的突破。这话怎么说呢？就是轴心时代的文化，在印度、中东、希腊和中国（这是他们的提法，没有中国学者参加），人不满足于他所生存的空间，而对永恒未来的世界有一种新的理解，新的崇敬。一种理想主义的出现，一种超越思想的出现，一种由存在感受引发的对不能知、不能把握但又和人的生命有紧密联系的这些大的观念、大的实体的反思。这种超越的突破，是轴心时代的特色，虽然表现的形式截然不同。如果我们说轴心时代有不同的价值取向，就好像有不同的火车通道，有的向东，有的向南，有的向西，有的向北。但是从层次上说，有其共同性，即超越的突破。

在过去的五年内，欧美的一些学者（其中也包括我自己）对史华慈的这一观点作了进一步的研究和批判。发现"对超越的突破"这个观点可能受中东犹太教、基督教和伊斯兰教的影响比较大，和中国、印度乃至希腊的情形不尽相同。现在，针对他们的观点又提出了另一个观点，在这个时代，它的特点不是对超越的向往或突破，人的反思在这个时代进入了第二序的反思，即思考的思考在这个时代出现。所谓第二序的反思——思考的思考，就是不安于对现实的直接反映，而要想探索现实后面一些基本元素、基本价值。这是人的思想的一次飞跃。希腊的数学可以说是第二序反思最突出的表现。但上帝观念的出现，从宗教神学的角度看，也是第二序的反思。即对世界之所以成为这个世界，它的造物主如何，是怎么来的等问题进行了一些反思。印度的文化也是如此。

根据这个提法，中国的文化是对人的反思，特别是儒家的传统。而对人的反思，最突出的观点就是儒家所讲的个人为己之学于修身，怎样通过自觉反省使人变成一个完美的人。不把人当作一个自然的、生物的存在，而当作一个道德的存在，当作一个创造价值的存在。这个提法比较合情，也比较合理，因为中国的传统特色由来很早，它的宗教性——和西方的基督教、犹太教、伊斯兰教相比——从商到周就逐渐为它的人伦精神所取代。商代所谓的"上帝"观念，它的宗教性比较强；到了周代的"天命"观念，它的宗教观念就比较弱；到了孔子时代，人伦思想大行其道，当然也有一点宗教色彩。这和西方提出的上帝观念的这种超越的突破是不同的，因此对人的反思也属于第二序的。

希腊的传统是对物的反思，是对自然的惊异感而引发出要追求物质的最后根源到底是什么的探索。当然，苏格拉底也讲要认识你自己，但它的主流是要了解自然，寻找最后的"逻各斯"。比较这个提法，犹太教是从对上帝的敬畏感中引出一系列宗教教义。而中国的情形呢，儒家和道家是对人的生命问题，人的存在问题，人的价值问题进行比较全面的反思。虽然儒家和道家的途径不尽相同，但是，"人"的问题都是相当突出，这一点是可以肯定的。

雅斯贝尔斯的这个提法，有一个很重要的理由，即人类文明的发展是多元的。在很早的时候，当民智大开的时候——不管你讲它是超越的突破或者第二序反思的出现——都可以理解到它是多样性的，不是一根所生，不是一个模式所能涵盖所有其他模式的。印度的文化和中国的文化可能是达到同样的高度，但是其内涵不同，发展方向不同。不能说在那个时候希腊的理论水平是非常高的，而中国的理论水平非常低；不能说在那个时候犹太教充分表现了超越的存在，而中国文化完全只是内在的，只是世俗的、现实的。在那个时代是多样性，各显精彩，殊途不一定同归，但各种精彩都是各个不同文化取之不尽、用之不竭的源头活水。这些文化能够发展好几千年，正是因于原初所展现出的智慧。它的大的方向已经定了，而内在的活水是动之欲出。这是雅斯贝尔斯他们的提法。所以，20世纪的人来反省"轴心文化"，不仅是了解社会历史现象，也是了解世界文化多元的一个重要因素，重要途径。

可是，从另一个角度来看，有许多西方学者，特别是在第二次世界大战以后到70年代，所谓现代化思想影响越来越大的这个时代，认为只有希腊文明配合了希伯来文明而发展出来的西方文化，特别到后来基督教所代表的文化，有彻底转换的痕迹，其他重要的历史传统，如中国的儒家、道家、佛教、印度的婆罗门教等等，都没有一个脱胎换骨的重大改变。这怎么说呢？就是说只有从希伯来的文明发展到后来的基督教——原始的天主教，经过马丁·路德改教，再经过加尔文改教，而成为影响资本主义经济的传统，才有一度重大的飞跃。其他如历史的宗教，历史的传统或精神文明，都只是逐渐地在历史长河中发展下来，没有经过突变。这是从第二次世界大战以后到 70 年代，西方学者，特别是美国的学者，认为西方的资本主义为什么能发展而其他地方不能发展的主要原因，至少是主要的原因之一。也就是说，他们的精神传统本身有突破性、有创造性。因此，大家把力量集中在马丁·路德的改教和以后的启蒙运动，乃至文艺复兴所代表的新的价值。

马丁·路德的改教，使得一个庞大的、内容非常丰富、礼约制度非常严密的天主教传统——任何一个人必须经过职业的僧侣阶级，通过教皇所代表的权威，才能得救——彻底被突破。因为马丁·路德所提出的观点是人靠信心得救，而信心得救是每一个人自己可以掌握的，不需要通过僧侣阶级，不需要通过他们的照顾，也不需要内在于一个特殊的宗教传统之中。所以有很多学者说，当马丁·路德得出个人靠信心得救以后，僧侣就变成凡俗，而每一个俗世中的人都可以成为僧侣，不需要借助社会的力量或政权的力量，即所谓教皇所代表的政治力量而得救。这个改教以后，西方当然发生了很大突变，路德教在德国大行其道，以后又有不同教派出现。基督教经过这次大的改变，就成为一个非常复杂的宗教运动，各种类型的教派都出现了。你现在到美国去，不要说到一个大的城市，到一个小城，美国的所谓 denominations，所谓的宗派，是不能想象的。这类谊美教会、尽兴会、路德会等有几十种，都是从路德以后发展起来的。加尔文教也是其中的教派之一。

我前面已经提到，加尔文教派和西方资本主义的兴起有密切关系，这就结合到我前面所提到的马克斯·韦伯的观点。马克斯·韦伯认为，如果要了解资本主义的兴起，除了经济的、政治的、社会的因素以外，要了解到新教徒的价值取向和他们的伦理。

马克斯·韦伯做了一个非常广泛的比较文化学研究。他研究了中国、印度，研究了早期的基督教，研究了犹太教，也想研究伊斯兰教，但这个工作没做完。他是以全球的视野问这样一个问题：为什么资本主义不在中国出现，不在印度出现，不在早期基督文化传统中出现，不在犹太教文化传统中出现，而在西欧出现？他做了很多研究以后发现，信仰加尔文教的新教徒社会，资本主义精神的表现特别突出。早期的美国也是如此，新教徒和资本家好像结了不解之缘。从资本家的人格塑造，从新教徒的工作方式等方面来看，西欧出现资本主义不是偶然现象。他的这个结论，现在引起很多争论。他讨论中国的一本书《中国宗教》，很值得我们作进一步研究。

韦伯是 19 世纪末期 20 世纪初期的思想家。他只活了 58 岁，这中间有十五年经受了严重的神经衰弱症或者神经病，不能讲学，不能做学问。在他短短的一生中，他写出的东西极多，一直到现在，对欧美学术界的影响极大。他的《中国宗教》这本书，是从各种角度来了解中国社会的。不看书名，只看这本书，好像它只是一个社会学的论述，并没有谈到什么宗教问题。他谈什么呢？他谈中国的各种不同的组织结合、社会结构，谈中国的政治制度，谈中国的官僚制度，谈中国的士大夫缙绅阶级，谈中国的商品经济，最后归结到儒学、道家和民间宗教，然后把儒家的价值传统和新教伦理传统作了比较。

韦伯从都市化的过程，即我们现在说的现代化过程，对中国为何不走向资本主义进行了分析（都市化是现代化的一个指标）。中国的都市化在宋代就很突出。当时，中国就有一百万人口以上的都市，到后来马可·波罗到中国，这对他是一个大的震骇。马可·波罗是从欧洲最大的城市威尼斯来到中国的。我们现在知道，威尼斯的人口当时是三十万，而开封的人口已经超出一百万，杭州人口也是一百万。所以，他是从一个极不现代化的社会，来到一个现代化的社会——中国。从各种不同的企业组合，特别是行号、商人的各种企业组织，从政治结构各方面来看，中国社会的合理化程度（根据韦伯的观点：现代化的指标之一是合理化）超出了很多欧洲社会。这个社会有极大的动力，商品的流通非常活跃，手工业等各方面的发展也是如此。这个社会有那么多潜在的力量，但它没有向资本主义社会走，是什么原因？不是说它不能走，也许它的价值取向的内在动力和内在的逻辑性使它不向那方面走。这是韦伯的结论。

马克斯·韦伯对中国历史的理解是很片面的，他所得到的资料都是第二三手的资料。当然，他也不可能作实际调查。我们曾经对他这个课题从另外一个侧面作过一种考察。就是分析在中国历史上曾出现的一个很有意义的课题：对郑和下西洋如何评价的问题。我1978年参加美国一个学术代表团，第一次到北京，在北京师范大学作了一次报告，就是讲郑和下西洋的历史意义。和韦伯的思想配合起来看，这个题目非常重要。

从现在各种不同的资料来看，郑和从 1405 年到 1433 年差不多三十年，七次以庞大的舰队，远涉重洋是非常了不起的。我们现在无论是从马欢还是其他人那里看到的记录，当时去的不是二三十人的组织，而是几千人甚至上万人。他这种企业管理和组织，他的分工合作，他带的军队和所谓的后勤，乃至还有跟着记录的历史学家，队伍如此之庞大，组织如此之复杂，人员如此之多，以及航海的技术水平、船的吨位、帆的技能等科学之高，在人类文明发展史上是很突出的。他们从南京那边下海后，不仅经过太平洋，而且一直跑到红海，有部分进入欧洲的丹麦；也有一个小的队伍，一直到麦加。没有理由不相信，这个庞大的组织如果进一步的话，就可绕过好望角，这是一定可能的。我们要了解这个时间，是 1405 年，美洲大陆的发现，新航路的开辟，都是七八十年以后的事。从古代科技发展来看，七八十年以后像哥伦布他们所代表的航海技术和郑和下西洋的航海技术相比，到底有多少的突破性？他们的队伍非常小，财源非常窄，人员也很稀少。

郑和那么庞大的组织，有那么高的航海技术，下西洋又有七次之多，有三十年的历史经验，居然就停了。现在我们大家叹息说："那个时候如果再进一步，那还得了！"可是，从当时的历史环境来理解，如果了解价值取向的问题以及文化价值各方面的问题，当时不进行更广阔或更深入的海洋探险，是非常明智的决策。

从当时的文化环境看，郑和下西洋所带来的是什么呢？宣扬国威。他们找到长颈鹿，说可能像麒麟，但又不真正像。大家经过研究后，决定不能说它是麒麟。他们并不是保守主义，而是从当时的大局来考虑。郑和下西洋所带来的,不管是声威也罢,商业上的一些成就也罢,或其他的地理知识也罢,和当时的费用,以及当时在中国政治环境中它的价值系统相比,进一步发展是不明智的,而不进一步发展是明智的。海洋,从来没有成为中国考虑国防边防的一个重要的课题。从国防边防来看,重要的问题都在西北。

从政治组织来看,它是一个官僚制度,需要稳定,以钳制各种非官僚制度控制的一种精神的发展,一种新的趋向的发展。如果商业大行其道,肯定商人抬头。商人抬头,海洋开始有了各种不同企业的发展,那么政治的稳定性以及以农立国的那些基本价值一定会动摇。在中国,总是到了紧要关头选取了以农立国。其官僚制度的确立,以及西北边防军事管理措施,表明了这个传统在当时完全了解到他们自己的既得利益是什么,它的方向是什么,它应该在什么地方投资,应该在什么地方拒绝投资。从我们今天来看,受到西方文化的撞击,都是从海洋上来的,受到那么大的屈辱,当然觉得是非常惋惜的事情。但是,站在明朝那个时代,就很容易理解的,它就是这个趋向。

从美国研究价值取向的角度来看,后来很多西方的学者,特别是牛津大学的马克斯·艾尔伦,这位很年轻很杰出的经济学家(同时也是中国历史学家)说,中国没有进一步发展到资本主义社会,是因为中国达到了一个高度的社会平衡。这个高度的社会平衡本身使得中国安于它的现状,而没法进一步超越。这个所谓高度的社会平衡,是说它的经济制度、政治制度、社会制度和文化制度在某方面取得了某种整合,并有它的延续性、内在的动力和自己发展的方向。也就是国内许多学者提到的它的容纳度很大，它的内壳非常坚硬。它可以把各种外来的压力转化为它自己内在的动力。它基本上是变，是适应，它的认同核心没有受到撞击，也就没有进一步飞跃发展。很长时间，中国走的路线，就是这样的路线。

从美国来看，西方资本主义的兴起，这种巨大的变化，是新教伦理没有预期的后果。我们现在看韦伯引用的一个观点（是一位很重要的神学家讲的话）。他说，财富对我们来讲就是披在身上的一件外衣，作为一个基督徒，碰到了真正的危机，要把财富抛弃，就像把一件旧的大衣抛弃一样，一丢了之。他又说，曾几何时，经过一百年以后，财富变成了欧洲人的铁笼，大家都关在铁笼里。本以为是件很简单的外衣，一下子就可以丢掉。但现在不仅没有丢掉，在开始发生机器动力以后，资本的积累量越来越大，工业化开始了，都市化的力量越来越大，科学技术的水平越来越提高。正因为这个动力有它的势能，而这个势能越来越加速发展，经过长期加速发展以后，这些人就套在这个发展过程中的铁笼里跳不出来。西方以动力横决天下。而从很多新教徒的角度来看，这完全是没有预期到的后果。

那么，中国没有发展资本社会，是不是也是没有预期到的后果呢？还是当时的政治权势配合当时的知识分子所谓上等阶层的价值动向本身决定的？韦伯可能有这个观点：西方人不想要资本主义，但资本主义却来了，这根本是没有预期的后果；而中国在当时的发展——也包括印度和早期的犹太教——根本不向那个方向走。这是韦伯思想里的一个重要的课题。但是，韦伯真正想研究的不是资本主义兴起这一历史现象，而是现代化这一课题。

关于现代化问题

什么叫现代化？一般讲，从现象的描述来看，现代化从欧洲16、17世纪已经开始。19世纪以来，现代化的力量来自科技，所以有的学者讲，韦伯可能抓错了问题，资本主义的兴起不是最重要的问题，最重要的问题是科技的突飞猛进。科技从韦伯的眼光看是一个合理化的过程。社会合理化的过程是科技的突出表现。官僚制度、市场经济、金融、统一规划的方式，乃至大众传播、企业管理，在韦伯看来，都是合理化过程中的环节。现代化是一个包含众多子系统的文化现象和历史现象，而在其发展过程中涌现出了许多矛盾现象，其发展的速度越来越快。

现代化这个观点是第二次世界大战以后才用的，在五四时只有西化这种观念（Westernization），后来认为西化的接触面太广，不能完全从西方中心主义来了解，所以改用现代化（modernization）的观点。这样发生了怎样的现象呢？就是现代和传统的距离越来越大。有所不同的是，传统世界都有某种程度的同构，而任何传统世界和现代化所造成的新现象，都有断层。这是一个很有趣的理解。

另外，现代化不仅是一个整合的模式，同时也是一个分裂的模式，就是因为越现代化，这个世界就越分裂。这就是说，有两个观点：一个观点是现代化开始时，它和任何传统都有断层，包括和西方的传统，而所有传统的世界，虽然大家都没见过面，也没有接触。按雅斯贝尔斯的提法，还有一种相当强烈的文化多元感。可

264

是，传统所碰到的问题，都有某种相似点。另一个观点是，现代化的过程不是使世界越来越融会贯通，而是越来越分裂。这种力量非常大，而它的出现，又不是任何一种文化能预期到的，它是一种 unanticipated consequence（非预期到的后果）。因此，怎样去了解现代化变成了一个非常复杂的问题，因为我们都处于一种动荡的过程中。

如果只从都市化的立场来了解现代化，那中国老早就现代化了。但不能从这个角度来了解，而必须从合理化、科学技术，从工业化这些角度来理解现代化。

现代化的发展速度越来越快后，从韦伯的角度看，人类原来的价值文明——就是我们刚刚讲到的轴心时代的价值文明——都要冲破。因此，现代化纯粹是一个凡俗化的过程，世俗化的过程，即 Secularization。所有神圣的价值，任何宗教传统都逐渐被消亡掉了。

韦伯在提这个观点的时候，受到从孔德以来的实证主义的影响，即人类文明的发展是从宗教时代到形而上学的哲学时代，再到科学时代。到了科学时代，你可以做一些社会工程，而宗教的价值、哲学的思辨都会被超越。现代化是站在一个科学的高峰，回顾过去。所有的过去，都是如何达到现代人思维水平高峰的一个历程。而在这个历程中，过去人所创造的，和现代化过程中所创造的价值相比，那是微不足道的。现代西方学者称之为现代西方人的傲慢。

这个观点在 19 世纪以后到 20 世纪大行其道。可是，现代人的傲慢并不意味着现代化所带来的理论思维水平、科学思维水平，必然突破了从轴心时代出现的价值系统里面所代表的一些所谓精神方向。事实并非如此。虽然现代西方和过去的西方相比，有断层现象，但是归根究底，资本主义的兴起，科技文明的发展，工业化的过程，都是从西方出现的。特别是从西欧出现，以后发展到美国。和西方相比，东方的异化感更强烈。因为从中国文化发展本身的脉络、动向等各方面来看，西方这个大的变局在东方文化环境里没有任何消息可寻，也没有任何理由可找。突然一下子破门而入，它就来了，出现西化的狂潮。

在西方，这些思想家反思西化问题，虽然知道有断层，但他们是在一个比较全面、比较深入的角度来看自己文化的变迁。而对东方文化，特别是像中国这样一个大的、古代的也是现代的文明大国，这完全是一种没法理解的狂潮。虽然如此，在 70 年代以前的美国学者，特别是所谓西化派或现代派的学者，基本上认为现代化的潮流是单元的，是从西欧起来后，一根而发，而且要涵盖天地，波及世界各地的。任何一个文化都要经过现代化的洗礼，都要碰到欧洲和美国所碰到的问题，虽然时间的先后不同，但最后都要变成现代文明——不管是好还是坏——或中间的一部分。这个现代文明不能从宗教立场来理解它，当然也不能从轴心时代所提出的印度、中东、希腊、中国各种不同的文化传统的法规和典范来理解它。现代化是和传统决裂，现代化是新的现象。不管你喜欢它还是不喜欢它，它都是你不可否认的事实。这个观点，基本上是韦伯的观点，也是马克思和孔德的观点。

19 世纪的思想家和 20 世纪初期的思想家，基本上认为这个发展是不可抗拒的潮流，因此才提出很多叫做历史发展的必然规律的课题。必然规律就是任何文化、任何传统必须走这个过程。可是到了 70 年代以后，绝大多数的西方社会学家、经济学家，开始对这个解释模式发生怀疑。这并不是理论的探讨而已，而是事实上必须让他们重新反省从韦伯以来所提的现代化独一无二的单元发展这个模式的解释。

我们应该指出，因为现代化这个观点的提出，在世界上出现了一种所谓的"全球意识"，这是在人类文明发展史前阶段根本没法想象的。一定要有真正的科学技术的突破，才能很具体、很现实地提"全球意识"。因为以前在欧洲（特别是培根以来），认为知识就是力量，要想征服世界，要想改造自然环境，要想转化物质，——马克思也提到这个观点，就是物的人化——这种转化物质的力量是建造在这一基础上，即物质是取之不尽、用之不竭的，大自然的丰富宝藏永远用不完，我们只要运用我们的聪明才智，去改变这个世界，去应用这些财物，就可以丰富我们的生活。人再多也没问题。

可是，到了过去这十五年，特别是到了卫星时代，卫星放出去后，反观地球，发现不仅地球很小，连空气层都有一定的限度。如果空气层里面发生污染变化，气候就会变化，整个生态系统就会发生矛盾。在 19 世纪的思想家，不管他的未来学的眼光有多强烈，他是根本不能考察到这个问题的。而现在，太空旅行一下子就能看到。在这种情形下，"全球意识"的出现，——特别在生态学这方面，变成了一个人类共同关切的课题，所以 1972 年世界开了一次全球环境卫生的学术讨论会议。同时，发现以前，强烈的科学人文主义——即人可以改造自然、自然资源"取之不尽，用之不竭"的乐观主义根本站不住脚。因此，提出了"成长的限制"的问题。这些问题提出来以后，人们更感到整个人类的命运是休戚相关的。有些人开始提出，整个地球，从太空来看，只不过是一叶扁舟。所有的人都是同舟共济。你把地球的生态搞坏了，大家都倒霉。尤其最近一段时期，因为核战的危险，这也是第二次世界大战以后出现的新现象，人类已经掌握不仅可以使自己死亡几千次，而且使整个生态系统崩溃的武器。从核战的角度看，不管你从哪个策略来看，人类的命运休戚相关。如果一个拥有核武器的强国的领袖发了疯，按一个电钮，这就是人类的大祸。这是一个摆在眼前的事实。比如最近里根有一次相当糊涂地在无线电里想表演一下，假装谈一谈说要对苏联进行核战，结果不幸被记者录音，造成了很大的反响。世界上这些自大狂的人相当多，政治领导上的一些庸俗自卑的人也相当多。如果照西方的不信赖的、怀疑主义的理论，政治确实是不可避免的罪恶。从政治核心，特别是强大国家的政治核心，冒出一些危害世界的错误决策，这种可能性不能说绝对没有。对此，大家的忧虑是很明显的。

　　一方面是生态系统方面的问题，一方面是核战，使得"全球意识"弥漫世界，不仅一般的知识分子，或者讲"仁者与天地万物为一体"的理想主义者，就是美国、日本的中学生、小学生也具有这种"全球意识"的感觉。在甲国发生的事，影响到乙国，乙国发生的事影响丙国。也就在全球意识达到高峰的这十几年、二十年，这种寻根的意愿突然加强。所以有很多人提后期工业社会，后期现代工业社会，因为这些价值的出现，和马克斯·韦伯以来所了解的现代化是完全冲突的。

以前我们认为现代化是从宗教逐渐进入哲学的形而上学观，再进入科学的高度水平。可是，寻根意愿加强以后，以为在现代文明中不会发挥很大力量的传统价值，反而发挥了无比的力量。这中间，一种是种族的观点。在英国，爱尔兰人要求独立的斗争，再加上苏格兰人——发现他们的海岸中有很多宝贵的石油——和威尔士人都要求某种程度的独立，大英帝国已经是"小英帝国"，而英伦三岛中还有很大的分裂。我记得，在好几年以前的一次座谈中，当有人介绍一位苏联专家，说是研究苏联思想史的专家时，他说，"不对，我是研究格鲁吉亚思想史的专家。"这在我们国内则很少见，这里种姓是一个大问题。

其二则是语言，在五四时，有一部分中国的语言学者提出要汉字拉丁化。庞朴先生讲得非常对，这就是混西化为现代化的一个突出例子。整个认为向西方学习，向欧美学习就是现代化。把汉字废除，用拉丁文。也就是说，将来中国的语言也跟印欧语系有某种关系。那么你废除汉字，是不是中国的语言就能现代化了呢？我记得那时肖伯纳特别提倡世界语。听说国内的世界语学会还相当活跃。我想，如果举行鸡尾酒会，用世界语谈天，大概三五句以后就谈不下去了。这个语言不可能变成很灵活的语言，因为它没有历史，没有文学，怎么可能变成一种很重要的活的语言呢？以前认为语言的问题通过现代化的过程应该可以解决，现在看来，为了语言发生流血事件的非常多，印度是特例，但其他地方也有。

语言有一种强烈的根源感，以色列是最有名的例子。以色列为

269

了建国，为了创造它新的文化认同，强调要用希伯来语。他们有一些杰出的语言学家，杰出的学者，尽量用希伯来文交谈。这是1945年以后出现的现象，以前当然有，但是很分散。国家投以重大的资本，决心讲希伯来语。经过一代人的努力奋斗后，今天，希伯来文已经是活的语言，不仅在以色列是活的语言，在美国也是活的语言。美国的犹太人也学希伯来文，而且学习得很好的相当多。如果你是犹太人，要回归到以色列讲学，第一年可以用英文，从第二年开始就非得用希伯来文不可。而希伯来文要变成活的语言，为了文化认同，反现代化之道而行，寻找一种新的根源。这已变成很普遍的现象。更有趣、更重要的是宗教。以前认为宗教已逐渐销声匿迹了，对20世纪来说不会有很大的影响力，因为人类文明的发展是从宗教、宗教的神话到哲学的形而上思辨到科学的高度，这是一个理性化的过程。但是，宗教在20世纪的后期，尤其是最近十几年，它的影响是非常难以理解的。爱尔兰的冲突是天主教和新教，也就是基督教的冲突。在以色列、南亚、东南亚等地的情况我们很清楚。伊斯兰教代表一种新的认同感，伊斯兰教的极端主义影响非常大。

基督教现在各地广为流传，特别在美国。不过到东亚，基督教第一次变成了一种极重要的宗教力量。在韩国，基督徒已超出总人口的20%。这个潮流的发展是不可抗拒的。新加坡基督徒的力量也非常大。

这些发展，这种寻根，不管是从种族、语言、宗教、地域等各方面看，"全球意识"与各种不同的文化之间的差异性，被现代化的统一性所掩盖，它和寻根意愿基本上是冲突的。虽然如此，但这两种现象在 20 世纪的后期同时出现。你如果只了解全球意识，认为现代化使得人越来越接近，这绝对是片面的；如果只了解寻根意愿，而不了解寻根意愿是在现代化的大背景下进行，也是片面的。

在这个情况下，西方思想家开始进行一次比较有意义的工作，就是如何突破 19 世纪以来，欧洲中心主义所提出的现代化模式。这个工作非常艰巨。他们的策略是，一方面重新回到欧洲文化的传统里，作一个比较深沉的反思；一方面进行比较文化的研究，了解非西方文化在各个地方发展的特殊形态。还有一个工作，就是了解"初民"文化。像施特劳斯，从人类学的立场，了解各种不同的初民文化。这个初民文化可能在新西兰、澳洲，也可能在美洲。他们从三个方向设法突破欧洲中心主义：一个是回到传统；一个是想办法了解非西方的重大文化传统；再一个是了解初民文化的传统，初民文化的价值取向。在这方面，最近几十年来做的工作很多，而且影响非常大。

这些工作意味着现代化的多元倾向已是一个不可抗拒的潮流。马克斯·韦伯基本上是错误的，认为 19 世纪中期新教徒所代表的资本主义的动力要横决天下，要横扫千军，世界上的各民族都将关进这个铁笼里面去。其实，欧洲本身也不是完全被这个模式所局限，很多以为没有办法再发展的，没有价值的东西，突然又有了新的生命。到今天，从工业文明本身来看，以前是二元分化，就是资本主义的社会和社会主义的社会。现在，这个模式也无法解释现代世界的多样性。至少有三种不同的工业文明。在这种情形下，对我们意味深长的是，如何理解工业东亚的兴起，怎样去了解在全球意识为大多数人所接受而寻根意味又非常强烈的时代，工业东亚所提出的一些新的价值、新的问题。

关于"工业东亚"问题

所谓工业东亚，大家都已很熟悉。就是日本、韩国，中国台湾、香港地区，以及新加坡所代表的一个新的工业文明。从发生学的角度来说，这个工业文明的出现，与美国从50年代以来围堵共产主义的扩张有很密切的关系。这些地区自从50年代以后，多多少少受到美国文化的影响，乃至受到美援。可是，不容否认，美援只能算助援，这个地区的兴起，不能从美援来理解，要从它内部的动源——它能创造新的生产力，改变旧的生产关系，形成新的制度，新的结构来理解，特别是过去二十年。

这些地区有两个特性，一是它的增长率特别高，和世界其他地方相比是最高的，有的是8％，有的是10％，有的是12％，平均增长率也很高。另外，这些地区的增长率能持续二十年以上。今年这些地区的增长率受到了很大的影响，新加坡可能是零，台湾可能是2％—3％，日本可能是4％或略低。这是二三十年发展中的例外。二十年来，这些地区维持了相当高的增长率，拉丁美洲没有这种现象，任何其他发展中的国家和地区都没有这种现象。所以大家说这些地区是二十年来动力最大、改变最快、发展最迅速的地区。这决不是危言耸听，是事实。我记得，1962年我离开台湾到美国念书，1966年回台湾教书，仅离开四年，回到台北时，很多应该找得到的大街小巷都找不到了，整个市容都变了。在新加坡住的人外出只五六个月，市容就有变化。这个动力是非常大的。台湾地区现在的发展，特别是大的都市，使得很多经济学家想到东亚社会发展的趋向。

这几个社会其实是相当不同的。日本从政治结构上讲比较趋近民主——它受美国控制的时间较长，虽然是一党专政，但选举是自由的，而且新闻的自由度非常高。韩国基本上是一党专政的控制，政治文化的压迫性比较大。现阶段的香港是美国经济学家诺坦·费克门所说的自由市场的最突出表现。新加坡虽然是一党领导持续了二十多年，却是自由选举。从人种血统多方面来看，日本可以说是清一色的，新加坡是多元的，华人占 70%，还有马来人、印度人等许多其他民族。从一般的价值取向来看，日本除了儒学以外，有佛教，还有神道；香港、台湾除了三教以外，还有其他民间宗教；韩国还有巫教；新加坡的宗教更是多元。从各个地方来看，这些社会的内部结构不尽一致，尽管如此，在过去二三十年的高速发展中，它们有没有共同性？很多人想了解它，因为它和苏联、东欧所代表的社会主义的工业文明，和西欧、美国所代表的资本主义工业文明不太一样。它不纯是美国的资本社会在东亚的体现，当然也不是社会主义社会。所以有人提出，如果以西欧、美国作为古典的资本主义，那东亚就算现代资本主义。

资本主义从广义来讲是不是有两种不同类型，从同构的角度来看，这个地区确实有很多东西、很多现象是其他地区所没有的：第一个最突出的现象是教育，特别是考试制度。在中国香港、日本、韩国、新加坡都有会考，和台湾地区的会考几乎一样，这在其他地方没有。教育基本上是"养成"教育。这个"养成"教育是对一个人从小学开始就对他的公民道德进行非常严格的训练，比较接近法国的模式，而与美国的不同。如最近新加坡，决定把宗教、伦理课题带进中学，把基督教的圣经知识、伊斯兰教、印度教、锡克教和儒家伦理都变成中学生必选课目之一，选读以后，还要考试。

另外一个非常突出的现象是政治领导。日本、韩国、中国台湾、香港地区、新加坡企业界和政治界并没有多大冲突，由政治界来领导企业界。这个现象在欧美很难见。和计划经济相联的统筹管理的办法，也与其他地区不同，它的弹性比较大，没有统得很死。但是，它的政府是通过主要的银行如日本银行，用各种不同的方法贷款，来鼓励企业界在国际上竞争成功。因此美国有人说，这个竞争是不公平的，我们可以跟日本任何一个企业比，但是我们不能跟整个日本国家相比。这种由政府领导而进行的竞争，在其他地方也比较少。

还有，这些社会的家庭制度，是使得这些社会能安定长期发展的主要原因。这些家庭制度，也在很多地方刺激、帮助了企业的发展。譬如，家庭企业，在日本、韩国、中国台湾乃至新加坡、中国香港，影响很大，储蓄率非常高。各种不同的、非现代化的人际关系起着某种积极作用。在别的地区，这种人际关系钳制现代生产的发展，而在这些地区不仅没有钳制、阻碍，反而促进了生产的发展。这是一个很奇怪的现象。

再则，在这些社会中，对社会成为其基本价值的理解和西方社会绝不相同，特别和美国相比。美国的社会是一个抗衡的社会，社会是由各种不同的压力集团所形成，每一个压力集团都了解到自己的利益，珍惜自己的利益，为自己的利益而奋斗。在这个过程中，在平等的法律关照之下，大家进行抗衡。而我刚提到的东方几个社会，基本上是一种信赖的社会，不是一种抗衡的社会。最近，出现了一些问题，由于油价下跌，美国的经济不景气，国际上很多其他企业也有萎缩现象，对这个地区发生了很大影响。像对新加坡，影响非常大。在英国，这种现象出现后，第一个表现就是劳资之间的重大斗争出现，罢工一定会出现。而新加坡的情形呢？不仅没有罢工现象，而且工人主动提出不要加薪，帮助政府渡过难关。这不是政府的压力。这和日本的劳资之间也有同构的地方。这表明，它们和西方发展的模式完全不同。

还有就是储蓄率高。储蓄率高表示这个地区有一种对未来负责的感觉。美国现在最大的问题就是储蓄率低，外债借得很多，完全是寅吃卯粮的办法。在美国，每个人口袋里都有一大批信用卡，信用卡就是用来借钱的；吃饭、住旅馆都用信用卡。你在 1985 年所花费的可能到 1987 年还不能偿还。这是就个人而言。就政府而言，可能到了 2000 年还不能偿还，因为大家都借债。将来也许他们的子孙会倒霉，这是子孙们的事，不过现在他们能享受还是尽量享受。这是一种很奇怪的心理。但是东亚社会正好相反，储蓄率非常高。

有一种言论——这当然是从怀疑主义的立场看——说这个地区之所以能创造这么大的财富，生产力那么高，是因为有一种强烈的不安全感。大家都惶惶不可终日，以为明天就会出现问题，所以大家拼命赚钱，不管他赚了多少钱，总觉得还不够。这种提法不能说完全错。日本从明治维新后就有这种心理。台湾地区也有这种强烈的危机感。新加坡，一个城市国家，没有任何后援可言，其他国家可以犯错误，而它自己则不能犯错误。中国、美国犯了很大的错误，中国依然是中国，美国依然是美国，而新加坡要是犯一点错误，就不是新加坡了。中国香港也是如此。记得我在称之为"黑色星期五"的那天到了香港。那时香港的计程车司机罢工，整个香港的经济面临崩溃的危险。当时我在尖沙咀看到，有两部计程车被砸坏，一些人在摇旗呐喊。这种动乱与美国和欧洲的没法相比。因为香港社会是构建在诸种矛盾的基础之上，香港人有一个共同意愿，就是希望同舟共济，不希望他们这个地方有一点风吹草动。所以，任何小的变动，在香港人看来都是大的震荡。香港社会是一个相当敏感的社会。在经济发展过程中，这种敏感度在岛内是无法想象的，因为一句话可以使市场股票跌下几百，甚至使股票市场关门。这表明，这个社会存在着强烈的不安全感。正因为如此，大家的积极性全都调动起来了，能够创造很多财富。这是一种提法。

另外，值得注意的是，它是一个发展速度非常快的社会，它的受伤害性是非常高的。如果一个社会是农业社会，发展的速度比较慢，它的受伤害性不会很大。当它发展到高度工业化，技术高度密集时，其中任何一个小环节发生任何一点小毛病，整个系统就会崩溃掉。纽约与北加拿大的电网系统是密切联系的。有一次在输运电方面出了一点偏差，纽约停电了。我在武汉时也遇过几次停电，不太方便时，点几支蜡烛就凑合过来了。可是，纽约如果停电，那就不得了。你很可能吊在 120 层楼的电梯里，也很可能使整个输送系统停止，24 小时后便会窒息。这可是非常严重的大问题。工业东亚到现在，其动力非常大，它的受伤害性也很大。如果有一点偏差，就可能发生很大的问题。

从各种角度来看，我觉得我们应该正视这样一个课题：到底工业东亚的出现——摆在全球意识和寻根意愿的角度看——它代表的价值方向，它后面的文化因素是什么？有很多人认为，其中儒家扮演着比较重要的角色。譬如：新教伦理和西欧、美国资本主义的关系，马列思想和苏联、东欧的关系，可以等同于儒家伦理和工业东亚的关系。我只是把这个问题提出来，对这个问题我并没有作什么研究，也没有发言权。但是，这个问题大家讨论得非常多，所以，可以用两个完全不同的坐标系统来考虑儒家伦理与工业东亚的关系：一个是公认的坐标系统，一个是理想的坐标系统。

从公认的坐标系统，我们值得考察的是：所谓的儒家伦理，和工业东亚今天的经济发展急速前进这种情况的关系如何？有很多人说，儒家伦理在工业东亚所扮演的角色，从作用上等同于新教伦理在资本社会所扮演的角色，特别是它对工作伦理所作出的贡献。这怎么去考察呢？要从比较经济学、比较社会学、比较人类学去了解。我没有什么发言权。不过，我觉得应该注意的是，假若儒家伦理居然对现代的东亚工业文明有所贡献，而使很多企业家受到儒家伦理的影响，那对儒家伦理本身讲是一个凡俗化或者"堕落"的现象，对儒家伦理不晓得有什么特别的好处。

从理想的坐标系统来看，到底儒家伦理将来在工业东亚能不能成为一种新的思想动向或价值动向？有没有知识分子群体批判意识的出现，把儒家伦理与这个社会里的教育制度、文化、文学艺术联合起来？我想，这是一个未来学的问题。在现阶段，并没有看出很多使人得到鼓舞的迹象。从这方面，我将提到要讲的最后一个问题：就是面对现在国内，从东西文化比较这个角度，进行对于封建意识形态的全面批判这个课题。

从中西文化比较看批判封建意识形态

我有一个构想，就是封建意识形态或封建遗毒要彻底地批判，这是一个非常明显的事实，而且是一个重大的课题，甚至可以说是一个燃眉之急的问题。一般提法是说，除非你有很强的现实感，你对这个问题的考察永远不会很深刻，要真正在这个环境里理解到封建意识形态在社会各种不同的权力关系网络中所发挥的消极作用，你才可能了解它的严重性。

我从 1978 年以来，常常讨论关于儒学的问题，关于中国传统的问题，过分强调了传统中国的价值，特别是儒家传统的健康方面的一些因素。我这样强调，是因为我从小学五年级到大学毕业一直在台湾。后来在海外从事学术研究，所面临的多半是西方学术文化的挑战。因此，站在跟西方文化对话的角度上，能够观察到中国传统文化中的一些健康因素，特别是儒家传统的一些从身心性命之学、人文主义和它的道德哲学，或哲学的人学这方面肯定的价值。假若我生活在另外一个环境，而有相当长的时间了解到这个封建意识形态在我们社会里所发挥的消极作用，那我的注意力一定会转向对封建意识形态的批判，甚至不会过分强调传统文化儒家文化的重要性，可能会更多地考虑到如何引进西方社会的一些价值，希望引进的价值能够至少在某些程度上冲击传统意识形态，特别是封建意识形态的枷锁。因此，我有些论点就被描述成带着强烈的理想主义色彩，乃至空想的理想主义，而这个空想的理想主义和现实中大家所感受的封建意识形态的消极作用是有冲突的。这个，我想可能是事实。

不过，我自己的理解，从五四以来，"全盘西化"和"义和团精神"所造成的一种恶性循环，实际上根本没法以张之洞所谓的"中学为体，西学为用"那种模式来解决。我认为，我们也许对五四以来批评传统所代表的精神方向，以及它的现实感受掌握得还不够周全。因为五四以来对于批评封建意识形态，包括所谓"打倒孔家店"，和传统决裂，把传统的包袱抛弃，这些提法有一定的现实意义。因为救亡，知识分子投笔从戎是真正的存在决定，而到书房里对这些大的问题作一些比较全面的反思，在当时则既没有这个权力，也没有这个条件，也没有这个心情。在这种情形下，直接参加政治运动，变成了知识分子存在的抉择。这样，很可能把一个很复杂的问题简单化。因为，严格地说，这个封建意识形态，如果是中华民族文化心理结构中的积淀，它既然进入了我们的血液和骨髓，发生化学作用，发生消极作用，那么，要想像包袱一样抛弃，根本是不可能的。如果不能像包袱一样抛弃，又要通过怎么样的途径才能彻底把封建意识形态消除？假如我们不在这个理想的坐标系里谈最好的方式，完全从现实的功能坐标系里讨论它的策略，我感觉用西方文化（不管是从开放的心灵、隐私权、个人主义哪个角度的西方社会的价值）来对抗封建遗毒，这个力量都是非常薄弱的。可以说薄弱到只有少数知识分子可以理解它的意义，而广大的群众乃至各方面受到封建遗毒影响非常大而且现实权势非常高的人，根本没法照察。

对于这个封建意识形态的消极作用，要想不仅加以照察而且加以去除，一定要有两个同时并进的渠道：一个是引进西方资产社会所代表的价值如个人主义、竞争等；另一个是必须从传统本身引出一些源头活水，否则就没有自我主宰的基础，没有真正的认同感；西方的比较健康的那些价值，不一定能带进来，而它的表面现象也不能抗拒。

所以，我觉得有两个题目要同时并进，而这两个题目又同时有两面。即四个问题必须同时解决。以前把四个问题变成两个问题，有时又把两个问题变成一个问题，以为两点之间直线最短。但是，如果直线不能通过，就非得绕道而行不可。所谓四个问题，就是说批判与继承，以彻底扬弃封建意识形态，这是一个问题的两面；能够全面而又深入地引进西方的文化价值，同时能够自觉地批判和扬弃西方文化的表面现象，也是一个问题的两面。这四个问题必须同时解决，否则就会变成一种恶性循环。

要想突破全盘西化、媚外思想和仇外思想的恶性循环，不能矫枉过正。如果因封建意识形态阻碍的力量、钳制的力量和它的惰性太大，就矫枉过正，一定会激发更大的、而且更残忍的封建意识形态，即义和团心理。比如可能出现少数有远见的有志向的西化知识分子要提全盘西化，然后对西方文化理解不够的其他大多数，变成封建意识形态乃至义和团心理的表现者。即使同样的一个人，也可能同时体现两种完全自相矛盾的心理：一方面要了解西方科学技术的重要性，同时也对西方文化的其他价值有一种生疏感、痛恨感。这都是可能的。因此我觉得，如何能把传统的源头活水引出，即自作主宰的这个课题，和彻底批判扬弃封建意识形态根本是同一问题。日本的成功，是明治维新的志士能顶天立地做日本人，讲大和精神，环绕着它的明治天皇。而这个中间还有个神化的观点，跟天皇所代表的整个日本万世一系这种神话结合在一起。这中间有一些不仅是封建的，而且是迷信的色彩，弄不好就会发展到后来的军国主义，武士道的军国主义。这是非常可怕的。但是，如果能在现代化的过程中，把它的积极性调动起来，和它传统的大和精神中一些健康的东西结合起来，则是另一回事。所以，明治维新的志士，不是完全的全盘西化论者，而是充分的西化。要充分西化，就要站在你知道"自己如何做"这个基础上。这叫自作主宰。这个角度不可能从全盘西化的理论中找到任何消息。

中国要走哪条途径的方向性，不可能从全盘西化中得到。所以，自作主宰的方向性必须从自己的文化传统和现实中涌现出来。这个自作主宰，也就是构建文化的认同。假如说，从五四以来所提的观点，只是全盘西化中国才能现代化，就可能导致一个非常困难的情况：中国人不是现代的，也许我们要经过"飞跃"，先要把"中国性"整个消除，然后变成现代化，再来发扬中国的传统。假如我们相信中国文化可以像凤凰一样自己在灰烬中重新起飞，可以走那条非常极端的途径，不知道将来如何是好，反正就是拥抱西方。这种一厢情愿希望达到转世功能的可能性，不是太大。可是，如何从中国的传统引发它的源头活水，谈何容易！

其一，至少不要有意地糟蹋传统的理想价值。这个工作表面上应该是人人都可做到。其实不然。我举一个简单的例子，姑隐其名。

有人认为要创建开拓性的人格，向西方学习，第一个要把中国儒家那一套"中庸之道"彻底批判。这个意味着什么呢？意味着"中庸之道"在儒家传统里面是和开拓性的人格冲突的。那么，儒家的"中庸之道"讲的是什么呢？很简单，折中主义，软骨头，骑墙，两边倒，没有任何独立性。如果你从儒家传统来看，刚才的描述和中庸之道有什么关系呢？关系不大。真正的儒家传统所描写的乡愿人格，——孔子所谓"乡愿，德之贼也"。所谓"乡愿"，就是刚才描写的那种折中人格。折中的，骑墙的，没有骨头的，只有依附权力的，这是儒家传统里痛恨的一种人。你把儒家传统的糟粕，和它所要体现的"中庸之道"这种儒家传统中极高的人格价值混为一谈，这是糟蹋自己的传统。

从儒家传统本身讲，要达到"中庸"这个水平，只有开放的心灵还不够，要有开拓的心灵，开放的人格。如果在儒家传统里讲就是"狂狷"，"中"是不可得也。这种各方面都能顾到，又有内在的动源，又能够发展事业，各方面都能达到最高水平的这种人格，是很难找到的。所以"必也狂狷乎"。这种狂，也就是一种开拓性的人物。这种人物是勇往直前，奋不顾身，要发展他自己的人格形象。虽然不是中行者，没有那么高的水平，但是他有他的价值，也就是一般西方所谓英雄豪杰式的人物。西方代表的开放的心灵，当然是英雄豪杰式的人物。这个英雄豪杰式的人物，在儒家传统里也就是"狂"或"狷"这种人物。绝对不是和儒家所谓最高的中庸的圣贤人格相冲突的，圣贤人格要比英雄豪杰人物还要升华。你现在把圣贤人格所体现的最高价值解释成"乡愿"，然后来批评"乡愿"，批评儒家，要向西方引进开放的心灵。而从西方引进的豪杰人士，在儒家传统里还是第二义的，还没有达到最高的理想。这就是说"抛尽自家无尽藏，沿门托钵效贫儿"。

因为这个问题非常复杂，你得到怎样一个结果呢？得到我前面所说的"矮人政策"的结果，总是把自己的糟粕来和人家的精华相比，认为真正的精华没有办法从自己文化的源头活水里引发出来，一定要从外面引进，结果引进的很可能也是人家的糟粕。所以，没有自我的主宰，要想真正狠批封建意识形态，只是把西方的一些表面的观点带进来，绝对不够。这两个课题必须同时进行。这就意味着，我们对西方文化要取得某一种评价批判的权利。如果我们全盘西化，表示放弃了对西方文化的评价批判的权利，我们就没有任何标准可寻。他们的标准我们不理解，就等于说，我们自己原来训练的是打篮球的，现在我们都去打美国的橄榄球，对它的球规也不懂，对它的法则也不懂，只能是一场混战。即使打赢了，我们也不知道是怎么赢的；打输了，我们也不知道为什么输，因为球规、法则必须自己首先掌握的。现在我们连球规、法则也放弃了，只是乱踢乱打，当然不可能把西方的精华引进来。

问题在于，如果对自己文化传统的反思不够深，对西方文化的科学、民主、人权后面的源远流长的价值传统就不可能考察得非常深刻，只能从表面上引进。而引进的表面现象不可能发生积极作用，不可能带引着社会的精英向更远更高的学术水平或知识水平提升。

因此，这个门一开，下流的东西先进来。而下流的东西正是无知识、没经过反省的这批人物所能够理解的，如黄色、黑色这些东西他可以理解，因为他很喜欢。而比较深刻的、有意义的问题，如人权问题、人道主义问题，乃至各种深厚的问题，不一定会注意到，不一定会了解到。用简单的模式，就可以把这些比较有价值深度的思想问题、文化交流的问题变得政治化。这是一个非常严峻的事实。如果我们不考察这个事实，基本上只从功能的坐标系统用拿来主义，很简单地以全盘西化的模式作一种矫枉过正的方式，想办法突破经过多少年的积累而和现在的关系网络发生千丝万缕联系的封建意识形态，那是以卵击石。这中间问题相当多。

我觉得这四个问题需同时解决，并不是说把一个简单的能够激发大家反省的问题模式变得复杂，而是这四个课题如果不同时解决，从五四以来的全盘西化和义和团心理的恶性循环无法避免。困难的是什么？困难的是，我们想要引进的，就是我们想要批判继承的，是断层的，在我们的心灵里面并没有发生很大的作用。要主动地自觉地去发掘去研究，这个工作非常困难，而且不是个人可以达到的，一定要经过知识分子群体批判的自我意识去继承。如果我们不了解我们自己的文化，不了解自己文化中间所代表的意义，不了解塑造这个文化的最重要的文化精英，不了解他们在传统思维过程中的艰苦，我们听不到他们的声音，那我们跟他们之间是没有关系的。这个工作很艰巨，尤其经过断层以后，这个工作更艰巨。

所以，要继承优良传统，要批判地继承传统，这个工作非常艰巨。同时，我们想要批判的封建意识形态，因为它渗透到我们的血液里，在各个地方发生作用，我们只要不警觉、不考察，就会被它吞噬，被它拖住，被它束缚。熊十力先生是一位极高明的哲学家。他说，他看《儒林外史》的时候，就会全身发冷汗，好像《儒林外史》中每句话都是针对他自己讲的；这里面所暴露出来的丑恶形象，都在他自己的生命里面体现出来。

西方的问题，有认同才能适应。在适应过程中，对西方问题怎样考察？我想，如果不是很深刻地由它的支流追溯它的源泉，对它的传统文化作一些比较全面的考察，了解它的内涵，批判的同时也是同情地了解，那对西方比较深厚的价值就没法引进。从五四以来，真正的西方价值，除了少数的例外，没有在中国的土壤里面播种、发芽、开花、结果，而西方的表面现象，也就是西方文化的糟粕，那是比比皆是，而且其流传速度，影响范围极大。因此，批判地继承传统，特别是优良的传统，塑造中华民族的文化认同，和彻底地批判封建意识形态，这两个课题，是一个问题的两面；深入地引进西方文化中一些价值泉源，同时扬弃批判西方文化的表面现象，也是一个问题的两面。而这两个问题，一个是认同的问题，一个是适应的问题，又有内在的联系。四个问题必须一起解决，否则还会碰到五四以来碰到的困境。

（《中外文化比较研究》，北京：三联书店，1988 年）

孔子: 人的反思

我在《从身、心、灵、神四层次看儒家的人学》[1] 这一篇短文中提到:

孔子所关怀的问题是以活生生的有血有肉的人为基础的。他虽然也重视死后的祭祀和超离现实的鬼神,但他的出发点是人伦日常生活……活生生的有血有肉的人,只要不是麻木不仁的行尸走肉,都有一个能够感觉痛痒的身体。站在比较宗教学的立场上,身体在儒家思想里确有崇高的地位。儒家所掌握的人,不能仅从理性的动物、上帝的使者、轮回的片刻或真我梵天的住宅来认识。"仁者人也",人是在天地万物中灵性最敏锐、感情最丰富的存有。人的不忍之情,人的忠恕之道,不是抽象说教,而是体之于身的一种自然涌现的感情。我们的身体不是仆役,不是手段,不是过渡,也不是外壳,而是自我的体现。

1　香港《明报月刊》226 号,1984 年 12 月,41—44 页。

也许可以这样说：儒家修身的目的，即是把作为生物存在的人，通过群体的批判的自我意识而创造地转化为真善美等人文价值的具体表现。孔子说："古之学者为己"。"为己"之学就是靠自己本身所拥有的精神资源（即宋儒所谓的"源头活水"）来发展和完成自我。

儒家的自我不是静态的、孤立的个体，而是在人际关系网络中经常转化的过程，是每一个人必须亲自经历的人生之旅。儒家的人生之旅，如果用目前流行的哲学的语言来表述，即是从感性的自然生命起步，通过理性的伦理世界而达到天人合一的精神境界的全部历程。这个历程不是单线的自我超升，也不是片面的、泯灭个性的社会化，而是以"己所不欲，勿施于人"为指导原则，进行"己欲立而立人，己欲达而达人"的忠恕之道。

这条平实的做人道理，也就是宋明儒所谓的"身心性命"之学，是把文化密码建立在生物密码的基础之上而又彻底转化生物实质，使其具有丰富的文化内涵的人学。举一个例子来说明这种人学如何动作的基本规律。孝是具有儒家特色的伦理价值，但孝的价值并不是按照工具理性的方法考验了社会的需要之后才厘定的。孝思孝行固然有一定的社会功能，但儒家的孝道建立在反哺报恩的亲情上，是一种把没有选择的生物"必然"提升为体现人性光辉的文化"应然"的创造转化。因此，当宰我对"三年之丧"提出质疑的时候，孔子只从是否感到心安来要求他再予以考虑；等到他一作出肯定的答复，孔子也只能发出"汝安则为之"的叹息。

我在前面提到那篇短文中，曾从身（体）、心（知）、灵（觉）和神（明）四个在中国传统哲学中通用的但却属于不同层次的基本范畴对儒家的人学作了初步的解析。严格地说，身、心、灵、神四层次的观点和子思、孟子学派的"五行"（五种德行：仁义礼智信），特别是孟子"可欲之谓善，有诸己之谓信，充实之谓美，充实而有光辉之谓大，大而化之之谓圣，圣而不可知之之谓神"的那种人格发展的学说比较契合。是否也适用于《论语》所代表的孔子思想，还需要作番说明。

一般的理解，孔子的《论语》中所体现的是一个平实的人文世界，既无希腊哲学家冥思自然的理性活动，又无希伯来先知敬畏上帝的宗教情操。孔子对人的反思，因为集中在人与人相处的社会伦理，他所创造的价值是社会的、政治的，而不是科学的、美学的或宗教的。这种理解有其片面性：它不仅把孔学限制在类似希腊、罗马的斯多噶学派，而且把《论语》中丰富的宗教的和美学的资源弃置不顾。其实，"兴于诗、立于礼、成于乐"的教言，正是从美感经验起步，通过伦理教化而融会于宗教情操的儒家人文精神的写照。能够"手之、舞之、足之、蹈之"，便能兴发志趣，畅抒情怀。

日本美学家今道友信指出，孔子的美感经验为阐发人性至情至性的"表现美学"（或称"体现美学"）树立了典范，和希腊美学之基于模仿自然的"拟似美学"大异其趣。同样地，儒家以天人合一的形式所表现出来的那种既超越而又内在的宗教情操和希伯来以虔诚的敬畏感归依上帝的舍离精神相比，至少在表面上看来也截然不同。

西方哲学受到希腊和希伯来传统的影响，把美学、伦理学和宗教学划分为不相管属的三层, 儒家则以美感经验为伦理教化的基础, 并以伦理教化上通天道来完成 "极高明而道中庸" 的身心性命之学。在西方, 如果不能脱离美学、伦理学和宗教学不相管属的格套, 便要彻底抛弃感性, 才能树立以普遍化的客观规律为行为准则的伦理世界; 还要靠 "信仰的飞跃" 完全跳出了由理性制约的伦理世界之后, 才能进入神秘的宗教境界。这种思考人生问题的模式, 虽然已受到东西方思想家的一再批判, 今天仍在世界各大学的文学、历史、哲学乃至其他各种新兴的学科中起导引和定向的作用。我们如果不自觉地也用这种模式来割裂孔学, 难免把孔子刻画成既无美感经验, 又无宗教情操, 只在伦理学的层次进行道德说教的先师, 这是很不幸的。

从儒学的立场来诵读《论语》, 这部代表孔门第二、三代传人根据及门师友亲身经验的记载, 通过群体的、批判的自我意识而汇集成的人生片段, 既是共同的记忆, 又是智慧的结晶。固然《论语》表述了一个在时空交会点上确实发生过而且牵涉了不少活生生的有血有肉的人物的历史现象, 但是, 这个历史现象虽然由具体的人、地、时所交织而成, 它所体现的真善美却是深具哲学涵义, 超越时空的人文价值。

《论语》是一部充满了人情味的圣典, 它的核心人物, 也即孔门传人, 想借助这部圣典的人生片段重新来认识、了解、体会其主人翁的精神面貌, 那位在人伦日常的平实世界里体现人性光辉的证道者。他所证成的人道, 一方面扣紧了人的生物性, 即对人生的基本要求: 生存、丰衣足食、延续生命等等予以充分的肯定; 同时又从下学而上达，把人道和天道紧密地联系起来。孔子所体现的生命形态，处处流露出由人格的圆通而激发的美感经验。《乡党》篇所描述的孔子，一举一动都是"诚于中而形于外"的表现，没有一点矫揉造作的痕迹。我们很可以把《论语》当作具有儒家特色的美学教本：如何把我们的身体从呱呱落地的生物存在转化为真善美的具体表现。"克己复礼"乃至"非礼勿视，非礼勿听，非礼勿言，非礼勿动"，绝不是以外在的行为法则强加于人的说教，而是鼓励我们用"习礼"和"习乐"的方式陶冶性情，正视所谓头容、足容、手容乃至视容和听容的培养，以达到人生艺术化的长者心语。

孔子通过和弟子们共同身体力行所展现的人道，不是排斥性的人道主义，和西方文艺复兴特别是启蒙运动之后以抛弃神性和征服自然为特征的人道主义大相径庭。儒家以孔子为人格典范的人文主义是涵盖性的，是要"上下与天地合流"的，既要上连大道，又要旁通自然。这种涵盖性的人文主义，有深厚的宗教意义。

如何把《论语》中所蕴藏的"终极关切"展现出来，是阐发儒家宗教性必须通过的学术课题。因为孔子曾有"未知生，焉知死"和"未能事人，焉能事鬼"的答语而坚持孔子只强调"生"不重视"死"，只强调"人"不重视"鬼神"，是不够全面的。在孔子的人文世界里，死和鬼神所占的分量极重，否则孔子在礼乐教化中特别究心于祭祀的言行便无从解释。把"慎终追远，民德归厚矣"当作是为了达到政治目的而不惜利用民间宗教的权宜之计，是对孔子的价值取向极严重的误解和曲解！孔子提倡"能近取譬"，因此常站在可以直接证实的经验基础上设思，以知生为知死的先决条件，以事人为事鬼的先决条件，正是这种思维方法的运用。孔子的回答并不意味着他主张只要停留在狭义的人和生的经验世界，就能达到安身立命的目的。相反地，从孔子承接"斯文"的使命感、默契天道的超越感以及忧"德之不修，学之不讲"的天职感种种迹象看来，天道性命、死生祸福乃至"鬼神之德"和他的人生哲学是一脉相承的。也许和知生为知死的先决条件不仅不互相冲突而且还可以相得益彰的正是：要达到知生的极致（了解生命的全部意义），便必须对死有真实而精切的体会。同理，事人的极致也必然包含着"事鬼神"的智慧。

孔子曾对人进行全面而深入的反思，他所采取的途径不是思辨的、冥想的或观念的，而是"能近取譬"，以体验为基础的体知。体知既要知又要行，而且必须身体力行，是一种极为艰苦的反思。不过由这种反思所凝聚的人生智慧是丰富的、充实而饱满的。把美感经验、伦理世界和宗教境界贯穿起来，在人的生物基础上建立合情合理的人文精神，是孔子留给我们的无尽宝藏。我们有权利也有义务通过现代的阐释把这份宝藏的内容公之于世。

（台湾：《国际孔学会议论文集》，1988 年）

人格发展的全幅历程

——艾律克森的心理反思

应琼·艾律克森的邀请，我在早上 10 点抵达坐落在百老汇及愁桥两街交口的艾府。这是一座具有殖民时代风格的木质楼房。艾理可·艾律克森开门迎客。走进宽敞的饭厅，从右边的落地窗可以看到古堡型的康桥市图书馆及历史悠久的拉丁中学。不过只一街之隔，竟好像是矗立在遥远的两个世界。艾氏客厅的布置是古色古香的红木桌椅居中，由暗淡而细致的颜色和线条构图的蜡染壁饰，加上粗犷的雕塑和鲜绿的盆景，给人一种简朴而幽香的感觉。

刚要入座，艾理可打趣地说："圣弗朗西斯（St. Francis，三藩市即纪念这位天主教圣徒而命名）就在你脚后。"回头一看，果然点缀着三只和平鸽的两尺多高石像，正肃立在落地窗前的一大盆景旁边。不久我们即和琼及另两位哈佛学人，一起环坐厅中的椭圆桌饮茶聊天。就这样，艾律克森夫妇和三位访客进行了一次有关"人格发展"的研讨会。漫步返家时刚过正午，回想 1965 年春季初会晤艾律克森夫妇的情景，距离今天（1988 年 3 月 11 日）竟是 23 年前的往事了。

我获准参加艾律克森教授以"生命史及历史"（Life History and History）为题的研讨课，是平生一大幸事。按当时规定，研讨课人数不得超过 12 人，但因"生命史及历史"已是全国知名的好课，申请者（包括本校及外校的教授）每季总有几十人。我和艾律克森教授面谈之后，立即获准上课，这也许和我选定王阳明为论文题有关。他的《少年路德》（*Young Man Luther*）已刊行，当时正着手撰写《甘地真理》（*Gandhi's Truth*）。阳明既然是中国历史上可以和路德或甘地相提并论的同属"创建心灵"的人物，站在比较文化的层次，也许不无参考价值。另外，他是提倡多元文化殊途同归的人文主义者，对我申称儒家成德之教可以为深度心理学提供资源的说法，表示欣然同意。

还记得我的报告是研讨会成员应邀在艾律克森夫妇家里共餐那晚举行的，气氛极融洽，自觉没有辜负阳明身体力行的精神。会后，艾律克森夫妇特来道贺，艾理可还兴致勃勃地表示我应环绕阳明人格发展的课题，举行一连串的讲习。不过我的口头报告虽然差强人意，但研讨会的论文却写得很散乱，心里难免有几分内疚。后来撰写博士论文时，因重点摆在阐释阳明"知行合一"的哲思，对艾律克森式的"心理历史"只是浅尝而已，更有愧对大贤的歉意。直到 1972 年，艾理可为 *Daedalus* 杂志（美国艺术科学学院刊行）

主持"成人"专号,我写了《儒家成人观》之后,才觉得略略报答了艾氏夫妇的知遇之恩。其实,二十多年来,我向艾氏夫妇亲领教诲的机遇极少,虽有"及门"之雅,但绝无忝列"弟子"之林的资格。但艾理可是帮助我从正面理解弗洛伊德心理分析的"师友",这点终身难忘。

后弗洛伊德学派与儒家自我人格发展

我在《儒家的新考验》一文中所提"后弗洛伊德分析学派及儒家自我人格发展的相似点"[1],正是受到艾律克森的启示。

中西思想另一个接头之处,则是后弗洛伊德心理分析学派及儒家自我人格发展理论的相似点。谈到后弗洛伊德心理分析学派,我们不能不先提到心理分析学开派大师弗洛伊德(Freud)的贡献。在西方现代思潮中,弗洛伊德占据着划时代的地位,他所作《梦的解析》出版于 1899 年的 12 月 31 日,因而被哈佛大学一位教授称为"20 世纪知识界中第一颗原子弹"。这本带有爆炸性的巨作,实在是弗洛伊德自我分析的结晶。他的勇气、智慧和创造力,在西洋现代思想史中,确属值得大书特书的一页。然而,他毕竟没有跳出西方传统的束缚。他的学说,如对"下意识"(unconscious)、"自我"(ego)、"超自我"(superego)和"以德"(id)等观念所做的分析,虽然都有相当程度的客观性和普遍性,但概括而论,却深深地受到犹太教以及基督教的原罪等观念的影响。即使他用"理性",来剖

1　《人生》38 卷 8 期, 1966 年 12 月。

析人性的"非理性"的方法，实在也受到当时哲学思潮的限制。因而他所描述的人性，是极为可怜的：一方面受到来自内部的性欲所左右，一方面又受到来自外部的礼俗所控制。根据他的分析，个人的超拔必须借助外在的规约来转化，或升华内部的"非理性"。超拔的原动力不是自主的，也不是内含的。

后弗洛伊德学派（在此所指者，系以安娜·弗洛伊德为创始人的"自我心理学"）亦以自我分析为主。但是根据这一派的理论，人格成长的原动力，是内含的而不是外铄的。所谓"自我原力"，即是一种内在的要求和力量。这种内在的要求和力量，可以由后天来涵养，但其存在欲是先天的。因此"自我原力"具有独特性和创发性。一个人的生长过程，必定会受到各种类型的刺激，然而他的人格并非纯由应付这些刺激的反应组合而成，也不一定由内部"性要求"的升华而成。真正左右人格发展的力量是内在的，而且是自主的。于是被弗洛伊德描述得既可怕又不可避免的"杀父妻母"的性要求，在此转变为人格发展过程中一种"情况"，而不是人人都推卸不掉的"窘境"。

从儒家的立场看来，"自我心理学"的发展，正可彰显孟子性善说的真谛。孟子并没有否认现实世界中的罪恶，以及食与色是人性的基本欲求，更从未宣称世界上的人都是善良的。他的"性善论"实在是为"人人皆可自发地从事道德实践"，或者"人人都能靠自力成圣成贤"一信念，找出哲学上和心理上的根据。他所说的"仁义内在""良知良能""知言养气"以及"尽心知性知天"，可以解释为承继孔子的学说，点出"克己复礼为仁"的工夫。从哲学或心理学的立场看来，不但是自动、自发、自主的，而且必须从自己身心上下手。

　　"自我心理学"点出了人格发展的原动力，但没有加上任何道德哲学的观念。然而，这种"道德中立"的纯科学立场，究竟能维持多久？艾律克森，自我心理学派的领袖人物，根据其研究马丁·路德和甘地等宗教领袖所得的结果，把自我心理和其他的人文学，如历史、文化、哲学等连接在一起。他所涉及的范围和采取的途径，已不是狭义的社会科学所能限定住的。如果"自我心理学"不能完全不在哲学上找根据，不能只从实验科学中求证明，东方哲学尤其是儒家，将会扮演重要的角色，何况到中国文化里来寻求启示，早在荣格（C. G. Jung）的时代就已经开始了！就是最保守的估计，如果"自我心理学"要想跳出西方文化传承的束缚，不再重蹈弗洛伊德的旧路，单就实验科学本身的立场来观察，中国历史上成百成千个儒家人格发展中的实例，无论如何是不容忽视的。

从弗洛伊德的解构到艾律克森的重建

　　弗洛伊德在他介绍心理分析的演讲集（*Lectures on the Introduction to Psychoanalysis*）中，曾充满自信地表示，在现代人类文明史中（应称"当前西方思想传统中"），对人的自我认识，共有三次革命性的发展：第一次是哥白尼打破了地球中心论的宇宙观，把人的世界归约为无限太空中亿兆星球之一，因此，彻底摧毁了人自以为"居北辰而众星拱之"的傲慢；第二次是达尔文的进化论，粉碎了上帝依照自己的形象创造人类的迷信，把人的根源和其他动植物联系在一起，人成为猴子的表亲，惟我独尊的优越感失去了科学的凭借；第三次即是他自己所独创的"心理分析"学，从根处把人的自我认识规定为不可知的迷惘。这种釜底抽薪的方法，根本改变了"自知之明"的含义，把从苏格拉底以来即为西哲所追求的"自知"(Know thyself)转化为困难重重的，乃至高不可攀的理想。

的确，根据弗洛伊德的了解，"自我"的成长，夹在"以德"(非意识的原初冲动)和"超自我"之间，是一种力争上游的奋斗；尤其是在儿童期(6岁之前)，若能顺利通过"恋母仇父"的情结，即需像过关斩将般不仅要升华"以德"所激起的无名业力，还要遵照"超自我"所揭示的"真实原则"(reality principle)而行事。人生之旅真是危机重重。因此，残破、扭曲、受伤或自暴自弃的人何其多，而充分体现人性光辉的大师大德则屈指可数。弗洛伊德所关注的正是那批因在儿童期受压抑、误导或迫害而变态的不幸者。这种从病理学深扣人性阴暗面的思想，对一般人"自我"发展的常轨，即使没有置之不顾，也有忽视的倾向。

应当指出，弗洛伊德虽然真切地体认到人的"自我认识"，绝不是在发现了"无意识"(unconscious)层之前所理解的那么直截了当，但他所独创的"心理分析"，却是想借助理性之光来剖析人性中非理性的成分，以达到重新整合的目标。换句话说，他是想从散离和破碎的形象中，再现整体(wholeness)。古典的弗洛伊德心理分析，是从病理学入手，提升患者自我认识，以开拓一条健康坦途，这一点毋庸置疑。但心理分析是一个冗长而艰苦的历程：没有数十次、百余小时的独白和对话，是不能见效的。分析家和患者的相互关系, 纠缠在父子、朋友、兄弟、夫妇、上下级等等伦常的"移情"(transference) 之中, 常易形成一种剪不断理还乱的复杂情结。因此, "心理分析"的专业训练所要求的, 除知识、学养、脾性和耐力之外, 还有心知其意的体会, 也就是被分析的经验。既然没有未曾被分析的心理分析学家, 如何建立自我的整合, 便成为弗洛伊德圈内经常反思的课题。弗洛伊德晚年特别究心于"自我"如何成长, 如何发展的现象, 是可以理解的。

艾律克森既是弗洛伊德的嫡传, 又是当今"自我心理学"最具影响力的阐释者, 但他不仅没有博士或硕士之类高等学位, 好像连大学也没有毕业。在学术专业化达到高峰, 博士成为学术界必备资格的时代, 艾律克森的学历的确不同凡响。根据记载, 他二十多岁还在担任美术教师的时候, 就已膺选荣任"维也纳心理分析学会"的会员, 而且成为 20 年代后期弗洛伊德圈内的核心人物。不仅如此, 弗洛伊德因有意培养他成为第一代的儿童心理学家, 还特别指定其女公子安娜 (Anna Freud) 对艾理可进行分析。艾理可·艾律克森后来推崇安娜为弗洛伊德学派中"自我心理学"的创业者。除了客观理由外, 当然也有主观意愿的成分。

艾理可和琼相遇, 是在维也纳一个古堡举行的化装舞会上。艾装束为土耳其人, 还戴着毡帽, 琼则打扮成全身戴满珠宝的波西米亚舞娘。那时琼已获学士及硕士学位, 而且是哥伦比亚教育学院的博士候选人。她到维也纳是为了搜集论文资料, 但和艾一见钟情之后, 也就走上了心理分析的幽径。最近有记者问她, 未能完成论文, 取得最高学位, 是否美中不足? 她却直率地表示, 既然选择了和艾理可紧密合作的学术途径,学位早已成为不相干的身外之物。这种夫唱妇随(近年来颇多妇唱夫随之例)的精诚合作,虽然开始得有点神奇,但却持续了长达50年之久。如果说弗洛伊德解构(deconstruct)了西方人的自我,那么艾律克森夫妇的终身事业,则是如何重建(reconstruct)现代人的自我认同。

认同危机·智慧·官能

　　艾理可·艾律克森虽然青年时期就已进入心理分析学的内围,而且亲炙弗洛伊德父女的教诲,但他独立成学,乃至在学术专业上崭露头角,却有大器晚成的龙象。他的第一本书——也就是成名之作:《儿童与社会》(Childhood and Society),刊行于1950年,那时他已48岁。不过,艾律克森以儿童心理学的倡导者一鸣惊人之后,名誉日隆,不仅在心理分析学上大展宏图,而且成为知识界的人文良知,文化界的学术权威。

　　如果说《儿童与社会》是艾理可在拓展弗洛伊德心理分析学方面的传世之作,《青年路德》则是他向历史及宗教两大领域进军的利器。60年代初期,为传统史学家所敬重的外交史专家蓝格(William Langer)在其担任美国历史学会会长的那年,公开表示艾律克森所代表的"心理历史",是史学界研究方法的新动向,在历史学界掀起了轩然大波。艾理可的心理历史突然变成学术界争议的焦点,有人誉其方法为最富革命性的贡献,也有人斥为最具破坏潜力的归约主义(reductionism)。和史学界的爱恨交织的关系,在艾理可心里引起了很大的震荡。在研究会里，他常叙说一个重复的梦：应邀参加一群史学家组织的讨论会，自觉准备充分，可应付挑战，但火车一再误点，总没法到达目的地。

艾律克森运用"心理历史"方法剖析的历史人物，如路德、希特勒、威尔逊等，都是西方文化的特产，但《甘地真理》（1969）问世之后，他在比较宗教学中也受到相当的重视。近年来我为宗教研究的博士班开设主要宗教家的课程，艾律克森的理论便和黑格尔、詹姆士、涂尔干及韦伯摆在一起来讨论。

艾理可行文颇有特色，英文不是他的母语，因此他的文章必经琼的修改、润色才正式发表，但他在练字方面用功勤奋，常常表现出推敲得力的大手笔。《甘地真理》一书获得普立策奖（Pulitzer Prize）及国家图书奖（National Book Award）绝非偶然。艾理可在研究和撰述两大领域中，都流露出闲闲而来的雅趣，从不张皇做作，知性的张力也没使他染上分秒必争的学界通病。和他论学绝无慌乱的感觉，每次到他书房或府上请益，都有如坐春风之中的惬意。

我亲领艾律克森生活教诲时，正是他苦参甘地的阶段。但在心理学界，乃至历史及宗教学界，艾理可和"认同危机"（identity crisis）几成同义辞。"认同"本是哲学术语，意指相等或一致；但所谓"认同危机"，是指青少年（十多岁的孩子）在人格心理发展过程中的关键时期，不论危机来得早晚、能否渡过这个考验，对成年后的人生是否幸福，都有决定性的影响。艾律克森把人格心理发展过程中的关键时期摆在"青春"而不是"孩童"，可以说是对古典弗洛伊德学派的修正，也是突出"自我心理"以培育壮大一课题的良策。

他从各种不同的角度，提供了历史中伟大人物如何处理"认同危机"而获得内在动源的实例。既然在塑造人格心理的作用上，青春的自觉还较孩童的被动更有影响力，人的"自我超升"便有较大的可能，早期心理分析学的命定论也就获得了转机。

艾律克森在《青年路德》和《甘地真理》两书之间所发展的三部专论奠定了他以"认同危机"立论的基础：《认同与人生周期》（*Identity and the Life Cycle*，1959）、《洞识与责任》（*Insight and Responsibility*，1964）和《认同：青年与危机》（*Identity: Youth and Crisis*，1968）。其实，今天所普遍应用的"文化认同"（cultural identity）亦必须溯源自艾律克森用"认同"来理解人格心理所作的努力。

在《青年路德》一书中，艾理可用"信仰"来描绘路德现象。他把路德的"认同危机"，和新教以信仰获救的神学联系起来，以之考察个人的"心理真实"（psychological reality）和"历史实然"（historical actuality）之间的交互关系，曾引起很大的争议。但路德之后，新教文化区里"信仰"一词大行其道，则是有目共睹的事实。路德个人英雄式的奋斗（把自己的认同危机和时代的特殊使命交融在一起？还是客观历史的巨浪，通过路德的具体形式而展现其威力？）——这种时势与英雄相互造作的复杂现象，不仅要从分析权力结构、社会组织、经济关系和神学教义各层次来理解，还需照顾主要参与者，也就是创建人格。"心理动力"无疑是艾律克森给史学工作者所带来的难题。可是多了这个难题，历史现象被人格化了，也显得极其复杂；即使客观的准确性大有减杀，考虑的课题加多，运思的幅度扩大之后，可以施展才华的余地却大为增广，聪明才智之士不再以历史为干枯的事实描述，史学成为各行各业共同合作的边缘学科。总起来说，还是利多弊少。至于艾理可因独具慧眼地创造了"认同危机"，人人皆可从内在经验而具有同情了解的观点，他本人的学说也成为学术界公认具有历史意义的现象，那就更耐人寻味了。

在讨论儿童与社会、青年路德以及认同危机等课题的阶段，艾律克森是通过游戏设计、实地观察、资料研究等途径来摸索对象的——一个已逾"不惑"之年甚至超过"知天命"的长者，要想体会儿童或青春期的心理，需要多少同情的感受和重复检视的耐力！艾律克森这对八秩晋九的夫（84 岁）妇（82 岁），能够精益求精地洞察儿童心理及青春认同几乎长达一甲子，在心理分析的学院中，是绝无仅有的特例。艾理可的《儿童与社会》，目前共出三版：第二版是 1963 年，最近一版是 1985 年，距初版（1950 年）长达 35 年之久。在美国学术界日新月异的趋时风气之中，一本能维持十年而不绝版的学术论著就不多见。艾理可笔耕下的产儿，有如此旺盛的生命力，实在难能可贵。至于他在 70 年代，又对他 30 年前曾研究过的部分儿童进行再分析的心理学坛佳事，那就更近乎传奇了！

如果说艾律克森是靠过人的毅力和与日俱增的同情感，来对儿童及青春期的心理动力进行反思，那么他对《甘地真理》的探索，可以说是为解释老年人的"创发性"（generativity）而作的努力。既然那时他已接近古稀之年（1970 年从哈佛退休），这种努力也可以说是针对自己的"老之将至"而发。"创发性"和生殖能力有关, 青春时代含苞待放的冲动, 正是生殖能力旺盛, 必须 "戒之在色" 的上升期; 老年时代 "血气已衰", 又受更年期的生理干扰, 生殖能力减退, 必须作 "戒之在得" 工夫, 才能免除黄昏降临, 漆黑一片的恐惧。

《甘地真理》一书刊行后, 艾律克森受美国艺术及科学学院之邀, 主持了一个从比较文化的角度来透视 "成人" 观的学术会议, 1972 年刊行的学院机关报专号, 即是以成人为主题的。艾理可特意安排让参加会议的学人, 先观赏瑞典导演柏格曼 (Ingmar Bergman) 的名片《野草莓》(Wild Strawberries)。这部电影里的波格 (Borg) 教授, 一个冷酷无情的怀疑论者, 在前往隆德 (Lund) 领取荣誉学位的途中, 重新回味了自己的一生。就在这回味中, 他一点一滴地领会到人情的温暖, 对他的男孩、媳妇和即将诞生的孙子, 引发了平生从未尝过的爱恋。在波格教授的梦里, 出现了由巨马引曳的老式灵车, 婴儿的哭声和五官模糊的面孔。这些深具心理含意的象征, 给艾理可带来极大的启蒙。他认为老年人的认同危机, 在这部电影里体现得淋漓尽致。譬如空白的脸, 就是婴儿期没有获得父母亲爱的结果。琼最近常说, 一个婴孩如果不经常受到抚摸, 不能重复地凝视母亲的真面目, 不一而再、再而三地听到熟悉的声音, 那么轻则失常, 重则必死无疑。这是人性发展的通则, 没有例外可寻。因此, 艾理可曾表示父母有好有坏, 但不在家的父母绝对不是好父母。固然, 父母并不是非亲生不可, 但没有稳定的成年人日以继夜的培育, 婴孩是不能发育成人的。其实, 成人也一样需要亲人的抚摸、对话和晤面, 但是成人因为已有丰富的记忆, 可以靠回想的支援来渡过寂寞的难关。成人受刑入狱，即使隔绝仍能苟活，而儿童则无法幸免，就是这个道理。

艾律克森出身丹麦，但因母亲怀孕时便和生父离异，抚养他的男士洪柏克先生便成为他童年的父亲，这是他"中间名字"的来源。学术界一些政治性较强的知识分子，曾因他不提显然与犹太种性有关的H（也就是继父的恩情）而以艾理可行世而进行责难。不过这只是树大招风的一般现象，不值得深究。艾律克森夫妇是逃避纳粹而移居美国的，又因不肯接受加州大学"签名效忠"的压力，而离开伯克莱前往哈佛任教。他追求自由，提倡独立人格的风范，斑斑可考，没有什么瑕疵可言。但正因为他在青春期才知道他熟悉的面孔竟不是生父，一度引发内心不少的波动，将心比心，他更能理会"空白的脸"在人生旅途的初阶和终点，都象征着孤独难堪的困境。艾律克森夫妇和奚符里克（Helen Q. Kivnick）合撰的《老年的生机牵连》（*Vital Involvement in Old Age*, 1986），意指在人生之旅的终站仍能生气勃勃地参与各种有意义的人际关系，可以说是他们身体力行的结晶了。

最近琼还在积极撰写《智慧与官能》（*Wisdom and the Senses*），把她所体知的"身心之学"传诸后世。1974年参加"成人"会议时，琼特别提醒我以"礼乐射御书数"为小学身教的课目，是重视智慧与官能不可分割的惯例，极有深意。看来他俩欲发而未发的宏论尚多，真是老当益壮的写照。

生命的周期

在艾理可和琼的康桥新居研讨"人格发展"的时候，他们和包括我在内的三位访客，分享了一份三易其稿的"人格发展"图，也就是在心理分析学界讨论了几达 40 年之久的"心理社会表"（Psychosocial chart）。我把这份资料草议出来作为本文的结论。不过，值得一提的是，艾理可在《甘地真理》刊行后，花了十多年的精力专研与《生命周期》有关的课题，成绩斐然。这一序列的专著，与其说是经验科学的成果，还不如当做生命学问中的智慧语。在《新认同的各层面》（Dimensions of a New Identity，1974）、《生命史与历史的关键时期》（Life History and the Historical Moment，1975）、《玩具与理由》（Toys and Reasons，1977），以及《生命周期的完成》（The Life Cycle Completed，1982）这四部书中，充满了人格发展全幅历程中的至情至性。我们不必接受艾律克森的理论架构，但绝不能忽视他对人生那种极高明而道中庸的指点。

（台北：《当代》第 24 期，1988 年 4 月）

身体与体知

内化的技能

学骑自行车，摔倒几次以后，突然感到"会"了；弹钢琴碰到了困难，经过三番五次的重复练习，居然得心应手了；记诵英文名句，渐渐觉得顺口了；在一个陌生的环境之中，起先总走错路，住久了，不加思索就可以找到回家的捷径。这些日常生活的人生经验，都是"体知"的表现。

在普通话里，我们常用"会"这个字来传达体知的信息。会骑自行车吗？会弹这段了吗？会说英语吗？会回家吗？对这类问题回答一个"会"字，多么干净利落，但其中艰苦自己心里明白：摔倒的疼痛、重复的单调、背诵的枯燥和迷失的恐惧，都是切身的经验，如果不亲自经验过，我们是说不出这个"会"字的。说自己会骑车，但总要摔倒；会弹琴，却不能顺利通过一首琴曲；会讲英语，而全无造句的本领；会回家，又常走失。如果不是自欺欺人，就是误用了"会"字的通义，也就是缺乏体知的意思。

学会什么？也就是如何获得体知（体验的知识），是人生旅途中不可或缺的经验。从婴儿学步开始，活到老学到老，所学的多半和自己的身体有密切的关系。说"会"，也就是说我们的身体已真切地掌握了一项"技能"。会骑车、弹琴、说英语或会回家，都表示我们已把某项技能内化了；内化得愈深，熟悉的程度就愈高。习惯成自然。我们能充分掌握骑车的技术或回家的路线，就是这个道理。例如骑车、弹琴进入熟能生巧的境地，或运用英语达到运用母语般的娴熟，都是把这种技能逐渐内化的范例。

值得注意的是，把获得的体知当作内化的技能是不够的，它也是逐渐积累的生活体验。学会骑车也许没有什么值得称颂的，可是弹琴而能生巧的演奏家，他所内化的技术既然已成为他的自我认同，这种现象就不能仅从工具的层次来理解了。作家或艺术家的情况亦复如此。

不过，即使退到内化技能的层次，体知既是人人日常生活中必然亲尝的经验，又是古往今来哲学中极难理解的课题，我们就不能等闲视之。这话怎么说呢？如果套句中国儒家思想的术语，"体知"是探讨"百姓日用而不知"的学问。"日用"是指在日常生活中随时随地适用，"不知"是指没有提升到更高的层次，因而不得洞察其精义。大家都知其然，但极少有人真正深悉其底蕴。就拿骑车为例，会骑不难，但真要了解其中底蕴，包括机械力学、肌肉结构、身心调节、控制系统等等，就很难了。

必须指出，"体知"之难解，并不在"知难行易"。如果我们回顾自己学会骑车的经验，既然学会便有运用得当的信心，但学会之后如果不经常练习，或娴熟之后又荒废多时，难免有生疏之感，但这种生疏感和初学时那种不知所措的茫然，却大不相同。从机械力学、肌肉结构、身心调节、控制系统等经验科学所积累的知识，我们可以设法对学会骑车这一现象作出种种精确的描绘，但无论描绘得多详尽，总无法一窥体之于身这一体知的全豹。这正是"体知"之难解所在。禅宗所谓"如人饮水，冷暖自知"也是如此。学会骑车是自家事，必须亲身体验，熟读指南之类也无济于事。听说过有背诵指法精要却不亲自在琴键上练习而竟能卓然成家的演奏者吗？

这些显而易见的例子告诉我们，体知和身体结了不解之缘。前面我用了"体之于身"的说法，从体知设想，"身体"实含着"以身体之"的意思。学骑车、练琴、攻读英文或找路，都要经过以身体之才能知得真切。否则，难免有近来北美流行的俚语所谓"脑袋旅行"之识。"脑袋旅行"是一种既缺乏亲历其境的具体经验，又沉溺于毫无存在价值的观念境域之中的心病。患这种心病的，多半陷入自我陶醉的封闭世界里而不能自拔。知得真切，意味着如同身受，没有受用感就不可能有真知。

主体意识的建立

由亲身反复实践而获得的体知，不仅不是偶然拾取的认识，而且是我们主体意识的组成部分。严格地说，会骑车、会弹钢琴、会讲英语或会回家的我，已经不再是不会骑车、不会弹琴、不会讲英语或不会回家的我了。这种转化有时极为明显，有时暗而不彰，但由于体知的缘故，使我起了质的转化则是不可否认的事实。我们不妨用更简单的例子来说明这一现象：小孩学步。从一个呱呱落地的婴儿到学走第一步，在人生的旅途中虽然司空见惯，但对当事人（包括父母亲友在内）而言，这是多么值得珍惜的转化！从在地下爬的婴儿，转化成可以自己走路的小孩（英文俗称 toddler，晃晃荡荡走路的幼童），是人生旅途的关键。对婴儿、小孩而言，这个转化的意义并不亚于从猿猴变成人类。

学做人，在这个阶段，不外如何把举手投足的技能彻底内化，也就是如何把晃晃荡荡的危险状态逐渐转化成安稳的健步阶段。从体育的观点，这不过是学会运用四肢的肌肉，让自己从爬行的柔弱变成既会走又会跑的强壮而已。可是从功能的角度讲，把身体当作我们所运用的工具，并不能帮助我们真确掌握幼童学步这一现象。如果对这一简单的现象我们都不能认识清楚，要想进一步去理解做人的实义，那就更困难了。会走路的小孩已永远不再是爬行的婴儿了，这是不刊之论。

幼童学步并不是运用拥有的四肢来达到走路的目的。其实，要等到他学会了走路，他才"体知"到四肢的作用，才可把四肢用目的性的方式加以运用，譬如参加百米竞赛。的确，我们要通过无数的体知才逐渐认识到我们的身体。我们并不拥有自己的身体，我们发现、创造而成为自己的身体，是各方面各层次磨练的结果。此中艰苦是不足为外人道的。试问要经过多少"事上磨练"我们才学会用双手作一般家事？日本社会近来常发现儿童不会用筷子吃饭即是实例。如果从比较人类学的角度来观察，掌握筷子技术的困难度远较运用刀叉为高。大陆近来流行用汤匙解决饮食问题，不少留学生觉得西餐太麻烦，基本工夫就不容易掌握。筷子技术是否抛诸脑后，尚不得而知。

从学习走路到运用餐具，不仅是技术的飞跃，也是体知的质变。其中精妙，过来人都心里有数。我们究竟是用自己的身体来内化许多日常生活必须具备的技能呢，还是因为内化了许多日常生活必须具备的技能，我们才成为可以运用自如的身体？所以有哲人强调，身体不只是自然观念，而且是成就观念。

儒家传统强调，我们受之于父母的身体，并不是我们所拥有的私产，而是天地所赐予的神器。我们呱呱落地的片刻，就已具备了丰富的资源和无穷的潜力。但是发掘资源和实现潜力却要通过体知的工夫——体知是帮助我们认识、了解和领会我们身体全幅内涵必经的途径。这个途径的具体内容，就是主体意识的建立。"天生我才必有用"，但除了我自己以外，没有任何一个人可以代替我来体现我在天地间独一无二的价值。如果用孟子的话来表述，这就是"践形"的工夫。

儒家这信念不是建立在想当然的理解上，而是根植于我必须对自己的身体负责这存在的抉择上。曾子逝世之前叹息地表示保全躯体完整的艰难，确有深刻的存在意义。那么，我学会骑车、弹琴、讲英语和回家的体知，和我因存在的抉择而建立的主体意识有什么关系呢？"三军可夺帅也，匹夫不可夺志也"的古训不是明确指出，主体意识的建立是从内心深处所涌现的精神动力，不假外求也不受客观环境的影响，不正是自我满足的人性光辉的体现吗？

从内化的技能来理解体知，虽然是片面的而且可能是错误的，但既然是内化的技能，便成为自家本领，没有外力可以剥夺。这点确和如人饮水、冷暖自知的内在经验有同构之处。以练琴为例，从认识键盘到公开演出（也就是从初出茅庐到炉火纯青的全幅历程）是多少内化技能的结果？但一个钢琴家的体知，绝不只是经验的积累，如果把熟能生巧理解成因一再重复而使内化的技能变成了不假思索的习惯，那么我们对钢琴艺术的认识就未免太片面、太狭隘了。技术精湛只不过是演出者认知的一个面向。真正成熟的音乐家不仅用钢琴来表现他的体知，而把自己整个融化到表现体知的钢琴之中——钢琴不再是身外之物，而是凝结自己感情和灵性的神器。我们甚至可以说钢琴已成为表现自我而不可或缺的身体了。这种把一个普通人转化成音乐家的体知，难道和由存在抉择而建立的主体意识毫无关涉吗？

我们根据"知、情、意"的三分法常常习惯地把道德意识和美感经验严格区划为两个不相管属的范畴。美学的感性和道德的理性因为是属于不同层次的课题，其间没有什么内在联系可言。因此用来理解美感经验的体知，便和建立道德理性的主体意识（如通过立志的存在抉择）扯不上什么关系。不过体知所表现的认知，既是情又是意，既有丰富的感情内涵，又有强烈的意志因素，绝不是一般的认识。体知必然意味着创造的转化，有体知而不能因受用感而达

311

到变化的功效,是自相矛盾的。固然,体知的创造转化不一定是道德理性的突出表现,但道德理性的体现,必然借助体知的形式,否则便难逃认识的格套。

因为这个缘故,体知所预设的知行观不是"知难行易"而是"知行合一"。体知之知是一种创造转化之知,知而不行是不能想象的。会骑车而没有骑过车、会弹琴而没有弹过琴、会说英语而没有说过英语、会回家而没有回过家是违背常理的。体知必然能行,且体知之行是实习,是实践,是"以身体之"的实行。《淮南子》的《氾论》中有"故圣人以身体之"一句。"体"字在这里可以解作"行"字,也就是以身行之的意思。我们即使不愿深察"以身体之"的哲理,至少可以在常识的层面接受这种既是情又是意的认知方式。

由身体来进行认知,简化地说即"体之",是中国哲学思维的特色。这种思维的方式不走归约主义的道路,而是以多向度的具体事物作为运思的起点。在思维的过程中具体事物的多样性和复杂性没有消解成单纯的数据,也没有抽象为单一的共相。认知者和被认知的对象不构成主客对立的外在关系,而是为主体的辩证的内在关系。认知的最初形式不是动态的个人如何去了解静态的外物,而是如何在人与人之间建立沟通理性。体知不仅是内化技能之知,也是自我意识的表现。

沟通理性

人不是一个孤岛,而是一条有源有本而且有始有终的河流。固然，前面已提到，每一个人在天地间都有独一无二的价值（丰富的资源和无穷的潜力），体知工夫即是体现这种独一无二的价值（发掘资源和实现潜力）。但对一个在动态发展中呈现主体意识的活生生的人而言，我们的体知经验常是在人际关系中才真能凸显。固然，内化的技能是理解体知的重要线索，体知的特色常在体物与体己的具体经验中呈现，但体知的精彩要在知人（也就是人与人的沟通）上才能充分发挥。

伯牙和钟子期的故事是大家所熟知的。钟子期的听德是建立在他对伯牙琴声的体知上：他从琴声而体知伯牙的心志，这一方面显示他把演奏技巧（特别是伯牙风格）的精微处彻底内化了，另一方面这也意味着他对伯牙的友情已成为他自我意识的组成部分，因此他所听到的不仅是伯牙的琴，而且也是伯牙的心声，乃至他自己心灵深处的脉动。这样的知音确是会心之友——一个真能体知我感情精微处意向何指的灵魂，才是我名副其实的知音。知音难遇、"士为知己者死"，就是这个道理。

我曾在《论儒家的"体知"——德性之知的涵养》一短文中用交友为例：

人生难得一知己正是因为从认识、熟悉、亲近到定交要经历多少纵横交错的联系，从定交晋升到其奥如兰的同心之友又不知要经历多少面对面的心领神会。人与人的交流是动态的过程而非静态的结构，这本是显而易见的道理。如果要详加分梳其中奥妙，确像是取之不尽的源头活水，愈汲引就愈滚滚而来。

从交友引申到读书，乃至尚友千古等人文现象，无一不是体知的实例。

在人与人的交往中，最能体现沟通理性而且最能说明体知精神的也许要算男女交媾这一创生生命的普遍现象了。俗称的春宫春画（pornography）和"情色主义"（eroticism）最大的不同是，前者把女性对象化、外在化和工具化，因此造成剥削、征服、控制等等突出大男性中心主义的暴力行为；而后者（如果我们把注意力集中在造爱艺术这一课题上）则是转化性欲亢进的人文现象。劳伦斯（D. H. Lawrence）的《查泰莱夫人的情人》能在文坛传诵有年，大家读得津津有味，而黄色书刊则往往与酗酒、吸毒为伍。由此可见，真正的互为主体的沟通和单向的侵略，是泾渭分明的。

有些宗教组织把性欲和爱情乃至生育紧密联接，只允许社会功能或神圣天职来接受男女交媾这一人之常情，而且从禁欲的立场彻底否定交媾快感的合法性。譬如采取"速战速决"的策略，甚至强迫童贞女忍受阴蒂割除之痛，从根处消解性高潮的可能。站在沟通理性的立场，这是和"缠足"一样摧残人性的野蛮行为。其实，男女交媾不仅是本能，也是艺术（包括对性心理、对天时地利人和、对自我、对情人的认识、熟悉和亲近），应从两条河流交会的互激互荡来理解。印度传统文化中有专攻造爱艺术的指南，部分还提升到经典的层次，如《爱经》（Kama Sutra）。从《爱经》的角度设想，把"房中术"当作征服女性的兵书（马王堆出土的房中术对女性的性反应有深刻的理解是例外）就和幼童量比阳具长短一样，格调不高。在茶余酒后对自己的嫖妓经验加以吹嘘的自我陶醉与此相类，都不能体知男女交媾的精义。人与人之间的沟通是自我实现的必要条件，不能只从工具理性来掌握其实质内涵。

万物一体

体知概念笼罩下的"身体"，含有"以身体之"的意思。凡是真有实感的内在经验，都与体知有关：体验、体会、体味、体察、体究和体证，都是体知的面向。美感经验、道德实践和宗教见证，无非是体知的体现。《华严经》所谓"体解大道，发无上意"，含有体知真空妙有的智慧；程颢标出"仁者以天地万物为一体"的"吾儒家法"，则是想说明体知是人性光辉的表现。

（台北：《当代》第 35 期，1989 年 3 月）

继承"五四" 发展儒学

　　"儒学第三期发展的前景问题"虽然是近年来在海内外知识界争议性很大的课题，但环绕着"儒学的现代命运"而对中国传统文化的再生进行反思，却是五四运动以来中国学术界各大流派的共同关切。其实，以"儒学第三期的发展"为文化事业的努力，在中国台港地区、新、马和北美各地的中国哲学思想也已进行了三四十年之久。一般的理解，"当代新儒家"有广、狭两义。狭义的"当代新儒家"，不妨以《中国论坛》（联合报系的知识性杂志）1982年在台北召开的以"当代新儒家"为议题的国际学术讨论会为例，只以熊十力、梁漱溟、唐君毅、徐复观和牟宗三五位学人的思想为评断的对象。不过，众所周知，即使严格地定义当代新儒家，至少方东美、钱穆及冯友兰的思想也应列入考虑。广义的"当代新儒家"所指涉的范围旁及学术、知识、文化和政治各领域，包括的人物就相当多了。可是，"五四"以来儒学虽然经过三代学人的重建，目前所争取到的，只不过是"一阳来复"的生存权利而已，因此"儒学第三期发展的前景"仍旧是个大家争议不休的问题。

1988 年 3 月号的《读书》发表了黄克剑针对我《儒学第三期发展的前景问题》而撰写的鸿文，集中我有关"文化认同"的论点，提出八点质疑。自从 1985 年春季在北京大学忝列教师之林主讲"儒学哲学"，并在中国文化书院作学术报告公开表示要对儒家传统进行"同情了解"以来，我已经在海内外的报章杂志读到好几篇"商榷"的文字。本来很想——作答，但因为批评者多半怒气冲冲，而我自己也有不易消解的情结，深恐跳不出"剪不断，理还乱"的迷惘，徒增忧扰而已，结果精神不能凝聚，无法动笔。不过，至今我所能见到的对我的观点所作的评介和抨击，都发挥了"直、谅、多闻"的益友作用。尽管尚未观诸文字，我和这些益友们所进行的对话，已使我更清楚地认识到儒学研究的错综复杂和现实涵义。今年春夏之交，应台湾大学哲学和历史两系之邀，为文史哲的研究生开设了一门以"现代精神与儒家传统"为题的选修课，较系统地回顾了这几年因探索儒学第三期发展而接触到的课题。黄先生的质疑是深思熟虑后的结论，饶有理趣，值得详论，但所涉及的范围甚广，不可能一次作答，现仅就其荦荦大端先提三点意见，作一番初步分疏。

在多元文化的前提下研究儒学

（一）然而，杜先生毕竟不甘心儒学的崇高地位仅仅保留在为数不多的新儒家的学者那里，同传统的"好树立或依附正统，以笼罩百家"（唐君毅话）的儒者们一样，杜先生痛惜儒学的国学或"文法"地位的丧失，他把这种地位的失而复得寄托于"儒家第三期发展"。（黄文19页）

这个推论不脱在权威主义的氛围中只比附官方意识形态的格套，和我在多元文化的背景中研究儒学的取向好像是风马牛不相及。我不仅没有"树立或依附正统"的意愿，而且坚信儒家所体现的知识分子的风骨正和"曲学阿世"的利禄之途背道而驰。"文革"末期，一位领导人曾公开向日本教育访问团为儒学东渐妨碍了日本现代化之历史错误表示道歉，这究竟只是偶然事件还是一般公论，大家心里有数。儒家传统在当前中国政治文化中和封建遗毒几乎成为同义语，是有目共睹的现象。如何在接受了"儒门淡泊"这一客观事实的前提下，重新认识、理解、体会，并进一步发掘儒家传统的精神资源为中国的现代化提供有利的条件（当然不排斥中国文化中其他传统如道家、佛教和民间宗教也能通过创造转化而成为现代中国的精神资源），才是我提出儒学第三期发展的立言宗旨。因此，我并不赞成"复兴儒学"的提法，也不认为儒学的现代命运可以和基督教的盛况同日而语，更没有"同传统的儒者们一样"，要想以儒术"笼罩百家"的妄想。

现代化不即是西化

（二）在"五四"主流知识分子那里，不存在杜先生所说的"西化"和"现代化"混为一谈的问题，因为杜先生是在把中国同化为西方的意义上理解"西化"的，这种理解，并不就是"五四"主流知识分子的理解。（黄文 20 页）

把"现代化"等同于"西化"是 20 世纪学术界的通病。"现代化"一词迟至 50 年代才出现于欧美学术论著。当时以"现代化"取代"西化"的理据，也是基于西化普及全球的现象而来。直到 70 年代，特别是最近几年，因为东亚的兴起，使得"现代化"理论面临了重大危机之后，欧美社会理论家才意识到"西化"和"现代化"必须予以区分的必要。不仅是"五四"诸公，即使以树立现代化理论典范而声名大振的韦伯和帕森斯（Talcott Parsons），也难免犯把西化和现代化混为一谈的误谬。

我们一般所理解的现代化（工业化、制度化、民主化、科学化、技术化、理性化等现象）是从近代西方文明"创生"而来。既然近代西方文明植根于希腊、罗马及希伯来传统而又通过文艺复兴及启蒙运动的历史阶段才发展成形的，由西方文明所创生的现代化模式便必然和轴心时代以来即不断塑造西方世界的精神传统，如犹太教、基督教、希腊的民主科学和罗马的政治法律，有密切的关系。中国在 17 世纪，特别是 1610 年到 1660 年的 50 年，曾借助耶稣会的传教士和西方文明有片面的接触，但要等到 19 世纪的中叶，才因西方的船坚炮利迫使中国对西方文明的冲击作出全面的反应。自此以来才一百多年，西方文明不仅成为现代中国文化的组成部分，而且逐渐成为中国知识分子思考问题的逻辑范畴和价值体系。譬如我们目前所运用的语言，就已和经由日文翻译的西方观念（哲学、宗教、社会、政治、经济等等）结了不解之缘。

尽管如此，同化意义之下的"全盘西化"不仅实际上站不住，而且理论上也行不通。固然，正如黄先生所说，西化在鲁迅、陈独秀、胡适等新青年的先驱那里"并不是把中国同化于西方的意思，而是要为中国引来西方文化所体现的时代精神，使中国进到一个新的时代"（黄文 20 页）。但既然现代性只能以西方文明的形式来体现，那么中国文化便只有历史意义而无现代价值了。正因为这种"新颖的"观点，"反传统"才成为"五四"主流知识分子的理想和激情的集中表现。钱玄同所提汉字拉丁化的建议，极端地突出了以西方为"今"而以中国为"古"，并且以效法西方之"今"来扬弃中国之"古"的现代化策略。

不过，"五四"诸公是站在消化了深厚的儒家传统的基础上来推进打倒孔家店的文化事业的，他们的"存在条件"和今天儒家传统几成绝响的情况自然大不相同。在这里不能详扣解释学所谓传统的现代意义，但把儒家传统归约成不经反思的社会习俗，或中国人文化心理结构中的积淀，是不能言之成理持之有故的。

第二次世界大战以来，汉文化圈的外缘在现代化的进程中取得了显著的成就（不仅是经济成长，也在政治民主、社会开放和文化多样等方面有突出的表现），迫使欧美社会理论家重新考虑现代化和西化的关系，因此提出"第二个现代性个案""新资本主义""第三种工业文明"等概念来解释工业东亚这一举世瞩目的现象。儒家伦理和东亚企业精神的关系，受到韦伯以新教伦理联系西方资本主义的历史分析的启发, 也因此成为国际学坛从各种不同方法和层次进行讨论的热门课题。值得注意的是, 儒家不仅是工业东亚, 而且也是中国大陆、朝鲜和越南的传统。假若因先入为主的陈见而不能深察, 或者因意识形态的关系而回避这些问题, 儒家传统在当代东亚的曲折表现则绝无昭然若揭的一天。

我一再强调, 当今研究儒家传统, 应当继承"五四"的批判精神, 也应当坚决和假尊孔读经之名而行专制之实的行为划清界限。我相信, 这个立场不仅有利于客观的学术研究, 也是儒学进一步发展的必要条件。

我在申述这立场时曾特别指出, 反孔的迎面痛击对儒家有厘清的积极的作用, 尊孔的内部腐化反而为儒家带来歪曲的消极后果。作为一个儒学的从业员, 而且自觉地、批判地认同儒家传统的学术工作者, 我深深地感到如果不能或不敢面对儒学、儒家和儒教的阴暗面——在中国乃至东亚的历史长河中造成污染的因素进行鞭辟入里的分析, 我们就无法为儒家传统创造生机。这或许是个悖论, 但也是我一贯的主张。因此, 我既不赞同西化论者, 如柏杨, 以嬉笑怒骂的方式"矮化""丑化"中国人 (用词尖刻我不在乎, 但态度轻佻而又毫无自淑淑人的意愿, 才是我不赞同的理由), 也不引宣扬国粹的文人雅士为同道。

比较中西文化 开辟价值领域

(三) 杜先生在《儒学第三期发展的前景问题》一文中, 有时甚至拒绝"科学"和"民主"等来自西方文化范畴去评论中国的传统文化……",这不正是"把中华民族的优秀传统规定为科学和民主同构的因素"么？杜先生所反对的，却又是他不得不去做的，这难道仅仅是思维过程中的掉以轻心？（黄文 20—21 页）

在学术界从事文史哲工作的，特别是致力于比较中西文化课题的，对用西方文明的范畴来"评价"中国传统学术所造成的困难和混乱一定知之甚稔；就是一般关切中西文化交流问题的知识人士，对荷马史诗、希腊哲学、基督宗教、罗马律法，或现代西方的科学民主为典范来评断中国文学、思想、政治或社会的实例，也必然耳熟能详。我提醒大家注意，不能用体现当代西方文明精华的价值，如科学和民主来评价中国的传统文化，这绝不是一种情绪反应而已。

时序倒置的历史判断是学术界常犯的错误，这不仅是强古人之所难（逝者已矣，他们当然不会显灵申辩），而且是暴露今人的肤浅。记得一位来访的学人曾一本正经地表示，要从卫生设备来比较中西文化的异同。这是他研究价值取向的口味，但是当他表示当今美国的抽水马桶可以溯源到欧洲的中世纪而茅坑则是古往今来中国独具的文明特色，我就忍不住要表示抗议了。在我学术交流的经验中，以欧洲中古的抽水马桶和大陆当今的茅坑为证据来评断中西文化优劣的例子虽然绝无仅有，但从各种不同的观点来说明中国文化，不仅后天不足而且是先天失调的例证可以说俯拾即是。

西方学人，包括痛恨奴隶制度的波普尔和宣扬传统精神的伽达默尔，对柏拉图都采取敬之如神明的虔诚态度来进行哲学反思。

波普尔以开放社会的理想深斥柏拉图的专制倾向, 而伽达默尔则从解释学的方法重新体认柏拉图的睿智。诠释的思路不同, 结论也迥异, 但是把柏拉图当作西方哲学的巨人, 把柏拉图哲学当作理性主义的重大泉源, 则是大家的共识。可是, 在美国学术界有时和柏拉图相提并论的孟子, 在中国哲学界却被"矮化""丑化"成主观唯心主义的老祖宗; 更糟的是, 对孟子未尝卒读一过的知识分子、(在这里用知识分子一词并无讥讽的意味, 其实欧美知识分子中对柏拉图一窍不通的也大有人在!) 也公然在大庭广众面前抨击孟子的保守、落伍和封建!

我拒绝用体现当代西方文明精华的价值来评介中国的传统文化不是情绪反应, 而是基于对比较文化研究的考虑。我以为今天海内外中国学术界最严肃的课题之一, 是如何站在知识分子自我意识的立场自觉地、批判地继承传统文化(当然也包括儒家传统, 但不排除其他精神资源的时代价值和意义)以丰富知识分子群体的"文化传统"。

值得忧虑的是, 目前在海内外知识分子群体的"文化传统"中, 传统文化几成绝响, 而鸦片战争以来在文化心理深层中由屈辱、悲愤和自责、自罪等感情纠结所造成的声浪, 则震耳欲聋。但是, 我们不仅要听自己当下的心声, 也要像李颙(二曲)一样, "精神凝聚"地设法听传统文化的声音。这种以开放的心胸重新认识传统的努力, 不仅要落实到气功、调息、静坐、导引等"保身"的工夫, 也要提升到哲学反思的层次。我相信, 通过认识、理解和体会传统文化的精华来进行彻底抛弃封建遗毒的文化事业是可能的, 也是必要的。

我是西方文明的受惠者，一向主张要深入地引进体现西方精华的价值。科学和民主是光辉灿烂的西方价值，正是中国必须深入引进的，这是"五四"诸公的公议，我完全同意。不过，值得重视的是，西方工业革命以来，科学技术的突飞猛进和民主制度的普及完备（当然还应当包括市场经济的活跃繁荣）和理性、自由、人权、隐私权、财产权、人格尊严、宗教信仰、司法独立以及个人创业的精神等更根本的西方价值有密切的关系。而这些价值又都植根于源远流长的西方传统文化之中。

我不赞成"把中华民族的优秀传统规定为科学和民主同构的因素"，是基于如何避免文化人类学中所谓的强人政策，也就是以甲文化之所长为标准来评判乙文化之所短的考虑。我述说儒家传统中的民本思想虽然可以作为发展中国式民主制度的助缘，但绝不能认定在儒家传统中已出现过代表西方文化特色的民主。这是基于如何深入引进西方价值的考虑。这两种考虑不仅毫不冲突，而且相辅相成：对和中国文化不可分割的儒家传统的利弊得失有高度的自知之明，是深入引进西方价值的前提（不是逻辑推理意义上的判断，而是发生程序中的先决条件）；通过深入引进西方的价值，可以使我们对儒家传统的特色有更精切的掌握。

（北京：《读书》，1989 年第 6 期）